Dr. Peter J. D'Adamo
mit Catherine Whitney

4 Blutgruppen – Das Kochbuch für ein gesundes Leben

Dr. Peter J. D'Adamo
mit Catherine Whitney

4 Blutgruppen – Das Kochbuch für ein gesundes Leben

Aus dem Amerikanischen von Erica Mertens-Feldbausch

Piper
München Zürich

Die Originalausgabe erschien unter dem Titel »Cook Right For Your Type – The Practical Kitchen Companion to ›Eat Right For Your Type‹« 1998 im Verlag G. P. Putnam's Sons, New York.

Redaktion: Linda Strehl

Hinweis: Einige Rezepte aus diesem Buch wurden bereits in der überarbeiteten und erweiterten Ausgabe 1999 des Buches »4 Blutgruppen – vier Strategien für ein gesundes Leben« abgedruckt. Es handelt sich dabei um Rezepte, die für alle vier Blutgruppen geeignet sind. Mit wenigen Ausnahmen wurden diese Rezepte hier nicht nochmals abgedruckt.

Die deutsche Ausgabe wurde gegenüber der amerikanischen Originalausgabe leicht gekürzt.

Wenn Sie Fragen an Dr. D'Adamo haben, schreiben Sie bitte in englischer Sprache an: **Dr. Peter J. D'Adamo**
P. O. Box 2106, Norwalk, CT 06852, USA
oder *2009 Summer Street*
Stamford, CT 06905, USA

Sie können auch die Web-Site des Autors besuchen: www.dadamo.com

ISBN 3-492-04157-4
© 1998 by Hoop-A-Joop, LLC
Deutsche Ausgabe:
© Piper Verlag GmbH, München 2000
Gesetzt aus der Times-Antiqua
Gesamtherstellung: Pustet, Regensburg
Printed in Germany

In Liebe für Christl und Dad

INHALT

Danksagungen   9

TEIL I: DER WEG ZUR GESUNDEN ERNÄHRUNG   13

1 Die Blutgruppendiät
  Individuell und typgerecht   15
2 Der genetische Fingerabdruck
  Die Bedeutung der Blutgruppe   17
3 Füllhorn der Natur
  Was Nahrung wirklich bedeutet   27
4 Typgerechte Ernährung
  Ein Wegweiser für die Blutgruppen 0, A, B und AB   37
5 Von Anfang an
  Nachdenken – einkaufen – zubereiten   69

Nahrungsmitteltabellen für die
Blutgruppen 0, A, B und AB   95

TEIL II: REZEPTE   129

6 Suppen und Eintöpfe   133
7 Fleisch und Geflügel   150
8 Fisch und Meeresfrüchte   162
9 Pasta (Teigwaren)   167
10 Pizza   173
11 Bohnen und Getreidegerichte   178
12 Tofu und Tempeh   191
13 Gemüse   199
14 Salate   208

15 Sandwiches, Omeletts und Pasteten, Frittate und Crêpes	212
16 Brot, Gebäck und Pfannkuchen	224
17 Desserts, Käse und Obst	236
18 Dressings, Saucen und Chutneys	246
19 Knabberzeug und Dips	264
20 Getränke	269

TEIL III: SPEISEPLÄNE FÜR 30 TAGE	**277**
Blutgruppe 0	281
Blutgruppe A	297
Blutgruppe B	313
Blutgruppe AB	329
Register – nach Rezeptgruppen	345

Danksagungen

Es ist mir eine große Freude, den Leserinnen und Lesern meines Buches *4 Blutgruppen – vier Strategien für ein gesundes Leben* nun dieses Begleitkochbuch vorzustellen – ein hilfreicher Ratgeber für die praktische Einbeziehung der Blutgruppendiät in den Küchenalltag. Der vorliegende Band ist das Resultat gemeinsamer Anstrengungen vieler Menschen, denen ich zu Dank verpflichtet bin. Zu ihnen zählen:

Die Mitarbeiter des Verlages Putnam für ihre Unterstützung meiner Arbeit; allen voran meine Lektorin Amy Hertz (B-Typ), deren persönliches und berufliches Engagement der Blutgruppendiät zu einem durchschlagenden Erfolg verhalf; und meine Agentin Janis Vallely (0-Typ), dank deren Ermunterung und Beratung dieses Projekt verwirklicht werden konnte.

Mein besonderer Dank gilt all jenen, die an der Entstehung von *4 Blutgruppen – Das Kochbuch für ein gesundes Leben* engagiert mitgewirkt haben:

Catherine Whitney (0-Typ), meine Mitautorin, und ihr Team Martha Mosko D'Adamo (0-Typ) und Paul Krafin (A-Typ), sorgten für den systematischen Aufbau des Textes und brachten ihn in Form. Aus dieser Verschmelzung von fundiertem Text, sorgsamer Recherche und Aufmerksamkeit für das Detail erwuchs ein zuverlässiger Ratgeber.

Mit Sachverstand und Phantasie kreierten unsere beiden Ernährungsexpertinnen Martine Lloyd Warner (0-Typ) und Gabrielle Lloyd Sindorf (0-Typ) die schmackhaften Rezepte in diesem Buch.

Jane Dystel (B-Typ), Catherines Agentin, stand jederzeit mit nützlichen Ratschlägen zur Seite, und Sally Cardy Mosko (A-Typ) sorgte für die übersichtlichen Tabellen.

Cheryl Miller (0-Typ) unterstützte mich durch hilfreiche Ideen und

Rezeptvorschläge, und Janet Schuler (0-Typ) durch ihre Arbeit als Sekretärin.

Zu danken habe ich auch meinem Assistenten Scott Carlson (A-Typ) für den reibungslosen Ablauf aller Büroarbeiten, der tüchtigen Krankenschwester Carolyn Knight (A-Typ) und meinen zuverlässigen Mitarbeiterinnen und Mitarbeitern Wendy Carlson (A-Typ), Melissa Danelowski (0-Typ) und Richard Tuzzio (A-Typ).

Zu besonderem Dank verpflichtet bin ich den Experten, die mir bei diesem Projekt ihre Unterstützung zuteil werden ließen, allen voran Michael Finney (A-Typ), Jay Fiano (B-Typ), Dr. Michael Schacter (0-Typ), Dr. Ronald Hoffman (0-Typ), Dr. Joseph Pizzorno (A-Typ), Dr. Thomas Kruzel (B-Typ), Dr. William Mitchell (0-Typ) und Dr. Jeffrey Bland (0-Typ). Als besonderes Privileg empfand ich die enge Zusammenarbeit mit Dr. Gregory Kelly (A-Typ), einem hochbegabten Kliniker, dessen Integrität, Professionalität und Fähigkeiten als Redakteur entscheidend zur Glaubwürdigkeit dieses Buches beitrugen.

Überdies danke ich den Zehntausenden von Leserinnen und Lesern, durch die die Blutgruppendiät weithin bekannt wurde. Ihre Berichte über Erfolge und Schwierigkeiten und zahllose hilfreiche Vorschläge brachten die Wissenschaft einen Schritt weiter. Durch die Fülle von Zuschriften und Anregungen via Post und Internet fühle ich mich Tag für Tag aufs neue ermutigt.

Nicht zuletzt habe ich das Glück, auf den Beistand und die Ermunterung durch meine Familie bauen zu können: Christl (B-Typ) und Dad (A-Typ); mein Bruder James D'Adamo (A-Typ), dessen Verlobte Ann (A-Typ) und meine Schwester Michele (AB-Typ). Meine besondere Anerkennung gilt meiner Schwiegermutter Mary Mosko (0-Typ) für ihr unerschütterliches Vertrauen und ihren Mut. Und schließlich fühle ich mich tagtäglich inspiriert durch die Lebendigkeit meiner kleinen Töchter Claudia (A-Typ) und Emily (A-Typ) und die hingebungsvolle Liebe meiner Frau Martha (0-Typ).

Ein wichtiger Hinweis:

Halten Sie sich bei den in diesem Buch enthaltenen Rezepten in puncto Blutgruppen genau an die Angaben. Ab und zu werden Sie in einem Rezept eine Zutat finden, die Sie entsprechend unseren Empfehlungen eigentlich vermeiden sollten. Meist handelt es sich dabei um sehr kleine Mengen (z. B. eines Gewürzes), die Sie, wenn Sie gesund sind und sich streng an die Ernährungsempfehlungen halten, vertragen werden.

Nachdem Sie sich mit diesen Empfehlungen vertraut gemacht haben, können Sie selber Menüs zusammenstellen und Ihre Lieblingsrezepte so abwandeln, daß sie für die jeweilige Blutgruppe gut verträglich sind.

Autor und Verlag übernehmen keinerlei Verantwortung, was den individuellen Gesundheitszustand von Leserinnen und Lesern oder allergische Erscheinungen angeht, die ärztlicher Überwachung bedürfen.

Die in diesem Buch enthaltenen Informationen wurden nach bestem Wissen und Gewissen zusammengetragen und überprüft. Vorschläge und Anregungen stellen aber – soweit es die Verantwortlichkeit von Autor oder Verlag betrifft – keinen Ersatz für fachlichen Rat oder sachkundige Hilfestellung dar und entbinden Leserinnen und Leser nicht von ihrer Pflicht, im Hinblick auf ihre individuelle Gesundheit in eigener Verantwortung den Arzt aufzusuchen.

Autor und Verlag sind weder haftbar noch verantwortlich für irgendwelche Nachteile oder Schäden, die angeblich aus einer in diesem Buch enthaltenen Information oder einem darin gemachten Vorschlag erwachsen. Die gilt uneingeschränkt auch für jedwede nachteilige oder negative Reaktion auf eines der angeführten Rezepte.

Teil I

Der Weg zur gesunden Ernährung

1 Die Blutgruppendiät

Individuell und typgerecht

In den zwei Jahren seit Erscheinen von *4 Blutgruppen – vier Strategien für ein gesundes Leben* bin ich mit unzähligen Menschen ins Gespräch gekommen – im Rahmen von Fernsehauftritten und Vorträgen, via Internet, Telefon und Briefwechsel sowie in meiner Praxis. Viele waren neugierig, manche eher skeptisch, und einige von ihnen sind vom Nutzen der Blutgruppendiät mittlerweile überzeugt. Auf meiner Homepage berichten Menschen – teilweise in bewegenden Einzelheiten – von ihren Bemühungen, einer chronischen Krankheit auf die Spur zu kommen oder ihrer Fettleibigkeit Herr zu werden. Ihre Geschichten weisen vielerlei gemeinsame Elemente auf, sind aber im Kern einzigartig und individuell – wie die Menschen selbst auch. Und dank dieser Geschichten bin ich mir der breitgefächerten Verschiedenartigkeit der Menschen noch stärker bewußt als je zuvor.

Bringt die Blutgruppendiät wirklich etwas? Nach der Auswertung von Tausenden ärztlich attestierten Resultaten bei Leserinnen, Lesern und Patienten weiß ich nun folgendes: Die Blutgruppendiät nützt neun von zehn Menschen, und je gravierender das Problem, desto rascher zeigt sich ihr günstiger Effekt. Doch die eigentliche Frage, die sich jeder Mensch stellen muß, heißt: »Nützt diese Diät mir persönlich etwas?« Wichtiger als eine Theorie, die sich ganz allgemein für jeden als vorteilhaft erweist, ist eine Methode, die der Verschiedenartigkeit der Menschen Rechnung trägt.

Blutgruppendiät ist eine ganz individuelle Angelegenheit. Genaugenommen wird die Individualität zur mächtigen Verbündeten und erlaubt damit ein tieferes Verständnis für das Warum und Weshalb eines bestimmten Krankheits- beziehungsweise Gesundheitszustandes. Ignoriert man individuelle Abweichungen oder spielt man sie herunter, werden sie zu Stolpersteinen, die fundiertem, medizinischem Wissen im Wege liegen. Hören oder lesen Sie also etwas über neue wissenschaftliche Erkenntnisse, sollten Sie sich immer fragen: »Ist hier die Rede von mir?« Wie läßt sich nun herausfinden, ob die Blutgruppendiät Ihnen von Nutzen ist oder nicht? Zunächst einmal müssen Sie bereit sein, Ihre festen Vorstellungen von Ernährung zu ändern. Wir sind alle darauf »geeicht«, Nahrung und Medizin als zwei voneinander getrennte Elemente zu betrachten, und werden kaum jemals dazu angeregt, darüber nachzudenken, in welch vielfältiger Art und Weise sich die von uns aufgenommene Nahrung auf jede einzelne Körperzelle auswirkt. Und deshalb empfindet man es vielleicht als lästig, sich mit neuen Vorstellungen und Ideen auseinanderzusetzen, wie sie in der Blutgruppendiät vorgestellt werden. Hält man sich jedoch vor Augen, daß der größte Teil der heutigen ernährungswissenschaftlichen Erkenntnisse in diesem Jahrhundert gewonnen wurde, ist leicht vorstellbar, daß wir gerade erst anfangen zu begreifen, welche Auswirkungen Nahrungsmittel auf unsere Organsysteme zeitigen.

4 Blutgruppen – Das Kochbuch für ein gesundes Leben entstand als Antwort auf den Ruf nach praktischen Möglichkeiten, die Blutgruppendiät in das Alltagsleben einzubeziehen. Betrachten Sie dieses Buch als Hilfestellung für die Umsetzung der Empfehlungen in die Praxis, damit Sie alle Vorteile einer Ihrer Gesundheit bekömmlichen Ernährung voll ausschöpfen können.

Die Blutgruppendiät ist nicht mit kategorischen Ge- und Verboten gekoppelt und kennt keinerlei strikte Regeln und Vorschriften. Ebenso wenig bedeutet sie eine künstlich herbeigeführte Werteverschiebung in Ihrer bisherigen Lebensweise. Typgerechte Ernährung bedeutet nichts anderes, als sich dem uralten Code entsprechend zu ernähren, der noch heute in jeder einzelnen Zelle unseres Körpers schlummert. Betrachten Sie diese Form der Ernährung einfach als eine der vielen Spielarten menschlicher Individualität.

2 Der genetische Fingerabdruck

Die Bedeutung der Blutgruppe

Die Erforschung der Blutgruppen führt bis zu den Anfängen der Menschheitsgeschichte zurück. Es war die Erforschung individueller Merkmale, die die Erkenntnis brachte, daß jeder einzelne Mensch in den Zellen seines Körpers einen genetischen Fingerabdruck trägt.

Ehe Sie damit beginnen, sich das Kochbuch zunutze zu machen, sollten Sie unbedingt wissen, weshalb Ihre Blutgruppe einen so nachhaltigen Einfluß auf Ihre Ernährung und damit auf Ihre Lebensqualität ausüben kann. Keineswegs ein neutraler Faktor, fungiert die Blutgruppe vielmehr als Regelventil in Ihrem Immun- und Verdauungssystem – als eine Art biologischer Wachhund, der Ihren Organismus in seiner Fähigkeit unterstützt, sich am Leben und gesund zu erhalten.

In meinem ersten Buch *4 Blutgruppen – vier Strategien für ein gesundes Leben* findet sich eine ausführliche Erläuterung des Wirkmechanismus, über den Ihre Blutgruppe auf die zugeführte Nahrung reagiert – entweder zum Wohle oder zum Schaden Ihres Organismus. Überdies enthält es eine detaillierte Beschreibung der anthropologischen Gegebenheiten, aus denen sich nach wissenschaftlichen Erkenntnissen die vier unterschiedlichen Blutgruppen entwickelten. Zum besseren Verständnis dieses Kochbuches empfehle ich Ihnen deshalb unbedingt die Lektüre von *4 Blutgruppen – vier Strategien für ein gesundes Leben.* Im folgenden gebe ich Ihnen eine kurze Zusammenfassung der in diesem Buch enthaltenen Informationen.

Der Schlüssel zum Überleben

Fast alle Menschen, einschließlich Ärzte, betrachten die Bedeutung der Blutgruppe nur im Zusammenhang mit Bluttransfusionen. Wie begrenzt diese Sicht der Dinge ist, wird deutlich, wenn man an die Schlüsselrolle denkt, die die Blutgruppe für das Überleben der Menschheit spielte. Halten Sie sich eines vor Augen: Ohne die einzigartigen Anpassungsprozesse des Blutes wäre die menschliche Rasse nicht imstande gewesen zu überleben.

Alle vier Blutgruppen entstanden als Reaktion auf die physiologische Entwicklung der Spezies Mensch und die Veränderungen der klimatischen Gegebenheiten und Lebensbedingungen, die sich seit Erscheinen des Menschen auf diesem Planeten über Äonen hinweg vollzogen. Und damit erklärt sich die lebenswichtige Bedeutung der Blutgruppe. Die im Laufe der Evolution stattgefundenen Anpassungsprozesse stärkten nicht nur unsere Immunabwehr gegen neuartige Bakterien, Viren und umweltbedingte Angreifer, sondern ermöglichten es auch unserem empfindlichen Verdauungssystem, sich auf eine Vielfalt ungewohnter Nahrungsmittel einzustellen.

Der 0-Typ

Die erste bekannte Blutgruppe – der 0-Typ – geht bis auf unsere Cro-Magnon-Vorfahren zurück und ist noch heute weltweit am weitesten verbreitet. Charakteristisch für den als »Jäger« bezeichneten 0-Typ ist sein kräftiges, widerstandsfähiges Immunsystem und sein robuster Verdauungsapparat. Hauptnahrungsmittel der Urmenschen war Fleisch, und dank der Leistungsfähigkeit ihres Immun- und Verdauungssystems konnten sie damit überleben. Der 0-Typ besitzt einen ungewöhnlich hohen Gehalt an Magensäure und ist deshalb imstande, dem Fleisch die meisten Nährstoffe zu entziehen und eine derart proteinreiche Kost wirksam zu verwerten.
Gewissermaßen waren die frühen Vertreter des 0-Typs die ersten

Menschen, die beim Essen immer auf den Beinen waren. Auf der Jagd folgten sie ihrer Beute, töteten sie, verzehrten das Fleisch und zogen weiter. Im Laufe der Zeit aber begannen die riesigen Herden jagdbaren Wildes sich zu lichten. Mit der Weiterentwicklung der menschlichen Rasse zwang der Drang zu überleben viele Menschen dazu, sich die Fähigkeit anzueignen, Nahrungsmittel selbst zu erzeugen und zum Schutz vor Hungersnöten Vorräte anzulegen. Dieses neue System setzte voraus, daß sich Menschen in einem geographisch günstigen Landstrich niederließen und zu ortsfesten Gemeinschaften zusammenschlossen, die den Kreislauf von Ackerbau und Viehzucht in Gang hielten. Das Leben in festen Gemeinschaften verlangte nicht nur soziale Veränderungen, sondern wurde auch zum Nährboden neuer Krankheiten.

Der A-Typ

Etwa zwischen 25000 und 15000 v. Chr. begann der A-Typ in Erscheinung zu treten. Sein Immunsystem veränderte sich im Vergleich zu jenem des 0-Typs und war auf die Abwehr von Infektionen und bakteriellen Erkrankungen ausgerichtet, die die Gemeinschaften dezimierten. Der Verdauungsapparat des A-Typs paßte sich einer Ernährung an, die den Organismus vorwiegend mit pflanzlichem Eiweiß, insbesondere aus Gemüse und Getreide, versorgte. Gleichzeitig lieferten Seen, Flüsse und Meere Fisch und Meeresfrüchte in Hülle und Fülle und waren damit eine weitere, unerschöpfliche Quelle an Proteinen für die Ernährung des Menschen. Bezeichnet wird der A-Typ als »Landwirt«.

Der B-Typ

Zwischen 15000 und 10000 v. Chr. entwickelte sich der B-Typ. Zu diesem Zeitpunkt hatte sich der wachsende Strom von Menschen über die Jagdgründe der Jäger vom frühen Typ 0 hinaus ausgebreitet und bewegte sich nun von den festen Ackerbaugemeinschaften des A-Typs weiter über den Globus – eine Entwicklung, die dem B-Typ die Bezeichnung »Nomade« eintrug. Jahrhundert um Jahrhundert zogen volkreiche Stämme über die endlosen Weiten einer noch primitiven, sich ständig wandelnden Welt und ernährten sich vom Fleisch und den Milchprodukten ihrer Rinder-, Ziegen- und Schafherden sowie von allem Eßbaren, das sich ihnen auf ihrer Wanderschaft bot. In puncto Immunabwehr und Verdauungsapparat vereinigte der B-Typ zahlreiche Eigenschaften des 0- und A-Typs in sich und entwickelte damit ein ausgewogeneres und widerstandsfähigeres Immun- und Verdauungssystem als die genannten Blutgruppen.

Der AB-Typ

Bis vor vergleichsweise kurzer Zeit gab es nur drei Blutgruppen; dann – vor etwa 1000 bis 1500 Jahren – entwickelte sich der noch heute seltene AB-Typ. Nach wie vor ist nicht ganz eindeutig geklärt, was zur Entstehung dieser jüngsten Blutgruppe führte, und deshalb nennt man den AB-Typ oftmals den »Rätselhaften«. Möglicherweise ist die vollständige Ausbildung dieser Blutgruppe noch nicht abgeschlossen. Nach heutigen Erkenntnissen vereint der AB-Typ die meisten Stärken und Schwächen von Typ A und B in sich. Menschen vom Typ AB besitzen im Vergleich zu den anderen Blutgruppen ein komplexeres, »sprunghafteres« Immun- und Verdauungssystem – ein Faktum, das sich positiv und negativ gleichermaßen auswirken kann. Auf der positiven Seite steht die Vielfalt von Reaktionen des Immun- und Verdauungssystems; auf der negativen hingegen die Veranlagung für die Schwächen und Anfälligkeiten des A- und B-Typs.

Die biochemische Struktur der Blutgruppen

Was bewirkt nun die Blutgruppe im Organismus und macht damit ihren Einfluß so bedeutsam? Jede Blutgruppe wird nach ihren

biochemischen Unterscheidungsmerkmalen – insbesondere ihren Antigenen – bezeichnet.
Antigene sind biochemische Marker, die an der Oberfläche der Körperzellen sitzen und die Bildung von Antikörpern in Gang setzen. Jede Blutgruppe besitzt ein besonderes Antigen mit seiner eigenen spezifischen biochemischen Struktur.

Blutgruppe	Antigen(e)
Blutgruppe 0	keine Antigene
Blutgruppe A	A
Blutgruppe B	B
Blutgruppe AB	A und B

Stellen Sie sich die biochemische Struktur der Blutgruppen gewissermaßen als Antennen vor, die von den Zelloberflächen aus weit in den Raum hineinragen. Diese Antennen bestehen aus langen Molekülketten des Einfachzuckers *Fucose*. Fucose bildet die einfachste Blutgruppe – den Typ 0.
Blutgruppe A: Ihre Zellen gleichen denen des 0-Typs, besitzen jedoch im Unterschied zu diesen zwei Antennen. Blutgruppe A entsteht durch die Kombination des 0-Antigens Fucose mit einem anderen Einfachzucker namens N-Acetyl-Galactosamin. Diese beiden Zucker entsprechen also dem Typ A.
Blutgruppe B: Ihre Zellen gleichen jenen des A-Typs und sind gleichfalls mit zwei Antennen ausgestattet. Im Unterschied zu Blutgruppe A besteht die zweite Antenne aber aus dem Einfachzucker D-Galactose. Mit anderen Worten – Blutgruppe B ergibt sich aus der Kombination der beiden Zucker Fucose (0-Antigen) und D-Galactose.
Blutgruppe AB: Charakteristisch für diese Blutgruppe sind drei Antennen – bestehend aus den Molekülketten von Fucose (0-Typ), N-Acetyl-Galactosamin (A-Typ) und D-Galactose (B-Typ). In diesem Fall entsprechen die drei Zucker, die einzeln oder in Kombination die übrigen drei Blutgruppen bilden, der Blutgruppe AB.

Zusammenhang zwischen Blutgruppe und Ernährung

Nun stellt sich die Frage nach dem Zusammenhang zwischen Blutgruppe und Ernährung. Zwischen dem Blut des Menschen und den Nahrungsmitteln, die er zu sich nimmt, kommt es zu einer chemischen Reaktion. Bewirkt wird dieses Geschehen durch die sogenannten *Lektine* – Eiweißverbindungen unterschiedlicher chemischer Zusammensetzung, die in Nahrungsmitteln reichlich vorkommen. Lektine führen zu Agglutinationen (Verklumpungen), die sich auf das Blut auswirken. Verzehren Sie ein Nahrungsmittel, das für Ihr Blutgruppen-Antigen unverträgliche Lektinproteine enthält, greifen diese Lektine ein Organ an und beginnen, die Blutzellen in der betreffenden Region zu verklumpen. Im Endeffekt hemmen Lektine den Ablauf körpereigener Vorgänge und beeinträchtigen Verdauung, Insulinproduktion, das Stoffwechselgeschehen und das hormonale Gleichgewicht.

Viele Menschen, die in meinem Buch *4 Blutgruppen – vier Strategien für ein gesundes Leben* erstmals etwas über Lektine lasen, fragten mich, weshalb sie noch nie zuvor etwas über diese Eiweißverbindungen gehört hatten. Einige Leute waren skeptisch und meinten, Ärzte und Ernährungsfachleute hätten auf die Auswirkungen von Lektinen wohl schon längst aufmerksam gemacht, käme ihnen tatsächlich eine so gravierende Bedeutung zu. Erstaunt nahmen diese Skeptiker zur Kenntnis, daß bereits Hunderte von wissenschaftlichen Abhandlungen über die Auswirkungen von Lektinen existierten. Die Tatsache, daß darüber so gut wie nichts bekannt wurde, verleiht den Lektinen den Anstrich eines wohlgehüteten Geheimnisses. Offenkundig war *4 Blutgruppen – vier Strategien für ein gesundes Leben* die erste Publikation, durch die die Ergebnisse der umfangreichen wissenschaftlichen Forschungsarbeiten erstmals in die breite Öffentlichkeit gelangten.

Das Wissen um die potentiellen Risiken der Lektine heißt nicht, daß Sie sich nun plötzlich bei allem, was Sie verzehren, ängstigen müßten. Letztendlich gibt es eine Fülle von Lektinen, und an ihnen führt kein Weg vorbei. Entscheidend ist, jene Lektine zu meiden, die die blutgruppenspezifischen Zellen agglutinieren. Gluten beispielsweise, das in Weizen am häufigsten vorkommende Lektin, unterscheidet sich in seiner Form von dem für Soja charakteristischen Lektin und bindet sich an eine andere Kombination von Zuckermolekülen. Gluten bleibt an der Schleimhaut des Dünndarms haften und kann bei manchen Blutgruppen, insbesondere dem 0-Typ, massive Entzündungen und schmerzhafte Reizungen hervorrufen. Hühnerfleisch wiederum, das sich mit den Blutgruppen 0 und A verträgt, enthält in seinem Muskelgewebe ein Lektin, das die Blutzellen vom B- und AB-Typ verklumpt.

Den Speisezettel auf die Blutgruppe abstimmen

Zunächst eine grundlegende Anmerkung: Seiner Blutgruppe entsprechend besitzt der Mensch die Veranlagung zu bestimmten Stärken und Schwächen. Diese Stärken und Schwächen lassen sich optimal nutzen beziehungsweise auf ein Mindestmaß herabsetzen – vorausgesetzt, wir kennen die Bedürfnisse unseres Organismus und ernähren uns und unsere Familie dementsprechend.

Kernaussage von *4 Blutgruppen – vier Strategien für ein gesundes Leben* ist die Tatsache, daß bestimmte Nahrungsmittel und bestimmte Blutgruppen einander ergänzen, während andere Nahrungsmittel demselben Typ abträglich sind und den Organismus schwächen. Vorrangiges Einbeziehen zuträglicher Nahrungsmittel in die tägliche Kost und konsequentes Weglassen weniger bekömmlicher Nahrungsmittel kann die Ausgewogenheit Ihres Immun- und Verdauungssystems auf optimale Weise begünstigen. Die meisten der mit Ihrem Typ verträglichen Nahrungsmittel entsprechen der evolutionsbedingten Entwicklung Ihrer Blutgruppe. Im Klartext heißt dies – die Nahrungsmittel, die sich mit Ihrer Blutgruppe vertragen, sind oftmals dieselben wie jene, von denen sich die Urmenschen während der Entstehung Ihrer Blutgruppe vorwiegend ernährten. Hier einige Beispiele:

Kennen Sie Ihre Blutgruppe?
Ihre Blutgruppe können Sie auf verschiedene Weise erfahren.
1. Spenden Sie Blut. Aber auch wenn Sie dies nicht möchten, können Sie bei vielen Blutspendediensten gegen Entrichtung einer Gebühr Ihre Blutgruppe bestimmen lassen.
2. Fragen Sie Ihren Arzt, aber wundern Sie sich nicht, wenn er Ihre Blutgruppe nicht kennt. Im Rahmen routinemäßiger Labortests (z. B. Cholesterinbestimmung oder andere Werte) werden Blutgruppenbestimmungen üblicherweise nicht automatisch, sondern nur auf Verlangen vorgenommen.

0-Typ: Am besten spricht dieser Typ auf eine proteinreiche Kost an, die unter anderem Fleisch, Geflügel und Fisch sowie eine Vielfalt an Obst und Gemüse einschließt. Viele Getreidesorten, Hülsenfrüchte und Milchprodukte sind der Blutgruppe 0 nicht zuträglich.

A-Typ: Optimal für diese Blutgruppe ist eine vorwiegend vegetarische Ernährung; darunter Sojaprodukte, Bohnen und andere Hülsenfrüchte, Getreide, Gemüse und Obst, und dazu hin und wieder etwas Fisch.

B-Typ: Zur idealen Ernährung zählen Wildbret, Kaninchen, Hammel und Lamm. Meiden hingegen sollte der B-Typ Huhn. Im Gegensatz zur Blutgruppe 0 und A vertragen Angehörige der Gruppe B viele Milchprodukte, während ihnen manche Getreidesorten, Bohnen und Hülsenfrüchte zu schaffen machen. Zum Ausgleich dafür bietet sich aber eine reiche Vielfalt an Gemüse und Obst. In fast jeder Hinsicht ist die Blutgruppe B am anpassungsfähigsten.

AB-Typ: Der Speiseplan dieser Blutgruppe ist ziemlich komplex – eine Kombination aus der Kost für Typ A und B. Als AB-Typ können Sie fast alles essen, was sich für den A- und B-Typ eignet, müssen aber den Verzehr fast aller Nahrungsmittel vermeiden oder einschränken, die bei den beiden genannten Blutgruppen Verklumpungen verursachen. Die ideale Diät für den AB-Typ ist eine vorwiegend vegetarische Kost, ergänzt durch etwas Fleisch und Milchprodukte.

Auf den folgenden Seiten finden Sie detaillierte Informationen und Nahrungsmitteltabellen, die sich für eine typgerechte Ernährung als hilfreich erweisen. Nahrungsmittel der Kategorie »sehr bekömmlich« sollten Sie bevorzugt auf den Speiseplan setzen, und jene der Kategorie »zu vermeiden« so weit wie möglich weglassen. Dazwischen liegt die breite Palette »neutraler« Nahrungsmittel für die Einbeziehung in eine insgesamt ausgewogene und gesunde Ernährung. Nach den Erfahrungen unzähliger Menschen kann eine auf die individuelle Blutgruppe zugeschnittene Kost im Kampf gegen Allergien oder andere chronische Erkrankungen ungewöhnliche und beinahe unmittelbare Ergebnisse zeitigen. Eine Kost auf der Basis der Blutgruppendiät führt unter Umständen auch rasche Veränderungen herbei, wie beispielsweise Gewichtsabbau, Wiederherstellung einer normalen Insulinproduktion und die Beseitigung lästiger Verdauungsprobleme sowie einen Zuwachs an Energie und Ausdauer.

Das Geheimnis typgerechter Ernährung
Sehr bekömmlich: Nahrungsmittel, die im Organismus wie Arznei wirken.
Neutral: Nahrungsmittel im Sinne von »Essen« ohne spezifische arzneiliche oder toxische Effekte auf den Organismus.
Zu vermeiden: Nahrungsmittel, die im Organismus wie Gift wirken.

Noch bedeutsamer ist der langfristige Nutzen einer solchen Ernährung. Die Blutgruppendiät kann sich als hilfreich erweisen, wenn es um die Bekämpfung schwerer Krankheiten wie Krebs oder Herz-Kreislauf-Erkrankungen geht, um die Abwehr häufig vorkommender Viren und Infektionen, oder um die Eliminierung jener Toxine und Fette, die Übergewicht und Fettleibigkeit fördern; hinzu kommt die Verlangsamung des Zellverschleißes – einer Begleiterscheinung des Alterungsprozesses. Und was das Beste daran ist – all diese Vorteile können Sie sich im Rahmen einer gesunden, sättigenden und abwechslungsreichen Ernährung verschaffen. *4 Blutgruppen – Das Kochbuch für ein gesundes Leben* bietet eine Fülle ausgezeichneter Rezepte, Tips und Hinweise für die Zubereitung und Ernährung sowie Speisepläne, die Ihnen von Anfang an den richtigen Weg weisen. Lebensqualität und gute Gesundheit liegen nicht zuletzt in Ihrer Hand.

3 Füllhorn der Natur

Was Nahrung wirklich bedeutet

»*Catch-as-catch-can*« – diese mittlerweile landläufige Redensart beschreibt sehr treffend die Nahrungssuche der Urmenschen. Im wesentlichen Fleischesser, verzehrten sie alles an Fleisch, dessen sie habhaft werden konnten. Das heißt aber nun keineswegs, daß unsere frühen Vorfahren sich ausschließlich von tierischer Kost ernährten. Pflanzen und Früchte waren seit eh und je Bestandteil der menschlichen Nahrung. Im großen und ganzen sind Menschen eher Allesesser als reine Pflanzen- oder Fleischesser, doch zahlreiche Kulturen unterscheiden sich von dieser »Norm«. So leben beispielsweise die in der Arktis heimischen Inuit (Eskimos) und die Massai-Stämme Afrikas vorwiegend von Nahrungsmitteln tierischer Herkunft, während sich die afrikanischen Bantu als Pflanzenesser vegetarisch ernähren. Diese scheinbaren Extreme stehen in perfektem Gleichklang mit unserem Wissen über die Blutgruppen. Ein Großteil der fleischessenden Inuit und Massai haben Blutgruppe 0, während sich die Auswirkungen der Entwicklung von Typ A bei den veganischen (streng vegetarischen) Bantu so deutlich zeigt, daß man eine eigene Untergruppe nach ihnen benannnte – den Typ A-Bantu.

Betrachtet man den Einfluß der Nahrung auf die Blutgruppe bei unseren Vorfahren, zeigt sich ein vergleichsweise einfaches Bild. Heute hingegen, in unserer modernen Zeit, ist alles komplizierter geworden – nicht selten mit verhängnisvollen Folgen. Im Zuge technologischer Fortschritte in Landwirtschaft und Lebensmittelindustrie büßten die Nahrungsmittel zunehmend an Naturbelassenheit ein und gingen wichtige Nahrungsbestandteile verloren. So führten beispielsweise im Asien des 20. Jahrhunderts neue Verfahren für das Schälen und Polieren von Reis zur Ausbreitung von

Beriberi – einer Thiamin-Mangelkrankheit, der Millionen zum Opfer fielen. Ein weiteres Beispiel kommt aus den Entwicklungsländern, wo das traditionelle Stillen von Säuglingen mehr und mehr durch die Verabreichung von Flaschennahrung ersetzt wird. Dieser Umstand ist mitverantwortlich für zahllose Fälle von Fehl-, Mangel- oder Unterernährung und Durchfallerkrankungen mit tödlichem Ausgang.

Die wohl bedeutsamste Entwicklung war der allmähliche Übergang von einer Vielfalt von Kohlenhydraten auf Getreide, insbesondere Hybridweizensorten als Grundnahrungsmittel. Heute wissen wir, daß der überreichliche Verzehr von Getreide und Bohnen die Entwicklung von Diabetes, Herzkreislauferkrankungen, Fettleibigkeit und vielen anderen ernsthaften Krankheiten begünstigt. Diese Nahrungsmittel enthalten einen besonders hohen Anteil an Lektinen, die in unterschiedlichem Ausmaß blutgruppenspezifisch reagieren.

Eine weitere Entwicklung mit negativen Auswirkungen auf unsere Gesundheit ist das Raffinieren von Zucker und das Härten von Fetten. Was unsere Vorfahren an Fleisch aßen, war ausgesprochen mager und sehnig, und kein Viehzüchter würde heute auch nur den Versuch wagen, ein solches Fleisch auf den Markt zu bringen. Heute ist der Gaumen der westlichen Gesellschaft den Wohlgeschmack gut durchwachsenen Rindfleisches gewohnt. Das Fleisch, das der Menschheit zu gedeihlichem Wachstum verhalf – mager, naturbelassen und frei von Chemikalien, Pestiziden und Hormonen – war meilenweit entfernt vom fettreichen T-Bone-Steak oder dem doppelten Cheeseburger unserer Tage.

Ausgewogenheit ist nicht alles

Seit längerem schon setzen Ärzte und Ernährungswissenschaftler gesunde Ernährung mit ausgewogener Ernährung gleich. Ausgewogenheit definierte man als Deckung des von Experten ermittelten Tagesbedarfes an Nährstoffen, die der Körper für sein allgemeines Wohlbefinden benötigt. Bei den Empfehlungen zur täglichen Nährstoffzufuhr berücksichtigte man lediglich zwei Unterscheidungsmerkmale – Alter und Geschlecht (mit einer einzigen Ausnahme: werdende und stillende Mütter). Im Klartext heißt dies: Nach Auffassung unserer Ernährungsexperten spielt das breite Spektrum anderer, individuell unterschiedlicher Kriterien bei dieser Gleichung offenbar keine Rolle.

Das Ganze ist ein klassisches Beispiel plumper Vereinfachung. Man nimmt die Gesamtbevölkerung, vereinfacht auf die Allgemeingrößen Alter und Geschlecht und baut auf dieser Basis die Vorgaben auf. Dieses Modell dürfte bestenfalls bei Hungerzuständen anwendbar sein oder in Notstandssituationen und bei Naturkatastrophen. Es fragt sich, weshalb sich unser gesamtes Ernährungskonzept auf ein Modell gründet, das für die absolute Mindestversorgung gedacht ist. Derart vereinfachte Ernährungsrichtlinien bedeuten eine Reduzierung dieser Thematik auf den kleinsten gemeinsamen Nenner.

Das richtige Modell für die Ernährung des Menschen hingegen ist Polymorphismus (Vielgestaltigkeit). Wir alle sind polymorphe Wesen, deren individuelle Unterschiede in jeder einzelnen Zelle des Körpers festgehalten sind.

Ein grundlegendes Manko konventioneller Ernährunglehre ist die Tatsache, daß sie sich in erster Linie mit den Zusammenhängen zwischen Ernährung und Krankheit befaßt. Auf der Basis relativ unbedeutender klinischer Studien versucht man, statistisch relevanten, häufig vorkommenden Problemen auf die Spur zu kommen, die mit der Ernährung in Verbindung stehen könnten, und diese Erkrankungen auf einfache, konsequente Weise zu behandeln. Gestützt wird dieses Vorgehen zum Großteil durch Forschungseinrichtungen, die von gesellschaftlichen Normen, einschließlich dem Großkapital, massiv beeinflußt werden. Tatsächlich wird die Nahrungsmittel- und Ernährungsforschung zum überwiegenden Teil von Lebensmittel- und Pharmakonzernen finanziert.

Nach Erscheinen von *4 Blutgruppen – vier Strategien für ein gesundes Leben* sah ich mich zu meinem Erstaunen wiederholt der Kritik ausgesetzt, meine Behauptungen seien wissenschaftlich

nicht untermauert; und dies, obwohl sich in der einschlägigen Literatur Hunderte von Veröffentlichungen über den Zusammenhang zwischen Blutgruppe, Ernährung und Krankheit finden. Offensichtlich waren die sogenannten Nahrungsmittelexperten derart damit befaßt, bestimmte Ernährungsnormen zu propagieren, daß sie es sich nicht erlauben konnten, ein Konzept zu akzeptieren, das sich nicht in ihre Vorgehensweise einfügte.
Die traditionelle Ernährungwissenschaft ist ins Hintertreffen geraten. Blutgruppenforschung ist nämlich nicht mehr in einen staubigen Winkel verbannt, und auf Naturheilverfahren spezialisierte Ärzte wie ich selbst gelten nicht mehr als Außenseiter. Im Gegenteil – viele Kollegen, die mich in meinen Bemühungen besonders nachhaltig unterstützen, sind Schulmediziner, die ihren Patienten die Blutgruppendiät deshalb empfehlen, weil sie etwas bringt.

In ihrem Konzept gründen sich Ernährungsrichtlinien zumeist auf die Behandlung von Krankheiten und die Vorbeugung gegen Mangelkrankheiten. Die üblicherweise empfohlene Tagesdosis für Vitamin C beispielsweise, einer wichtigen Stütze unseres Immunsystems, reicht gerade einmal zur Vorbeugung gegen die Vitamin-C-Mangelkrankheit Skorbut aus, obwohl bekannt ist, daß bei Infektionen und vielen anderen krankhaften Zuständen der Vitamin-C-Bedarf auf das Zwanzigfache steigen kann.

Dennoch sind derlei allgemeine Ernährungsrichtlinien auch von Nutzen. Sie tragen dazu bei, dem weltweit verbreiteten Problem einer Fehlernährung gegenzusteuern. So empfiehlt man heute beispielsweise den Genuß ballaststoffreicher, nicht veredelter Nahrungsmittel anstelle von industriell hergestellten Produkten – für den Durchschnittsbewohner der westlichen Industrienationen immerhin ein beachtlicher Schritt nach vorn. Bedauerlicherweise treten aber die traditionellen Ernährungsrichtlinien gewissermaßen auf der Stelle.

Was tun, wenn man sich nicht falsch ernährt und bereits damit begonnen hat, auf »gesunde« Nahrungsmittel umzustellen? Anders als Hippokrates, der den Rat gab: »Laß deine Nahrung deine Arznei und deine Arznei deine Nahrung sein«, gründen sich die modernen Ernährungsrichtlinien auf eine Trennung von Nahrung

und Medizin. Die Blutgruppendiät bietet eine Chance, diese wechselseitige Beziehung wiederherzustellen. Entstanden ist dieses Konzept auf dem Fundament systematischer Untersuchungen von vielerlei Faktoren wie beispielsweise Anthropologie, Genetik, Immunantworten, Krankheiten usw., die teilweise auf den ersten Blick mit Ernährungswissenschaft scheinbar nichts zu tun haben.
Vertrauen Sie auf die Natur. Welcherart Nahrung Ihnen am besten bekommt, ist von Anfang an durch Ihre Blutgruppe festgelegt.

Was Sie über Nährstoffe wissen sollten

Ernährungskunde ist keine abstrakte Wissenschaft. Sie befaßt sich mit der Beziehung zwischen den Nahrungsmitteln, die wir verzehren, und deren Auswirkungen auf unsere Körperfunktionen. Und nur dies zählt.
Zum besseren Verständnis der Blutgruppendiät sollten Sie sich mit den wichtigsten Elementen der Ernährung vertraut machen. Unter dem Begriff Ernährung versteht man die Aufnahme von Nahrung und die Verdauungsprozesse des Organismus – Stoffwechsel, Energiefreisetzung sowie Abtransport und Ausscheidung von Abfallprodukten (Schlacken). Nährstoffe sind Substanzen, die für die Aufrechterhaltung normaler Körperfunktionen unentbehrlich sind. Die vom Menschen aufgenommenen Nahrungsmittel müssen etwa 45 bis 50 überaus wichtige Substanzen in ausreichender Menge enthalten; dazu Wasser und Sauerstoff. Diese mit der Nahrung aufgenommenen Stoffe werden vom Organismus in lebenserhaltende Substanzen umgewandelt. Zu den wichtigsten Nährstoffen zählen Kohlenhydrate, Fette (Lipide) und Proteine (Eiweiß), Vitamine und Mineralstoffe sowie Sauerstoff und Wasser.
Vom Körper aufgenommene Nährstoffe werden durch Stoffwechselvorgänge in Energie umgewandelt, die als Wärmeeinheit »Kalorie« (Joule) definiert ist. Die aus den einzelnen Nährstoffen gewonnenen Energiemengen sind unterschiedlich. So liefert bei-

spielsweise 1 g Protein 4 Kalorien, 1 g Kohlenhydrate gleichfalls 4 Kalorien und 1 g Fett etwas mehr als 9 Kalorien.

Im großen und ganzen unterscheidet man zwischen fünf Kategorien von Nährstoffen – Proteine (Eiweiß), Kohlenhydrate, Fette, Ballaststoffe sowie Vitamine und Mineralstoffe. Ehe wir uns aber mit dem individuellen, blutgruppenspezifischen Nährstoffbedarf befassen, zunächst ein kurzer Blick auf die Funktionen dieser Nährstoffe.

Proteine (Eiweiß)

Jede einzelne Zelle des menschlichen Körpers enthält Protein, und via Nahrung zugeführtes Protein sorgt für den notwendigen Nachschub. Proteine – für Gewebewachstum und -erneuerung unentbehrlich – sind aus chemischen Verbindungen, den sogenannten *Aminosäuren*, aufgebaut. 13 der 22 Aminosäuren kann der Organismus selbst bilden; die restlichen 9, als essentiell bezeichneten Aminosäuren hingegen müssen ihm über die Nahrung zugeführt werden.

In tierischen Nahrungsmitteln findet sich vollständiges Protein, das heißt, sie enthalten alle für die Gesunderhaltung des Organismus notwendigen essentiellen Aminosäuren in ausreichender Menge. Pflanzliches Eiweiß ist unvollständig und muß zur Deckung des Aminosäurebedarfs mit dem Protein aus vielerlei verschiedenen Pflanzen kombiniert werden. Im Eiweißanteil bestimmter Nahrungsmittel, wie beispielsweise von Hülsenfrüchten und Meerestieren, finden sich jene Lektine, die blutgruppenspezifisch Verklumpungen verursachen, und daraus erklärt sich die Unterschiedlichkeit der für die einzelnen Blutgruppen optimalen Proteinlieferanten.

Proteine werden nicht in reiner Form, sondern mit der Nahrung in Verbindung mit anderen Nährstoffen aufgenommen. Ein Stück Fleisch beispielsweise könnte einen Fettanteil von 20 Prozent haben. Bei der Berechnung der zugeführten Eiweißmenge müssen also das Fett und andere Nahrungsbestandteile abgezogen werden.

Kohlenhydrate

Seit eh und je sind Kohlenhydrate die reichste und auch die preiswerteste Nahrungsquelle. Bei diesen Nährstoffen unterscheidet man zwischen zwei Gruppen – den einfachen und den komplexen (zusammengesetzten) Kohlenhydraten. Einfache Kohlenhydrate (Monosaccharide) bestehen aus Einfachzucker wie Fructose, Glucose und Galactose. Komplexe Kohlenhydrate (Oligo- oder Polysaccharide) setzen sich aus mehreren oder zahlreichen Einfachzuckern zusammen und werden im Pflanzen- und Menschenorganismus in Zucker umgewandelt. Ein typisches Beispiel hierfür sind die in Getreide und einigen Wurzel- und Knollengemüsen vorkommenden Stärken. Nahezu zwei Drittel der vom Menschen verwerteten Nahrungsenergie stammen von Kohlenhydraten; den Rest liefern Fette und Proteine.

Viele kohlenhydratreiche pflanzliche Nahrungsmittel enthalten Fasern – die sogenannten Ballaststoffe –, die zwar keine Nährstoffe liefern, als unverdauliche Nahrungsbestandteile aber bei Ernährung und Verdauung eine wichtige Rolle spielen. In Wasser nicht lösliche Ballaststoffe, wie beispielsweise Zellulose, kommen vorwiegend in Weizenvollkorn und Weizenkleie vor sowie in Obst- und Gemüseschalen. Zellulose wird von den Dickdarmbakterien zur Fettsäure Butyrat umgebaut, die den Darmzellen wiederum als Energiequelle dient und zudem eine Schutzwirkung gegen Dickdarmkarzinom besitzt. Ballaststoffreiche Kost sorgt für eine Vergrößerung des Stuhlvolumens, beugt damit einer Verstopfung und anderen Beschwerden, wie beispielsweise Divertikulose, vor. Obst, Gemüse und Vollkornbrot sowie Nüsse und Hülsenfrüchte sind hervorragende Ballaststofflieferanten. Wasserlösliche, vorwiegend in Obst, Gemüse, Bohnen und Hafer vorkommende Fasern sollen zu einer Herabsetzung des Cholesterinspiegels beitragen. Allerdings enthalten ballaststoffreiche Nahrungsmittel oftmals auch mehr oder minder reichlich Lektine. Aus diesem Grunde ist es ratsam, die Ballaststoffquellen Ihrer Kost mit Bedacht auszuwählen.

Fette

Fette werden als konzentrierte Energiereserven im Organismus gespeichert und bei Bedarf via Stoffwechsel mobilisiert und verbrannt. In der Natur weit verbreitet, finden sich Fette in Fleisch, Geflügel und Fisch, in Milchprodukten und Ölen, in Getreide, Nüssen, Samen, Gemüse und Obst. Fette sind am Aufbau der Zellmembranen und an der Hormonproduktion beteiligt und zudem für die Verteilung und Verwertung der fettlöslichen Vitamine A, D, E und K unbedingt erforderlich. Überdies sind Fette die einzigen Lieferanten von Linolsäure und α-Linolensäure, zwei essentiellen Fettsäuren, die für die Gesunderhaltung und Funktionsfähigkeit der Körperzellen unentbehrlich sind.

Über die Rolle, die Fett in unserer Ernährung spielt, herrscht allerlei Verwirrung. Zur Aufrechterhaltung seiner Lebensfunktionen benötigt unser Körper über die Nahrung zugeführte Fette, die sich aber entsprechend ihrer chemischen Zusammensetzung unterschiedlich auf den Organismus auswirken. Im Grunde genommen überflüssig ist die Zufuhr von gesättigten Fettsäuren, die im Fett von tierischen Produkten und bestimmten Ölen vorkommen. Mehrfach ungesättigte Fettsäuren sind essentielle Fettsäuren, die der Organismus nicht selbst bilden kann, und finden sich in Nahrungsmitteln wie Fisch, grünen Blattgemüsen, Nüssen und Samenkernen. Sehr zu empfehlen sind auch an einfach ungesättigten Fettsäuren reiche Nahrungsmittel wie beispielsweise Olivenöl. Einfach ungesättigte Fettsäuren sind allerdings kein Ersatz für die essentiellen Fettsäuren. Eine weitere ausgezeichnete Quelle für mehrfach ungesättigte Fettsäuren ist Fischöl, das sich in seinem Aufbau von anderen Fetten unterscheidet und Omega-3-Fettsäuren enthält.

Vitamine und Mineralstoffe

Die meisten Nahrungsmittel enthalten mehrere, für die Gesunderhaltung des Organismus wichtige Vitamine und Mineralstoffe.

Für einen normalen Stoffwechsel unentbehrlich, werden sie aber nur in geringfügigen Mengen benötigt. Derzeit kennt man 13 Vitamine – 9 wasserlösliche und 4 fettlösliche. Zu den wasserlöslichen Vitaminen zählen Vitamin C und die 8 Angehörigen der B-Gruppe; fettlöslich sind die Vitamine A, D, E und K.

Mineralstoffe sind anorganische, für einen guten Gesundheitszustand notwendige Nahrungselemente. Der Bedarf ist unterschiedlich. Calcium, Phosphor und Magnesium, Natrium, Kalium und Chlor werden in größeren Mengen benötigt und als Makroelemente bezeichnet. Zu den sogenannten Spurenelementen zählen Eisen, Zink, Selen und Jod, Kupfer, Fluor, Chrom, Mangan und Molybdän. Diese Mineralstoffe müssen in weit geringeren Mengen zugeführt werden.

Die Vitamin- und Mineralstoffverwertung durch die Körperzellen ist blutgruppenspezifisch unterschiedlich und wird in *4 Blutgruppen – vier Strategien für ein gesundes Leben* ausführlich erläutert. In den Nahrungsmitteltabellen selbst ist die Bedeutung dieser Nährstoffe berücksichtigt, Ergänzungspräparate sind deshalb zumeist überflüssig. Als Faustregel gilt: Versuchen Sie, Vitamine und Mineralstoffe Ihrem Körper so weit wie möglich über die tägliche Kost zuzuführen; sie werden dann so verdaut und metabolisiert, wie die Natur dies vorgesehen hat.

Die Blutgruppe – das Zünglein an der Waage

So wichtig es ist, über die in der täglichen Kost enthaltenen Nährstoffe Bescheid zu wissen – dieses Wissen ist nur Teil einer blutgruppenorientierten Ernährungsweise. Natürlich sind bestimmte Nahrungsmittel überaus nährstoffreich. Doch was zählt, sind Art und Weise, in der die Nahrungsbestandteile in Ihrem Organismus aufgespalten, verwertet und abgebaut werden, und die Reaktion Ihrer blutgruppenspezifischen Antigene. Diese beiden Faktoren sind ausschlaggebend dafür, ob ein Nahrungsmittel im Rahmen der Blutgruppendiät unter »sehr bekömmlich«, »neutral« oder »zu vermeiden« eingeordnet ist. Ihre Blutgruppe ist der zuverlässigste

Führer, wenn es darum geht, einen sicheren Weg durch das Labyrinth der Ernährung zu finden. Die Blutgruppendiät ist keine neue Ernährungsweise, auch wenn Sie vielleicht hin und wieder auf Nahrungsmittel stoßen, die auf den Speisezetteln von heute nicht unbedingt zu finden sind. In Wahrheit ist die an der Blutgruppe orientierte Ernährung uralt – so alt wie das Leben selbst.

4 Typgerechte Ernährung

Ein Wegweiser für die Blutgruppen 0, A, B und AB

Auf den Seiten 95 bis 127 finden Sie die Nahrungsmitteltabellen der Blutgruppendiät für Typ 0, A, B und AB. In jeder Tabelle sind unter den Rubriken »sehr bekömmlich«, »neutral« und »zu vermeiden« die für die jeweilige Blutgruppe geeigneten beziehungsweise nicht geeigneten Nahrungsmittel aufgelistet. Hinzu kommen Empfehlungen für Größe und Zahl der wöchentlichen beziehungsweise täglichen Einzelportionen.
Die Informationen im folgenden Kapitel stellen eine Ergänzung dieser Tabellen dar. Sie erleichtern Ihnen die wohldurchdachte Zusammenstellung Ihres Speisezettels und vermitteln Ihnen ein genaueres Bild von dem Fundament, auf das sich die blutgruppenspezifischen Empfehlungen gründen.

Fleisch und Geflügel

Nach Erscheinen von *4 Blutgruppen – vier Strategien für ein gesundes Leben* sorgte eine Tatsache für allerlei Aufsehen – nämlich die Empfehlung von Fleisch als wichtigem Proteinlieferanten für den 0-Typ und auch – wenngleich in geringeren Mengen – für den B-Typ. So mancher fragte sich, weshalb man überhaupt zum Verzehr von Fleisch raten könne, das üblicherweise reichlich gesättigte Fettsäuren und Cholesterin enthält. Zugegeben – das heute angebotene Fleisch ist zumeist zu fettreich und durch die bedenkenlose Verabreichung von Hormonen und Antibiotika belastet. Im Rahmen der Blutgruppendiät wird – und dies möchte ich betonen – ausdrücklich nur mageres Fleisch aus ökologischer Tierhaltung empfohlen, und damit sieht die Sache ernährungswissenschaftlich ganz anders aus.

0-Typ. Dem 0-Typ ist eine an tierischem Eiweiß reiche Kost sehr zuträglich. Dank seiner Blutgruppe, der ältesten überhaupt, besitzt er ein ideales Verdauungssystem für Fleisch – einen hohen Gehalt an Magensäure, durch die die Nahrung rasch aufgespalten wird, sowie einen Stoffwechsel, der eine optimale Verteilung und Verwertung der Nährstoffe gewährleistet. Angehörige der Blutgruppe 0 können auch alle Arten von Geflügel essen, deren Fleisch aber etwas eiweißärmer und nicht so bekömmlich ist wie rotes Fleisch.

> **Wenn Sie Blutgruppe 0 haben und Vegetarier/in sind**
> Als 0-Typ, der sich bisher fleischlos ernährte, kann Ihnen die Verdauung von Fleisch anfangs einige Probleme bereiten. Essen Sie deshalb anfangs mehrmals wöchentlich eine kleine Portion und kauen Sie das Fleisch gründlich, damit es leichter verdaut werden kann. Macht Ihnen rotes Fleisch zu schaffen, könnten Sie auch versuchen, Ihre Kost mit *Coleus forskohlii* zu ergänzen, einem wenig bekannten Kraut aus der ayurvedischen Medizin. *Coleus* bewirkt beim 0-Typ eine Anhebung des Energieniveaus. In vielerlei Hinsicht ähneln die Auswirkungen dieses Krautes auf die zellulären Energiedepots jenen von rotem Fleisch. Für den 0-Typ, der aus weltanschaulichen Gründen eine Abneigung gegen rotes Fleisch hegt, bietet sich *Coleus forskohlii* als Lösung an. Das Kraut paßt gut zu Fisch und Geflügel.

A-Typ. Im Gegensatz zum 0-Typ kann der A-Typ die in Fleisch enthaltenen Nährstoffe nur unzureichend resorbieren und verwerten und fühlt sich deshalb bei einer an pflanzlichem Eiweiß reichen Kost am wohlsten. Sojaprotein sollte beim A-Typ das tierische Eiweiß weitgehend ersetzen. Eine gute Alternative zu Fleisch sind Meeresfrüchte und Tofu. Fleisch wird von Menschen der Blutgruppe A nur mangelhaft verdaut, begünstigt bei ihnen die Bildung von Stoffwechselgiften im Organismus und wird nicht in Form von muskelbildendem Protein, sondern als Fett gespeichert. Hin und wieder ein Stückchen mageres Huhn aus ökologischer Tierhaltung ist durchaus vertretbar, sollte aber im Stile der asiatischen Küche zubereitet werden – also nicht als Hauptgericht, sondern eher als geschmackliche Zutat.

B-Typ. Angehörige der B-Gruppe kommen mit vielerlei Fleischsorten gut zurecht. Dank des Erbes seiner Vorfahren paßt sich der B-Typ den jeweiligen Umständen entsprechend leichter einer proteinarmen beziehungsweise -reichen Kost an. Überdies scheint bei ihm ein unmittelbarer Zusammenhang zwischen Streß, Autoimmunkrankheiten und bestimmten Proteinlieferanten zu bestehen. Anstelle des fast allgegenwärtigen Rindfleisches bekommt dem B-Typ am besten das rote Fleisch von Lamm, Hammel, Wild und Kaninchen.

Und hier noch ein wichtiger Punkte: Der B-Typ muß auf Hühnerfleisch verzichten – eine Umstellung, die ihm angesichts der Beliebtheit dieses Federviehs sehr schwerfallen dürfte, aus gesundheitlichen Gründen aber notwendig ist. Das Muskelgewebe von Hühnerfleisch, insbesondere von Hühnerbrust, enthält ein Lektin, das das Blut der Gruppe B verklumpt. Die Folge ist eine Beeinträchtigung der Organsysteme, die bis hin zu Schlaganfall und Autoimmunerkrankungen führen kann. Als B-Typ mit einer Vorlieber für Hühnerfleisch sollten Sie nach und nach auf Putenfleisch umstellen.

AB-Typ. Was die Verträglichkeit von Fleisch angeht, besitzt der AB-Typ Elemente der Blutgruppen A und B gleichermaßen. Ähnlich dem A-Typ sollte sich auch er an Meeresfrüchte und Tofu als Proteinquelle halten. Ebensogut wie der B-Typ kommt er aber auch mit dem roten Fleisch von Lamm, Hammel, Wild und Kaninchen gut zurecht. Die Magensäureproduktion von Menschen der Blutgruppe AB reicht nicht aus, um größere Mengen tierischen Eiweißes zu verdauen und zu verwerten. Aus diesem Grunde sollten sie Fleisch nur in kleinen, leichter verdaulichen Portionen verzehren.

Fisch
Als ergiebige Quelle tierischen Eiweißes an zweiter Stelle stehend enthält Fisch zudem die wertvollen Omega-3-Fettsäuren. Fisch

erhielt ganze Kulturen am Leben, die sich im Laufe der Geschichte an den Küsten der Meere und entlang den Ufern von Flüssen entwickelten. Meere, Seen und Ströme, Flüsse und Bäche erwiesen sich als schier unerschöpfliche Nahrungsquelle. Kein Wunder, daß die Menschen glaubten, diese Reichtümer seien in den Gewässern lebenden Göttern zu verdanken.

0-Typ. Menschen der Blutgruppe 0 können aus einer Fülle zuträglicher, mehr oder minder ölreicher Fischsorten wählen. Fischöle sind reich an Omega-3-Fettsäuren, die als Lipidsenker eine Herabsetzung überhöhter Blutfettspiegel bewirken und damit zum Schutz vor Herz-Kreislauf-Erkrankungen beitragen. Als sehr wirksam erweisen sich Fischöle mitunter bei der Behandlung entzündlicher Darmerkrankungen wie beispielsweise Colitis oder Crohn-Krankheit, für die Angehörige der 0-Gruppe anfällig sind. Fisch und Meeresfrüchte sind zudem überaus reich an Jod, das für die Regulation der Schilddrüsentätigkeit verantwortlich ist. Charakteristisch für 0-Typen ist eine als Hypothyreose bezeichnete Schilddrüsenunterfunktion. Menschen der Blutgruppe 0 sollten Fisch und Meeresfrüchte zum festen Bestandteil einer gesunden Ernährung machen.

A-Typ. Als Ergänzung zu pflanzlichem Protein kann der A-Typ drei- bis viermal wöchentlich Fisch essen. Meiden Sie aber hellfleischige Fischsorten wie Heilbutt, Seehecht, Seezunge und Flunder; sie enthalten ein Lektin, das den Verdauungstrakt reizen kann. Frauen der Blutgruppe A mit Brustkrebs in der Familienanamnese sollten hin und wieder Weinbergschnecke (*Helix pomatia*) auf den Speisezettel setzen. Im Vorstadium von Brustkrebs bildet der Organismus ein Protein, das die Entartung der Zellen begünstigt. Das Lektin der Weinbergschnecke bindet sich an diese entarteten Zellen und hemmt damit deren Fähigkeit, sich auszubreiten. Fischöle mindern aller Wahrscheinlichkeit nach das Risiko für Herz-Kreislauf-Erkrankungen und sind deshalb für den A-Typ von großer Bedeutung.

B-Typ. Fische und Meeresfrüchte, allen voran an Ölen reiche Tiefseefische wie Kabeljau sind für den B-Typ ausgesprochen zuträglich. Das gleiche gilt für Fische mit hellem Fleisch wie Heilbutt, Flunder und Seezunge. Auf Schalentiere sollten alle Angehörigen der Blutgruppe B tunlichst verzichten. Sie enthalten Lektine, die dem Organismus nicht bekommen. Zu den »verbotenen Früchten« zählen unter anderem Hummer, Garnelen, Krabben und Venusmuscheln. Ein Großteil der ursprünglichen B-Typen waren Angehörige herbräischer Volksstämme, deren Gesetze den Genuß von Schalentieren ohnehin verboten. Möglicherweise wurzelte dieses Verbot in dem stillschweigenden Eingeständnis der Tatsache, daß Schalentiere den Stammesmitgliedern nicht sonderlich zuträglich waren. Nach dem Erscheinen von *4 Blutgruppen – vier Strategien für ein gesundes Leben* fanden wir heraus, daß Lachsrogen möglicherweise auch ein Lektin enthält, das die Blutzellen der Gruppe B verklumpt. Bis zum Vorliegen gesicherter Erkenntnisse ist es deshalb ratsam, den Verzehr von Lachs einzuschränken.

AB-Typ. Als AB-Typ können Sie gleichfalls aus einer reichen Vielfalt an bekömmlichen Fischen und Meeresfrüchten wählen, sollten aber, wie Personen der Blutgruppe A, hellfleischige Sorten wie Heilbutt, Seezunge und Flunder sowie – ähnlich dem B-Typ – alle Schalentiere meiden. Frauen der Blutgruppe AB mit Brustkrebs in der Familienanamnese tun gut daran, Weinbergschnecken (*Helix pomatia*) in ihren Speiseplan aufzunehmen.

Milchprodukte und Eier
Ausgangsprodukt für sämtliche Milcherzeugnisse ist – wie der Name schon sagt – Milch. Kuhmilch besteht in etwa aus 4,9 Prozent Kohlenhydraten, 3,5 Prozent Fett, 3,5 Prozent Protein und 87 Prozent Wasser. Diese Zusammensetzung schwankt von Spezies zu Spezies. Muttermilch hat einen höheren Fettanteil, Ziegenmilch hingegen einen geringeren. Milch enthält beachtliche Mengen der meisten Nährstoffe, aber nur sehr wenig Eisen, Vitamin C und Niacin (oder Nicotinsäure, Vitamin B_3). Der Calcium- und Phosphorgehalt ist sehr hoch, während das in Vollmilch reichlich vorhandene, fettlösliche Vitamin A in fettarmer oder Magermilch

fehlt. In Milch finden sich sämtliche essentielle Aminosäuren, und sie ist damit ein Nahrungsmittel mit vollständigem Protein.

Eine Belastung der Milch mit Antibiotika oder Hormonen ist in Deutschland nicht zu befürchten. Die Behandlung von Milchkühen mit Antibiotika unterliegt einer strengen Reglementierung, und die Verabreichung von Hormonen ist von Seiten des Gesetzgebers ohnehin verboten. Wegen des Risikos einer bakteriellen Verunreinigung sollte man allerdings auf den Genuß von Rohmilch oder nicht pasteurisierter Milch tunlichst verzichten.

Milchprodukte und Eier gelten ganz allgemein als wertvolle Proteinlieferanten. Seit eh und je war das Ei ein Symbol der Fruchtbarkeit und Gegenstand heidnischer und religiöser Verehrung. Modernen ernährungswissenschaftlichen Erkenntnissen zufolge besitzen Milchprodukte einen hohen Anteil an gesättigten Fettsäuren und Cholesterin. Was das Cholesterin angeht, nehmen Eier eine Spitzenposition ein. Trotz dieser Einschränkungen kommt Milchprodukten und Eiern als Lieferanten vollständigen tierischen Eiweißes eine gewisse Bedeutung zu.

Butter scheint, was die unterschiedlichen Diäten angeht, einmal »in« und dann wieder »out« zu sein. Sie ist, wie man allgemein weiß, ein konzentriertes Fett mit einem hohen Gehalt an Cholesterin; doch dies ist nur eine Seite der Medaille. Butter enthält auch reichlich kurzkettige Fettsäuren, allen voran Buttersäure, die sich auf die Funktion von Dickdarm und Verdauungstrakt günstig auswirkt. In zahlreichen Regionen der Welt, beispielsweise in Indien und Pakistan, wird geklärte Butter – das sogenannte Ghee – reichlich verwendet. Bemerkenswerterweise führte die Verwendung von Ghee in diesen Regionen bislang nicht zu einer Erhöhung der Cholesterinspiegel im Blut. Durch den Läuterungsprozeß werden der Butter auch sämtliche Proteine entzogen, und damit ist Ghee ein von Lektinen freies, reines Fett.

0-Typ. Angehörige der Blutgruppe 0 können kleinere Mengen von Milchprodukten und mehrere Eier pro Woche essen, profitieren aber von dem darin enthaltenen Eiweiß nur wenig. Milchprodukte sind jedoch die ergiebigste Quelle von resorbierbarem Calcium, und deshalb sollten 0-Typen täglich ein Calcium-Präparat einnehmen, insbesondere Frauen. Mit der Verdauung von Käse kommt der Organismus des 0-Typs nicht zurecht, während drei bis vier Eier pro Woche nicht schaden.

Und hier noch ein Wort zum Unterschied zwischen Nahrungsmittelallergie und Nahrungsmittelunverträglichkeit. *Nahrungsmittelallergien* haben nichts mit Verdauungsproblemen zu tun, sondern sind eine Immunantwort auf bestimmte Nahrungsmittel. Das Immunsystem bildet einen Antikörper gegen ein bestimmtes, in den Organismus gelangtes Nahrungsmittel oder eine darin enthaltene Substanz. *Nahrungsmittelunverträglichkeit* hingegen ist eine Reaktion des Verdauungsapparates und kann sich aus vielerlei Gründen einstellen. Minderwertige Lebensmittel oder Lebensmittelzusätze, psychologische oder gedankliche Assoziationen, kulturabhängige Faktoren oder ein bestimmter Defekt im Verdauungssystem können negative Reaktionen auslösen.

Auf die Calcium-Zufuhr achten
Milchprodukte sind dem 0-Typ im großen und ganzen nicht zuträglich. Menschen der Blutgruppe 0 müssen deshalb ihren Calciumbedarf durch Einnahme eines Zusatzpräparates decken, umso mehr, als sie zu entzündlichen Gelenkerkrankungen wie beispielsweise Arthritis neigen. Aus diesem Grunde empfehle ich für Erwachsene und Kinder gleichermaßen die tägliche Zufuhr von 600 bis 1100 mg Calcium.

A-Typ. Die meisten Milchprodukte sind für den A-Typ nicht bekömmlich, weil sein Blut Antikörper gegen den in Vollmilch vorkommenden Zucker D-Galactose bildet. Wie Sie sich gewiß erinnern, ist D-Galactose Bestandteil des B-Typ-Antigens. Das Immunsystem des A-Typs produziert Antikörper gegen B-ähnliche Antigene und damit auch gegen Vollmilchprodukte. Daraus erklärt sich möglicherweise die Tatsache, daß Menschen der Blutgruppe A beim Verzehr von Milchprodukten zu vermehrter Schleimabsonderung neigen. Bei Problemen mit den Nasennebenhöhlen oder Asthma sollten Sie Milchprodukte ganz weglassen.

A-Typen können vergorene Milchprodukte wie Joghurt, Kefir und fettreduzierten Sauerrahm in kleineren Mengen vertragen. Ein hervorragender Ersatz für Kuhmilch ist Ziegenmilch. Und natürlich sind auch Sojamilch und -käse ausgezeichnete Alternativen für Angehörige dieser Blutgruppe.
Eier sind keine optimale Proteinquelle für den A-Typ. Halten Sie sich deshalb zurück und gönnen Sie sich höchstens hin und wieder einmal ein Ei von Freilandhennen.

B-Typ. Typ B ist die einzige Blutgruppe, die sich an vielerlei Milchprodukten gütlich tun kann. Vollmilch enthält nämlich D-Galactose – also denselben Zucker wie das Typ-B-Antigen. Auf dem Höhepunkt der Entwicklung von Blutgruppe B gewann die Domestikation von Tieren zunehmend an Bedeutung, und damit wurden auch Milchprodukte zum wichtigen Bestandteil der Ernährung. Dennoch – schwer verdauliche, pikante Hartkäse sollte auch der B-Typ meiden. Im übrigen enthalten Eier *nicht* das im Muskelgewebe von Hühnerfleisch vorkommende, für den B-Typ schädliche Lektin.

AB-Typ. Was Milchprodukte und Eier angeht, bewegt sich der AB-Typ irgendwo zwischen den Blutgruppen A und B. Er verträgt einige für den B-Typ bekömmliche Milchprodukte, kann aber für den A-Typ geeignete Milcherzeugnisse wie Joghurt, Kefir und fettreduzierten Sauerrahm leichter verdauen. Menschen der Blutgruppe AB sollten auf eine übermäßige Schleimproduktion achten. Atemwegsbeschwerden, Probleme mit den Nasennebenhöhlen oder Infektionen im Bereich der Ohren deuten möglicherweise auf die Notwendigkeit hin, den Verzehr von Milchprodukten einzuschränken.
Eier sind für den AB-Typ eine ergiebige Eiweißquelle. Steigern können Sie die Proteinaufnahme noch, wenn Sie pro Ei noch ein zusätzliches Eiweiß verwenden.

Öle und Fette

In dem hektischen Bemühen, unsere Gesellschaft zu einer cholesterinarmen Ernährung zu bekehren, werden viele nährstoffarme

Pflanzenöle dem unwissenden Verbraucher als cholesterinarm »angedreht«. Das mag zwar stimmen, ist aber insofern völlig abwegig, als Pflanzen und Gemüse ohnehin kein Cholesterin bilden. Cholesterin kommt nur in tierischen Produkten vor. Tatsächlich ist so ein cholesterinfreies Pflanzenöl unter Umständen gar nicht so empfehlenswert. Tropische Öle, wie beispielsweise Kokosöl, besitzen nämlich einen hohen Anteil an gesättigten Fettsäuren.

Die meisten der heute angebotenen Öle, darunter Distel- und Rapsöl, sind reich an mehrfach ungesättigten Fettsäuren – ein beachtlicher Vorzug im Vergleich zu tropischen Ölen und tierischen Fetten wie beispielsweise Schweineschmalz. Allerdings bestehen gewisse Bedenken, daß eine überhöhte Zufuhr von mehrfach ungesättigten Fettsäuren mit bestimmten Krebsformen in Zusammenhang stehen könnte, insbesondere wenn diese Fettsäuren beim Kochen hohen Temperaturen ausgesetzt werden. Soweit Sie Öl erhitzen müssen, sollten Sie sich an Sesam-, Walnuß- oder Erdnußöl halten, die allesamt hohe Temperaturen besser vertragen. Die optimale Alternative ist jedoch, zum Kochen so weit wie möglich Olivenöl zu verwenden. Dieses an einfach ungesättigten Fettsäuren reiche Öl ist für Herz und Arterien bekömmlich.

Margarine gilt weithin als gesunde Alternative zu Butter. In naturheilmedizinischen Kreisen weiß man jedoch seit längerem, daß dies keineswegs zutrifft, und mittlerweile erkennt man dieses Faktum auch in der schulmedizinischen Forschung an. Für die Herstellung von Margarine wird Pflanzenöl chemisch so verändert, daß es bei Raumtemperatur fest ist. Im Rahmen dieses als »Härtung« bezeichneten Verfahrens wird dem Öl Wasserstoff angelagert (Hydrierung); der Schmelzpunkt steigt und das Öl geht in feste Form über. Durch Hydrierung ändert sich die Molekularstruktur des Öls und führt zur Bildung bestimmter Fettsäuren, die möglicherweise toxisch sind und karzinogene Eigenschaften besitzen. Hinzu kommt noch der großzügige Zusatz von chemischen Aroma- und gelben Farbstoffen, um der Margarine eine gewisse Ähnlichkeit mit Butter zu verleihen. Das Ganze ist alles andere als eine gesunde Alternative zu Butter. Soweit bei den Zutaten zu den

Rezepten auch einmal Margarine angeführt ist, sollten Sie damit sparsam umgehen.

Ungeachtet der individuellen Blutgruppe rate ich allen Menschen zur Unterstützung des Verdauungs- und Ausscheidungsprozesses die tägliche Zufuhr von ein bis zwei Eßlöffeln Leinsamen- oder Olivenöl.

Eine bekömmlichere Butter für den 0- und B-Typ

Mischen Sie 250 g ungesalzene Butter mit 60 ml Leinsamen- beziehungsweise Distelöl (je nach Typ) und 3 EL Lecithin-Granulat. Stechen Sie dann 1 Kapsel (400 I.E.) Vitamin E mit einer Nadel an, pressen Sie den Inhalt in die Mischung und schlagen Sie die Butter, bis sie steif ist. Im Kühlschrank aufbewahrt, hält sie sich etwa eine Woche.

0-Typ. Für 0-Typen stellen Öle einen wichtigen Bestandteil der Nahrung dar, allen voran Leinsamen- und Olivenöl. Diese Speiseöle wirken sich günstig auf Herz und Arterien aus und können zu einer Herabsetzung des Cholesterinspiegels im Blut beitragen.

A-Typ. Angehörige der Blutgruppe A brauchen zur Bewahrung von Wohlbefinden und Leistungsfähigkeit nur sehr wenig Fett. Ein Eßlöffel Oliven- oder Leinsamenöl täglich unterstützt den Verdauungs- und Ausscheidungsprozeß und wirkt sich günstig auf den Cholesterinspiegel und das Herz aus. Meiden hingegen sollte der A-Typ Maiskeim- und Distelöl, deren Lektine Verdauungsprobleme hervorrufen.

B-Typ. B-Typen vertragen Olivenöl sehr gut und sollten täglich mindestens einen Eßlöffel zu sich nehmen. Sesam-, Maiskeim- und Sonnenblumenöl hingegen wirken sich auf ihren Verdauungstrakt ungünstig aus, während Leinsamenöl für den B-Typ zu den »neutralen« Speiseölen zählt. Ghee (geklärte Butter) – in begrenzten Mengen verwendet – ist für diese Blutgruppe ebenfalls geeignet.

AB-Typ. Am bekömmlichsten für den AB-Typ ist Olivenöl, während ihm andere Pflanzenöle, gehärtete Öle und tierische Fette weniger zuträglich sind. In begrenzten Mengen kann diese Blutgruppe auch Ghee (geklärte Butter) verwenden.

Nüsse und Samenkerne
Seit eh und je zählen Nüsse und Samenkerne zu den wichtigen Nahrungsmitteln für Mensch und Tier. Allerdings gibt es nur sehr wenige Nüsse und Samenkerne, die für alle Blutgruppen gleichermaßen bekömmlich sind. Viele Arten enthalten nämlich Lektine.

Nüsse und Samenkerne sind reich an Mineralstoffen und Proteinen, insbesondere an den für die Entgiftung des Organismus wichtigen schwefelhaltigen Aminosäuren, können aber unter Einwirkung von Luft rasch ranzig werden. Bewahren Sie deshalb Nüsse immer in dicht schließenden Behältern auf. Und lassen Sie sie im Naturkostladen oder Reformhaus auch nicht zu Nußmus vermahlen, weil dabei gefährliche Konzentrationen von Aflatoxinen (toxischen Stoffwechselprodukten von Pilzen) entstehen können. Fertigprodukte hingegen sind auf das Vorhandensein von Aflatoxinen überprüft.

Meiden Sie industriell veredelte oder stark gesalzene Nüsse. Bei Problemen mit der Gallenblase, Blinddarmreizungen oder Divertikulitis sollte man anstelle von ganzen Nüssen besser Nußmus verzehren.

0-Typ. Für Menschen der Blutgruppe 0 sind Nüsse und Samenkerne zwar eine reiche Quelle zusätzlichen Pflanzenproteins, in der Regel aber für deren Ernährung überflüssig. 0-Typen, die Gewicht abbauen wollen, sollten Nüsse mit ihrem hohen Anteil an Fettkalorien gänzlich meiden. Als sehr bekömmlich für den 0-Typ gelten eigentlich nur Kürbiskerne, die reichlich Zink enthalten, sowie Walnüsse. Denken Sie als 0-Typ daran, daß sich bei Reizdarm die Verdauungsbeschwerden durch Nüsse unter Umständen verschlimmern können.

A-Typ. Mit ihrem hohen Proteingehalt sind zahlreiche Nüsse und Samenkerne – allen voran Kürbis- und Sonnenblumenkerne, Mandeln und Walnüsse – für den A-Typ eine wertvolle Nahrungsergänzung. Besonders bekömmlich für diese Blutgruppe sind Erdnüsse, die ein der Krebsbildung entgegenwirkendes Lektin enthalten. Essen Sie sie samt Häutchen, aber natürlich nicht mit der Schale! Erdnüsse von kommerziellen Großplantagen sind allerdings oftmals durch toxische Rückstände von Pestiziden belastet, deshalb sollte man nach einem Produkt aus ökologischem Anbau Ausschau halten. Bei Problemen mit der Gallenblase ist es ratsam, auf ganze Nüsse zu verzichten und sich stattdessen mit kleinen Mengen Nußmus zu begnügen.

B-Typ. Nüsse und Samenkerne sind dem B-Typ nicht zuträglich. Erdnüsse, Sesamsamen und Sonnenblumenkerne enthalten Lektine, die die Insulinbildung bei Personen der Blutgruppe B beeinträchtigen. Auch wenn Sie eine besondere Vorliebe für Sesamsamen hegen, sollten Sie darauf verzichten – umso mehr, als Nüsse und Samenkerne im Falle der Blutgruppe B ein hohes Krankheitspotential besitzen.

AB-Typ. Teils bekömmlich, teils weniger zuträglich sind Nüsse und Samenkerne für den AB-Typ. Obwohl gute Lieferanten für zusätzliches Eiweiß, enthalten alle Samenkerne jene insulinhemmenden Lektine, die sie für den B-Typ ungeeignet machen. Andererseits sprechen Menschen der Blutgruppe AB – ähnlich dem A-Typ – sehr positiv auf Erdnüsse an, die ihr Immunsystem nachhaltig stärken. AB-Typen besitzen eine gewisse Neigung zu Problemen mit der Gallenblase und sollten deshalb anstelle von ganzen Nüssen besser Nußbutter oder Nußmus in bescheidenen Mengen essen.

Bohnen und andere Hülsenfrüchte

Bohnen und Hülsenfrüchte – ein wichtiges Nahrungsmittel in vielen Regionen dieser Welt – rufen individuell unterschiedliche blutgruppenspezifische Reaktionen hervor. Sie enthalten häufig Lektine, deren negativer Einfluß sich zumeist bei der Insulinproduktion bemerkbar macht.

0-Typ. Bohnen werden vom 0-Typ nicht sonderlich gut verwertet. Und im allgemeinen beeinträchtigen sie den Stoffwechsel anderer, wichtigerer Nährstoffe, wie sie sich beispielsweise in Fleisch finden. Überdies entziehen Bohnen dem Muskelgewebe etwas Säure – ein Nachteil für den 0-Typ, der mit leicht saurem Muskelgewebe am leistungsfähigsten ist. Dieses Phänomen darf man aber nicht mit der im Magen stattfindenden Säure-Basen-Reaktion verwechseln. Was diese Reaktion angeht, bilden die wenigen, für 0-Typen sehr bekömmlichen Bohnensorten eine Ausnahme. Sie kräftigen sogar den Verdauungsapparat und begünstigen das Ausheilen von Geschwüren, unter denen Angehörige der Blutgruppe 0 aufgrund ihres hohen Magensäurespiegels oftmals zu leiden haben. Essen Sie deshalb Bohnen in bescheidenen Mengen oder hin und wieder als Beilage.

A-Typ. Als A-Typ bekommt Ihnen das in Bohnen und Hülsenfrüchten enthaltene Pflanzeneiweiß besonders gut. Seien Sie aber bei der Auswahl auf der Hut, weil nicht alle Sorten dem Organsystem der Blutgruppe A zuträglich sind. Kichererbsen, Limabohnen und Perlbohnen beispielsweise enthalten ein Lektin, das die Insulinproduktion verlangsamen kann – eine Störung, die bei Fettleibigkeit und Diabetes eine gewichtige Rolle spielt.

B-Typ. Kidney-, Lima- und Perlbohnen sowie Sojabohnen sind die einzigen Bohnensorten, die Menschen der Blutgruppe B verzehren sollten. Viele Bohnen und Hülsenfrüchte enthalten Lektine, die die Insulinproduktion beeinträchtigen – eine Störung, die die Neigung von Angehörigen der Blutgruppe B zu Hypoglykämie (Verminderung des Blutzuckerspiegels) begünstigt. Setzen Sie als B-Typ also nur die für Sie sehr bekömmlichen Sorten auf den Speisezettel und begnügen Sie sich mit kleinen Portionen.

AB-Typ. Auch bei Bohnen und Hülsenfrüchten bewegt sich der AB-Typ im Hinblick auf positive und negative Auswirkungen irgendwo in der Mitte. Linsen beispielsweise – für den B-Typ nicht zu empfehlen – sind für Menschen der Blutgruppe AB ein wichtiges, der Krebsbildung entgegenwirkendes Nahrungsmittel. Kidney- und Limabohnen wiederum, die beim A-Typ die Insulinproduktion hemmen, zeitigen auch beim AB-Typ denselben Effekt.

Sojaprodukte
Als überaus wichtige blutgruppenspezifische Nahrungskomponenten verdienen es Sojabohnen und Sojaprodukte, besonders erwähnt zu werden. Sojabohnen baute man in China bereits vor Beginn der Geschichtsschreibung an, und von dort aus gelangte diese Hülsenfrucht in andere ostasiatische Länder. Für die chinesische Kultur von hoher Bedeutung, zählte die Sojabohne neben Reis, Gerste, Weizen und Hirse zu den »fünf heiligen Körnern«. Im späten 19. Jahrhundert wurde das US-Landwirtschaftsministerium auf diese Pflanze aufmerksam und begann mit der selektiven Züchtung verbesserter Sojabohnensorten. Nach und nach kamen Varietäten auf den Markt, die sich von den ursprünglichen asiatischen Pflanzen merklich unterschieden. Der rasche Produktionsanstieg über einen Zeitraum von etwas mehr als 30 Jahren zählt zu den erstaunlichsten Entwicklungen in der Landwirtschaft der Vereinigten Staaten.

Sojabohnen besitzen einen ungewöhnlich hohen Anteil an vollständigem Protein und sind damit ein hochwertiges Nahrungsmittel für den Menschen. Für den A-Typ sind Sojaprodukte so wertvoll wie jedes tierische Eiweiß.

Sojabohnen sind ungemein vielfältig. Man kann sie geröstet, getrocknet, zu Pulver vermahlen oder gegart verzehren. Aus Sojabohnen stellt man Öl, Milch und Mehl her, Tofu (Sojaquark oder -käse) und Tempeh (eine Sojaspezialität aus Indonesien), Okara (ein feinkörniges Nebenprodukt bei der Tofuherstellung) und Miso (Sojapaste) sowie TVP (*Textured Vegetable Protein* = Strukturiertes pflanzliches Protein), ein als »Sojafleisch« bezeichnetes, in Form von Würfeln oder Granulat erhältliches Fertigprodukt. Als Grundnahrungsmittel ist Soja für die Ernährung der Weltbevölkerung heute so wichtig wie einstmals der Mais für die altamerikanischen Kulturen der Inka, Maya und Azteken.

0-Typ. Für Menschen der Blutgruppe 0 zählen Sojaprodukte zu den neutralen Nahrungsmitteln und damit nicht zu den idealen Eiweißlieferanten. Günstiger für den 0-Typ sind andere Quellen hochwertigen Proteins, wie beispielsweise Fleisch und Fisch.

A-Typ. A-Typen sollten anstelle von tierischem Protein besser auf Sojaprodukte zurückgreifen. Sojabohnen werden von ihrem Organismus ausgezeichnet vertragen und wirken bei dieser Blutgruppe auch der Krebsbildung entgegen. Ihre Lektine sorgen für die Verklumpung entarteter A-Typ-Zellen und deren Ausschwemmung aus dem Organismus. Überdies werden die in Sojaprodukten enthaltenen Nährstoffe vom Verdauungssystem mühelos assimiliert. Für Menschen der Blutgruppe A stellen Sojaprodukte eine ungemein reiche Nährstoffquelle dar.

B-Typ. Angehörige der Blutgruppe B sollten den Verzehr von Tofu und anderen Sojaprodukten einschränken, weil ihr Immunsystem davon so gut wie nicht profitiert. Der antikarzinogene (der Krebsbildung entgegenwirkende) Effekt der Sojabohnen bezieht sich nur auf die Blutgruppen A und AB. Zur Gesunderhaltung seines Organismus benötigt der B-Typ Fleisch, Milchprodukte und Fisch als wichtigste Eiweißspender.

AB-Typ. Der AB-Typ verträgt Sojaprodukte gut und profitiert genauso wie Angehörige der Blutgruppe A vom antikarzinogenen Einfluß der Sojabohne. Und wer als AB-Typ Gewicht abbauen möchte, ist mit dem Verzehr von Sojaprodukten bestens beraten.

Getreide

Getreide liefert etwa 70 Prozent unserer Nahrungsenergie. Am meisten angebaut und verzehrt werden Reis, Weizen und Mais, dicht gefolgt von Hirse, Mohrenhirse, Hafer und Gerste. Weitere wichtige Energiespender sind Knollen- und Wurzelgemüse wie Kartoffeln, rote Rüben und Möhren. Der Fettgehalt von Getreideprodukten ist in der Regel niedrig, es sei denn, die Keime bleiben bei der Verarbeitung erhalten. Vollkornprodukte liefern reichlich Ballaststoffe; dazu Vitamine wie beispielsweise Pantothensäure (früher als Vitamin B_5 bezeichnet) und Vitamin E sowie Spurenelemente, zum Beispiel Zink, Kupfer, Mangan und Molybdän. Allerdings enthalten einige Getreidesorten auch sehr viel *Gluten* – Getreideproteine, die zu den Lektinen zählen und sich blutgruppenspezifisch ziemlich unterschiedlich auswirken können.

In unserer Gesellschaft sind Mais und Weizenprodukte gewissermaßen allgegenwärtig. Ein aufmerksamer Blick auf die Zutatenliste von Lebensmitteln wird Ihnen dies bestätigen. Und daraus ergeben sich ganz bestimmte, blutgruppenspezifische Probleme. Wie aber lassen sich derlei Schwierigkeiten umgehen? Am einfachsten dürfte es sein, im Naturkostladen oder Reformhaus einzukaufen. Im Laufe der letzten Jahre wurden zahlreiche uralte, zumeist in Vergessenheit geratene Getreidesorten wiederentdeckt und werden nun wieder angebaut. Beispiele hierfür sind Amaranth (Inkaweizen), eine Getreidesorte aus Mexiko, und Dinkel, eine Wildform des Weizens. Amaranth ist mittlerweile Grundlage verschiedener Frühstücksmüslis, und Dinkelbrot ist kernig und besitzt einen herzhaften, vollen Geschmack.

Weizenkeimbrot tut bis auf den 0-Typ allen Blutgruppen gut. Essener Brot beispielsweise wird aus Weizenkeimen gebacken und ist ein wohlschmeckendes, gesundes Lebensmittel mit vielen noch intakten, der Gesundheit förderlichen Enzymen. Das für die Bildung von Klebereiweiß (Gluten) verantwortliche Lektin sitzt vorwiegend in der Samenschale des Korns und wird während des Keimungsprozesses zerstört. Naturbelassenes Weizenkeimbrot hält sich nicht allzu lang und findet sich zumeist im Kühlregal des Naturkost- oder Reformhauses. Sein etwas süßlicher Geschmack rührt von dem während der Keimung freigesetzten Zucker her. Weizenkeimbrot ist zudem etwas feucht und hat »Biß«. Hüten Sie sich aber vor Produkten aus der Brotfabrik; sie werden in der Regel weitgehend aus Weizenvollkornmehl gebacken und besitzen nur einen geringen Anteil an Weizenkeimen. Lesen Sie deshalb auch immer die Zutatenliste auf der Verpackung aufmerksam durch.

Manche Leute befürchten, die im Brot verbackene Hefe könne Beschwerden hervorrufen – insbesondere dann, wenn sie unter einem Reizdarm leiden. Offen gesagt – ich sehe darin kein Problem. Was viele Menschen für eine Auswirkung der in Brot enthaltenen Hefe halten, ist meiner Ansicht nach eine Reaktion zwischen den Glutenlektinen und den blutgruppenspezifischen chemischen Substanzen im Verdauungstrakt.

Seien Sie auf der Hut vor Weizen
Weizen findet sich als Zutat in den meisten Fertigprodukten – angefangen bei Saucen bis hin zu Nudeln. Selbst Maisflocken, Roggenbrot und Reiszubereitungen ist dieses Getreide beigemengt, und viele Saucen und Verdickungsmittel sind auf der Grundlage von Weizen hergestellt. Lesen Sie also die Packungsaufschriften sehr aufmerksam.

0-Typ. Weizenprodukte kann der 0-Typ überhaupt nicht vertragen. Verbannen Sie deshalb Weizen von Ihrem Speisezettel. Weizen enthält Lektine, die den Verdauungsapparat und das Blut des 0-Typs störend beeinflussen und die vollständige Resorption von Nährstoffen beeinträchtigen. Überdies ist dieses Getreide bei Menschen der Blutgruppe 0 für eine Gewichtszunahme verantwortlich, weil das in Weizenkeimen enthaltene Gluten sich störend auf den Stoffwechsel auswirkt. Bei trägem Stoffwechsel wird Nahrung nur langsam in Energie verwandelt und der Überschuß als Fett gespeichert. Für den 0-Typ gibt es auch keine sehr bekömmlichen Getreideflocken und -müslis. Und als Teigwaren kommen nur Nudeln aus Buchweizen, Topinambur, Reismehl oder Quinoa in Frage. Haferprodukte stehen zwar unter der Rubrik »zu vermeiden«, sind aber hin und wieder einmal auch erlaubt, solange Sie keine Verdauungsbeschwerden haben oder nicht gerade dabei sind, Gewicht abzubauen.

A-Typ. Als Angehöriger der Blutgruppe A können Sie täglich eine oder mehrere Portionen Getreidemüsli oder andere Getreideprodukte essen, wobei Sie allerdings Vollkornerzeugnissen den Vorrang vor veredelten Getreidezubereitungen geben sollten. Bei Beschwerden wie Asthma oder häufigen Nasennebenhöhleninfektionen, die mit vermehrter Schleimabsonderung einhergehen, ist es ratsam, den Verzehr von Weizen einzuschränken, weil dieses Getreide die Schleimbildung begünstigt. Überdies müssen A-Typen die Zufuhr von säurebildendem Weizen durch den Verzehr basischer Nahrungsmittel (siehe Obst) ausgleichen. Ganz anders als der 0-Typ fühlt sich der A-Typ bei leicht basischem

Muskelgewebe am leistungsfähigsten: Während der innere Kern des Weizenkorns beim 0-Typ basisch reagiert, zeigt sich beim A-Typ eine saure Reaktion.

B-Typ. Ausgewogenheit ist das A und O für Menschen der Blutgruppe B. Sie sollten vielerlei Getreideprodukte essen, allen voran Reis- und Hafererzeugnisse. Weizen enthält ein Lektin, das durch Bindung an die Insulinrezeptoren den Insulinhaushalt beeinträchtigt und damit eine Gewichtszunahme bewirkt. Zudem sollte der B-Typ auch Roggen meiden, dessen spezifisches Lektin sich im Gefäßsystem festsetzt und zum Auslöser für krankhafte Veränderungen des Blutes und möglicherweise eines Schlaganfalles werden kann. Verantwortlich für eine Gewichtszunahme des B-Typs sind vor allem Mais und Buchweizen. Mehr als jedes andere Nahrungsmittel begünstigen sie eine Verlangsamung des Stoffwechsels, Störungen des Insulinhaushaltes, Flüssigkeitsretention im Gewebe und Ermüdungserscheinungen. Versuchen Sie es einmal mit dem für den B-Typ sehr bekömmlichen Dinkel.

AB-Typ. Am leistungsfähigsten fühlt sich der AB-Typ – ähnlich dem A-Typ – bei leicht basischem Muskelgewebe. Aus diesem Grunde sollte er seinen Weizenkonsum einschränken – insbesondere dann, wenn er Gewicht abbauen muß oder an einer Erkrankung mit vermehrter Schleimproduktion leidet. Und genauso wie der B-Typ reagiert er empfindlich auf die Lektine in Buchweizen und Mais. Menschen der Blutgruppe AB sollten Reis, Hafer und Roggen auf ihren Speisezettel setzen, dürfen sich aber auch ein- bis zweimal wöchentlich an einem Weizenprodukt gütlich tun.

Gemüse

Die meisten Gemüsesorten sind lohnende Quellen für Vitamine, Mineralstoffe und Spurenelemente sowie für Ballaststoffe. Und Sorten wie Kartoffeln und Mais reichern die Kost mit Stärke an. Calcium und Eisen findet sich in größeren Mengen vor allem in Bohnen, Erbsen und Brokkoli. Gemüse versorgen den menschlichen Organismus zudem mit Natriumchlorid (Kochsalz), Kobalt, Kupfer und Magnesium, mit Mangan, Phosphor und Kalium. Und viele Sorten sind ungemein reich an Vitamin C und an Carotinoiden wie beispielsweise Beta-Carotin, einer Vorstufe von Vitamin A. Darüber hinaus liefern Gemüse Ballaststoffe – jene unverdaulichen, faserigen Nahrungsbestandteile, die sich förderlich auf die Darmtätigkeit und den Transport des Darminhaltes auswirken.

0-Typ. Für Menschen der Blutgruppe 0 gibt es eine ungeheure Vielfalt verträglicher Gemüsesorten, und diese stellen einen wesentlichen Bestandteil ihrer Ernährung dar. Mehrere Gemüsearten machen dem 0-Typ allerdings zu schaffen, wie beispielsweise Weißkohl, Rosen- und Blumenkohl sowie Senfkohlblätter – allesamt Angehörige der Brassica-Familie, die die beim 0-Typ ohnehin etwas eingeschränkte Schilddrüsenfunktion noch stärker beeinträchtigen. An Vitamin K reiche grüne Blattgemüse wie Grünkohl, Rübengrün, Romanasalat, Brokkoli und Spinat sind Menschen der Blutgruppe 0 sehr zuträglich. Vitamin K fördert die Blutgerinnung – ein Vorzug für den 0-Typ, dem mehrere Gerinnungsfaktoren fehlen. In Alfalfasprossen finden sich Substanzen, die den Verdauungsapparat reizen und damit Überempfindlichkeitsprobleme des 0-Typs verstärken können. Und die Schimmelstoffe in Champignons, Shiitakepilzen und fermentierten Oliven lösen bei dieser Blutgruppe mitunter allergische Reaktionen aus. Die Lektine von Nachtschattengewächsen wie Auberginen und Kartoffeln lagern sich in gelenknahem Gewebe ein und können beim 0-Typ entzündliche Gelenkbeschwerden hervorrufen. Nicht selten sind Fettleibigkeit und Diabetes bei Angehörigen dieser Blutgruppe auf eine durch Maislektine verursachte Beeinträchtigung der Insulinproduktion zurückzuführen. Als 0-Typ sollten Sie Mais unbedingt meiden, insbesondere bei Gewichtsproblemen oder bei Diabetes in der Familienanamnese. Tomaten weisen einen hohen Gehalt an sogenannten *Panhämagglutininen* auf – hochwirksamen Lektinen, die das Blut sämtlicher Gruppen verklumpen. Dennoch können 0-Typen hin und wieder Tomaten essen, weil Panhämagglutinine keine Bildung von Antikörpern in Gang setzen und im Verdauungssystem dieser Blutgruppe neutralisiert werden.

A-Typ. Gemüse sind ein wesentlicher Bestandteil der A-Typ-Diät und sollten zur Erhaltung der Nährstoffe roh oder gedämpft verzehrt werden. Paprikaschoten und die Schimmelstoffe fermentierter Oliven reizen das Verdauungssystem des A-Typs. Meiden Sie auch Kartoffeln, Süßkartoffeln, Yamswurzel und Weißkohl mit ihren für Sie schädlichen Lektinen. Das gleiche gilt für Tomaten, eine jener seltenen Gemüsesorten mit einem hohen Gehalt an panhämagglutinierenden Substanzen, die sich auf den Organismus von Menschen der Blutgruppe A schädlich auswirken. Mais findet sich zwar unter der Rubrik »neutral«, sollte aber vom Speisezettel verbannt werden, wenn Sie Verdauungsprobleme haben oder Gewicht abbauen möchten. Maitakipilze stehen als hochwirksames Stärkungsmittel für das Immunsystem in Japan hoch im Kurs. Neueren wissenschaftlichen Erkenntnissen zufolge besitzen sie antikarzinogene (der Krebsbildung entgegenwirkende) Eigenschaften und sind damit dem A-Typ sehr zuträglich. Gemüsezwiebeln enthalten das Bioflavonoid Quercetin – ein hochwirksames Antioxidans. Und auch Brokkoli ist wegen seiner antioxidativen Eigenschaften sehr zu empfehlen. Zu den übrigen bekömmlichen Gemüsen zählen unter anderem Möhren, Rübengrün, Grünkohl, Gartenkürbis und Spinat. Knoblauch gilt als natürliches Antibiotikum, stärkt das Immunsystem und besitzt gerinnungshemmende und blutfettsenkende Eigenschaften.

B-Typ. Von wenigen Einschränkungen abgesehen, kann der B-Typ bei Gemüse aus dem vollen schöpfen. Tomaten aber beispielsweise muß er aus seinem Speiseplan verbannen. Sie enthalten Panhämagglutinine, die eine heftige Reaktion – in der Regel in Form einer Magenschleimhautreizung – hervorrufen. Und die in Mais vorkommenden Lektine beeinträchtigen bei Menschen der Blutgruppe B Insulinproduktion und Stoffwechselgeschehen. Oliven wiederum enthalten Schimmelstoffe, die allergische Reaktionen auslösen können. B-Typen sind besonders anfällig für Virus- und Autoimmunerkrankungen und sollten deshalb reichlich grüne Blattgemüse essen, die Magnesium enthalten. Dieser Mineralstoff besitzt antivirale Eigenschaften und erweist sich auch als hilfreich für Kinder der Blutgruppe B, die an Ekzemen leiden. Im Gegensatz zu den übrigen Blutgruppen brauchen Sie sich als B-Typ bei Kartoffeln, Yamswurzel und Weißkohl nicht zurückzuhalten.

AB-Typ. Frischgemüse sind wichtige Lieferanten von Phytosubstanzen – Pflanzeninhaltsstoffen, die sich bei der Vorbeugung gegen Krebs- und Herzerkrankungen als hilfreich erweisen. A- und AB-Typ sind aufgrund ihres schwächeren Immunsystems von derlei Erkrankungen häufiger betroffen als Angehörige der beiden anderen Blutgruppen. Nahezu alle für den A-Typ und den B-Typ bekömmlichen Gemüsesorten sind auch dem AB-Typ zuträglich. Hinzu kommen noch Tomaten. Aufgrund der besonderen Beschaffenheit Ihrer Blutgruppe hat das unspezifische Tomatenlektin auf Ihren Organismus keine krankmachenden Auswirkungen.

Obst

Wie bei Gemüse hält die Natur auch bei Obst eine überaus breitgefächerte Palette köstlicher, nährstoffreicher und dem Organismus bekömmlicher Früchte für uns bereit. Gemüsesorten, die botanisch zu den Früchten zählen, sind unter anderem Avokado, Melonenkürbis, Tomate und Aubergine sowie Oliven und Nüsse. Jede Blutgruppe kann aus einer Vielfalt sehr bekömmlicher und neutraler Früchte wählen und muß nur auf wenige Sorten verzichten.
Zitrusfrüchte sind ausgezeichnete Vitamin-C-Lieferanten, und gelbfleischige Früchte wie beispielsweise Pfirsiche enthalten Carotin. Feigen wiederum liefern reichlich Calcium, und in Trockenobst findet sich neben konzentriertem Zucker auch eine beachtliche Menge Eisen. Weintrauben, Stein- und Beerenobst, Äpfel und Birnen – sie alle zählen zu den Schätzen aus dem Füllhorn der Natur. Und wie Gemüse besitzt auch Obst einen hohen Anteil an Ballaststoffen.

0-Typ. Für den 0-Typ ist Obst nicht nur ein wichtiger Lieferant von Vitaminen, Mineral- und Ballaststoffen, sondern auch eine ausgezeichnete Alternative zu Brot und Teigwaren. Ein Stück Obst bekommt seinem Organismus weit besser als eine Scheibe Brot und begünstigt gleichzeitig den Abbau überschüssiger Pfunde.

Sehr bekömmlich für Menschen der Blutgruppe 0 sind Pflaumen, Dörrpflaumen und Feigen. Dunkelrote, blaue und purpurfarbene Früchte reagieren in ihrem Verdauungstrakt nämlich zumeist basisch und wirken damit Magenschleimhautreizungen entgegen. Allerdings sind nicht alle basisch reagierenden Früchte dem 0-Typ zuträglich. Melonen beispielsweise sind gleichfalls basisch, besitzen aber einen hohen Anteil an Schimmelstoffen, auf die der 0-Typ nachweislich empfindlich reagiert. Auf Kantalup- und Honigmelonen, die die höchste Konzentration von Schimmelstoffen aufweisen, sollte er deshalb verzichten. Das gleiche gilt für Orangen, Mandarinen und Erdbeeren, und zwar aufgrund ihres hohen Säuregehaltes. Grapefruits enthalten gleichfalls reichlich Säure, entfalten aber nach dem Verzehr basische Eigenschaften und dürfen deshalb in den Ernährungsfahrplan einbezogen werden. Gegen die meisten Beerensorten ist nichts einzuwenden, aber hüten Sie sich vor Brombeeren; sie enthalten ein Lektin, das beim 0-Typ bestehende Verdauungsbeschwerden verschlimmert. Auf Kokosnuß reagieren Menschen der Blutgruppe 0 überaus empfindlich. Meiden Sie deshalb Kokosnüsse und alles, was diese Nüsse enthält, und vergewissern Sie sich bei Fertigprodukten anhand der Angaben auf der Verpackung, daß sie frei von Kokosöl sind.

A-Typ. Als A-Typ sollten Sie dreimal täglich Obst essen. Legen Sie dabei besonderes Gewicht auf basisch reagierende Früchte wie beispielsweise Beeren und Pflaumen, die dazu beitragen, den durch den Verzehr von Getreide im Muskelgewebe entstehenden Säuregehalt auszugleichen. Aufgrund ihres hohen Anteils an Schimmelstoffen sollte der A-Typ bei Melonen vorsichtig sein und Kantalup- und Honigmelonen gänzlich meiden. Tropische Früchte wie Mango und Papaya sind Menschen der Blutgruppe A nicht zuträglich und rufen bei ihnen Verdauungsstörungen hervor. Und anstelle von Bananen bieten sich andere kaliumreiche Früchte an, zum Beispiel Aprikosen und Feigen. Ausgesprochen förderlich für die Verdauung des A-Typs sind Ananas, während Orangen seine Magenschleimhaut reizen und deshalb gemieden werden sollten. Grapefruits und Zitronen hingegen sind für

A-Typen sehr bekömmlich. Grapefruits reagieren nach dem Verdauen basisch, und Zitronen fördern die Verdauung und sorgen für den Abtransport von Schleim aus dem Organismus.

B-Typ. B-Typen besitzen zumeist ein sehr ausgeglichenes Verdauungssystem und können viele Obstsorten essen, die andere Blutgruppen nicht vertragen. Zu den ganz wenigen Früchten, auf die Angehörige der Blutgruppe B besser verzichten sollten, zählen Persimonen, Granatäpfel und Kaktusfeigen, und sie dürften sie auch kaum vermissen. Ananas enthalten das Verdauungsenzym *Bromelain*, das beim B-Typ bei regelmäßigem Verzehr dieser Frucht der Ansammlung von Gewebeflüssigkeit entgegenwirkt. Versuchen Sie als B-Typ täglich mindestens zwei bis drei Portionen Obst aus der Liste der sehr bekömmlichen Sorten zu essen und sich damit deren gesundheitsförderliche Eigenschaften zunutze zu machen.

AB-Typ. Die meisten AB-Typen weisen – was Obst angeht – zumeist dieselben Unverträglichkeiten und Vorlieben auf wie ihre Mitmenschen der Blutgruppe A. Weintrauben, Pflaumen und Beeren zählen zu den leicht basisch reagierenden Früchten und können die durch die Zufuhr von Getreideprodukten im Muskelgewebe hervorgerufene Säurebildung ausgleichen. Meiden sollte der AB-Typ tropische Früchte wie Bananen, Mangos und Guaven, während sich Ananas ausgesprochen förderlich auf seine Verdauung auswirken. Orangen rufen bei ihm Magenschleimhautreizungen hervor und beeinträchtigen die Resorption wichtiger Mineralstoffe und Spurenelemente. Zitronen und Grapefruits hingegen wirken sich auf das Verdauungssystem von Menschen der Blutgruppe AB ausgesprochen günstig aus. Grapefruits reagieren nach dem Verdauungsvorgang leicht basisch, und Zitronen fördern die Verdauung und sorgen für den Abtransport von Schleim aus dem Organismus.

Säfte und Flüssigkeiten
Was das Thema Frucht- und Gemüsesäfte angeht, können Sie sich durchwegs an die Empfehlungen für Obst und Gemüse halten.

0-Typ. Als 0-Typ sollten Sie Gemüsesäften, die basisch reagieren, den Vorrang vor Fruchtsäften geben. Bei Fruchtsäften ist es ratsam, Sorten zu wählen, die weniger Zucker enthalten als Apfelsaft oder Apfelmost. Ananassaft ist zwar ziemlich süß, enthält aber das Enzym *Bromelain*, das Flüssigkeitsansammlungen im Gewebe und Blähungen entgegenwirkt. Und auch Schwarzkirschensaft ist ein für den Organismus des 0-Typs bekömmlicher, an basisch reagierenden Verbindungen reicher Saft.

A-Typ. Angehörige der Blutgruppe A sollten den Tag mit einem kleinen Glas warmem Wasser beginnen, dem der Saft einer halben Zitrone zugesetzt ist. Dieses Getränk sorgt für den Abtransport von Schleim, der sich über Nacht in dem etwas trägen Verdauungsapparat des A-Typs angesammelt hat, und regt den Stuhlgang an. Anstelle zuckerreicher Säfte, die die Säurebildung begünstigen, sollten Sie besser basisch reagierende Fruchtsäfte trinken.

B-Typ. Menschen der Blutgruppe B vertragen die meisten Frucht- und Gemüsesäfte sehr gut. Für den B-Typ gibt es ein Spezialgetränk, das einige meiner Leser scherzhaft »Membrosia« tauften. Mischen Sie 1 EL Leinsamenöl mit 1 EL qualitativ hochwertigem Lecithin-Granulat und 180 bis 240 ml Fruchtsaft Ihrer Wahl. Lecithin ist ein tierisches und pflanzliches Enzym, das Stoffwechsel und Immunsystem stärkt. »Membrosia« versorgt den Organismus des B-Typs reichlich mit den für ihn sehr wertvollen Phospholipiden Cholin, Serin und Äthanolamin. Lecithin und Öl verbinden sich zu einer Emulsion, die sich mit Saft vermischt, und deshalb schmeckt dieses Getränk besser, als man zunächst annehmen möchte.

AB-Typ. Beginnen Sie jeden Tag mit einem kleinen Glas warmem Wasser, dem der Saft einer halben Zitrone zugesetzt ist. Diese »Arznei« fördert den Abtransport von Schleim aus dem trägen Verdauungsapparat des AB-Typs und regt den Stuhlgang an. Anschließend sollten Sie ein Glas verdünnten Grapefruit- oder Papayasaft trinken. Empfehlenswert für den AB-Typ sind vor allem an basischen Verbindungen reiche Fruchtsäfte wie Schwarzkirschensaft, Preiselbeer- und Traubensaft.

Kräuter und Gewürze
Nicht selten meinen wir, Kräuter und Gewürze seien untereinander austauschbar. In Wirklichkeit aber unterscheiden sie sich merklich voneinander. Gewürze werden aus Rinde, Blütenknospen und Früchten gewonnen, aus Wurzeln und Samen. Kräuter hingegen sind grünblättrige, ursprünglich in klimatisch gemäßigten Zonen heimische Pflanzen, die heute im Hausgarten und Balkonkasten wachsen. Kräuter und Gewürze sind erstaunlich reich an Nährstoffen. Sie verleihen unseren Speisen nicht nur Wohlgeschmack, sondern besitzen zum Großteil auch ausgeprägt heilkräftige Eigenschaften.

0-Typ. Kräuter und Gewürze können sich auf das Verdauungs- und Immunsystem des 0-Typs förderlich auswirken. Würzmittel auf der Basis von Kombualgen beispielsweise enthalten reichlich das für eine normale Schilddrüsenfunktion unentbehrliche Jod. Ein weiterer ergiebiger Jodlieferant ist jodiertes Speisesalz, das man aber nur sparsam verwenden sollte. Und die in Blasentang vorkommende Fucose enthält ein Molekül, das bestimmte Bakterien daran hindert, die Magenschleimhaut anzugreifen und Geschwüre hervorzurufen. Eine wichtige Rolle spielen Kombualgen auch bei der Stoffwechselregulierung von Menschen der Blutgruppe 0. Überdies erweisen sie sich als hilfreich beim Abbau von Körpergewicht. Bestimmte wärmende Gewürze wie beispielsweise Curry und Cayennepfeffer wirken auf den 0-Typ beruhigend. Essig hingegen reizt seine Magenschleimhaut, und schwarzer Pfeffer ruft bei Menschen der Blutgruppe 0 unter Umständen eine allergische Reaktion hervor. Zucker, Honig und Schokolade schaden Ihnen zwar nicht, aber tun Sie sich nur hin und wieder einmal daran gütlich. Maissirup und aus Mais gewonnene Süßmittel sollten Sie jedoch gänzlich meiden.

A-Typ. Gewürze können das Immunsystem des A-Typs nachhaltig stärken. Aus Sojabohnen hergestellte Würzmittel wie Tamari (sehr dunkle, dickflüssige Sojasauce), Miso (Sojapaste) und Sojasauce sind für Menschen der Blutgruppe A überaus bekömmlich. Nehmen Sie aber zur Vermeidung einer überhöhten Natriumzufuhr nur salzarme Sorten. Melasse enthält reichlich Eisen – ein Spurenelement, das in der A-Typ-Diät weitgehend fehlt. Und eine ausgezeichnete Quelle für Jod und andere wertvolle Mineralstoffe sind Kombualgen. Essig sollten Sie als A-Typ meiden, weil seine Säure oftmals Magenschleimhautreizungen verursacht. Zucker und Schokolade sind erlaubt, aber nur in sehr geringen Mengen. Wenn möglich, sollten Sie raffinierten Zucker gänzlich weglassen. Neuere Studien haben gezeigt, daß das Immunsystem nach der Zufuhr von Raffinade mehrere Stunden lang träge reagiert. Für Menschen der Blutgruppe A mit Herz-Kreislauf-Erkrankungen empfiehlt sich die Einnahme eines Weißdorn-Präparates. Dieses Phytotherapeutikum (pflanzliches Heilmittel) wirkt sich förderlich auf die Elastizität der Herzmuskulatur aus und kräftigt das Herz. Kräuter, die die Immunabwehr stärken, wie beispielsweise Sonnenhut, können zur Vorbeugung gegen Erkältungen und grippale Infekte beitragen.

Hinweis für Naschkatzen
Viele Anhänger der Blutgruppendiät sind sehr davon angetan, Zucker und Schokolade unter der Rubrik »neutral« zu finden. Der sattsam bekannte Hinweis, auf derlei »schlechte« Nahrungsmittel zu verzichten, geht Naschkatzen gegen den Strich. Zucker und Schokolade enthalten keine toxischen Lektine, die das Blut verklumpen. Das heißt aber nun nicht, daß Zucker und Schokolade – nur weil sie unter »neutral« aufgelistet sind – keinerlei Auswirkungen zeitigen. Weder Zucker noch Schokolade, die etwas Koffein enthält, sind mit ihren sogenannten »Leerkalorien« für eine gesunde Ernährung von Nutzen. Und auch andere Süßmittel wie Honig und Sirup enthalten, ebenso wie Kristallzucker, keinerlei Nährstoffe. Halten Sie sich also, wenn es um den Genuß von Leerkalorien geht, an Ihren gesunden Menschenverstand.

B-Typ. Menschen der Blutgruppe B sprechen am besten auf wärmende Gewürze wie Ingwer, Meerrettich, Curry und Cayennepfeffer an. Die in schwarzem und weißem Pfeffer vorkommenden

Lektine machen dem B-Typ zu schaffen, und zuckerhaltige Kräuter rufen oftmals Magenschleimhautreizungen hervor. Meiden Sie Süßmittel auf der Basis von Gerstenmalz sowie Maissirup, Maisstärke und Zimt. Melasse und Honig sowie weißer und brauner Zucker verhalten sich im Organismus des B-Typs neutral und können deshalb in bescheidenen Mengen verzehrt werden. Dasselbe gilt für Schokolade. Eine Kräuterzubereitung aus Sibirischem Ginseng und Ginkgo biloba (Fächerblattbaum) stärken die Merk- und Konzentrationsfähigkeit, an denen es bei B-Typen, die unter nervösen Störungen leiden, mitunter hapert.

AB-Typ. Anstelle von handelsüblichem Speisesalz sollte der AB-Typ Meersalz und Kombualgen verwenden, die beide relativ natriumarm sind. Kombualgen üben einen ungemein positiven Einfluß auf Herzfunktion und Immunsystem aus und erweisen sich zudem bei der Gewichtskontrolle als hilfreich. Hervorragend geeignet für Menschen der Blutgruppe AB ist Miso, eine Sojabohnenpaste, aus der sich köstliche Suppen und Saucen zubereiten lassen. Pfeffer müssen Sie als AB-Typ meiden, und mit Essig sollten Sie nur sparsam umgehen. Nehmen Sie zum Zubereiten von Gemüse und Salat Zitronensaft, Olivenöl, Gartenkräuter und reichlich Knoblauch, der als natürliches Antibiotikum gilt und den Cholesterinspiegel im Blut senkt. Zucker und Schokolade in ganz bescheidenen Mengen sind erlaubt.

Würzmittel

Der Begriff »Würzmittel« ist etwas verschwommen und läßt sich nicht ganz eindeutig definieren. Im Prinzip versteht man darunter ein selbst oder industriell hergestelltes, aus mehreren Zutaten bestehendes Produkt, das Speisen Wohlgeschmack verleiht und ihnen entweder bei der Zubereitung zugesetzt wird oder als Würzbeilage auf den Tisch kommt. Die Palette ist breitgefächert und reicht von Mayonnaise und Mixed Pickles über Fertigsaucen, Salatdressings und Chutneys bis hin zu Ketchup und Senf. Eines haben alle Würzmittel miteinander gemein – sie bestehen in erster Linie aus Kräutern, Gewürzen, Essig und Marinaden. Die Geschmacksnoten sind ungemein vielfältig – scharf, pfeffrig und salzig, bitter, süß und sauer, süßsauer und pikant. Viele typgerechte Saucen und Würzmittel können Sie selbst zubereiten und finden Sie im Rezeptteil dieses Buches. Im folgenden werden deshalb nur handelsübliche Fertigprodukte angesprochen.

Würzmittel, die dem Blut zuträglicher sind
Versuchen Sie es anstelle der üblichen Würzmittel einmal mit folgenden schmackhaften Alternativen, aber überprüfen Sie zuvor die Zutaten.
Chili-Öl: Ein Pflanzenöl, in das scharfe, rote Chilischoten eingelegt werden. Nach dem Herausnehmen der Schoten besitzt das Öl Schärfe und Geschmack der Chilis. (Für A-Typ nicht geeignet.)
Chili-Pulver: Mischung aus den getrockneten, vermahlenen Gewürzen Knoblauch, Kreuzkümmel, Oregano, Gewürznelken, Koriander und Chilis. (Für A-Typ nicht geeignet.)
Hoisin-Sauce: Süß-pikante, rötlich-braune Würzsauce aus Sojabohnen, Knoblauch, Chilis und verschiedenen Gewürzen. (Eine gute Alternative zu den üblichen Sojasaucen, die oftmals Weizen enthalten.)
Miso: Sojabohnenpaste. Die mittlerweile in Pulverform erhältliche Variante ist einfach in der Anwendung und paßt zu vielen Rezepten.
Tahini: dicke Paste aus vermahlenen Sesamsamen.
Tamari: Sojasauce. Diese Variante ist dickflüssiger als andere Sojasaucen, besitzt einen milden Geschmack und eignet sich hervorragend zum Übergießen von Fleisch oder Gemüsegerichten.

0-Typ. Für Menschen der Blutgruppe 0 gibt es keine sehr zuträglichen Würzmittel. Gehen Sie deshalb mit Senf oder Salatdressings sehr sparsam um. Und obwohl der 0-Typ Tomaten verträgt, sollte er Ketchup meiden, das unter anderem auch Essig enthält. Dasselbe gilt für Mayonnaise. Sauer und süßsauer Eingemachtes ist für Angehörige der Blutgruppe 0 schwer verdaulich und ruft heftige Magenschleimhautreizungen hervor. Ersetzen Sie Würzmittel durch gesündere Zutaten wie Olivenöl, Zitronensaft und Knoblauch.

A-Typ. Von einem Löffel Konfitüre oder Salatdressing einmal abgesehen gibt es für den A-Typ keine bekömmlichen Würzmittel. Mixed Pickles und andere Sauerkonserven sollten Menschen der Blutgruppe A gänzlich meiden. Derlei Produkte wurden bei Personen mit niedrigen Magensäurespiegel mit der Entstehung von Magenkrebs in Zusammenhang gebracht. Verbannen Sie auch Tomatenketchup von Ihrem Speisezettel, weil Ihnen weder Tomaten noch Essig zuträglich sind.

B-Typ. Menschen der Blutgruppe B kommen mit nahezu allen Würzmitteln gut zurecht – ausgenommen Tomatenketchup, das schädliche Lektine enthält. Essen Sie Ketchup nur hin und wieder und begnügen Sie sich mit ganz kleinen Portionen.

AB-Typ. Der AB-Typ ist anfällig für Magenkrebs und sollte deshalb Mixed Pickles und alle anderen Sauerkonserven meiden.

Kräutertees
Kräutertees tun allen Blutgruppen überaus gut. Seit eh und je gelten Kräutermischungen als Heilmittel bei einer Vielzahl von Krankheiten und Wehwehchen. Kräutertees sind heute überall erhältlich und nehmen in fast allen Haushalten zurecht wieder einen Ehrenplatz ein.

0-Typ. Kräutertees können Menschen der Blutgruppe 0 zur Stärkung ihrer Widerstandskraft gegen konstitutionell bedingte Schwachpunkte einsetzen. An erster Stelle steht dabei die Beruhigung des Verdauungs- und Immunsystems. Süßholzwurzel beispielsweise kann die beim 0-Typ häufig auftretenden Magenschleimhautreizungen lindern. Süßholzwurzel kann allerdings auch den Blutdruck in die Höhe treiben, deshalb ist es ratsam, eine Zubereitung aus dem Reformhaus zu verwenden. Ein solches Produkt birgt kein Risiko mehr, weil ihm die in der natürlichen Süßholzwurzel vorkommende, für den Blutdruckanstieg verantwortliche Substanz entzogen wurde. Eine beruhigende Wirkung entfalten auch Pfefferminze, Petersilie, Hagebutten und Sarsaparille. Alfalfa, Aloe, Große Klette und Maisgriffel bewirken beim 0-Typ eine unspezifische Stimulation des Immunsystems, durch die sich Immunerkrankungen verschlimmern können.

A-Typ. Anders als der 0-Typ, dessen Organismus der Beruhigung bedarf, muß der Organismus von Menschen der Blutgruppe A »auf Touren« gebracht werden. Die gewichtigsten Risikofaktoren für die Gesundheit des A-Typs stehen in Zusammenhang mit seinem trägen Immunsystem. Aloe, Alfalfa, Große Klette und Sonnenhut (Echinacea) stärken die Immunabwehr. Grüner Tee besitzt ausgeprägte antioxidative Eigenschaften, die sich auf das Verdauungssystem auswirken und zur Vorbeugung gegen Krebs beitragen. Weißdorn stärkt das Herz-Kreislauf-System, und Rotulmenrinde, Enzian und Ingwer steigern die Absonderung von Magensäure. Ausgesprochen beruhigend hingegen wirken beim A-Typ Kamille und Baldrianwurzel.

B-Typ. Für Menschen der Blutgruppe B gibt es eine ganze Reihe sehr bekömmlicher Kräutertees. Ingwer wärmt, und Pfefferminze beruhigt. Ginseng übt einen wohltuenden Einfluß auf das Nervensystem aus, wirkt aber anregend und sollte deshalb früh am Tag getrunken werden. Ausgezeichnet geeignet für B-Typen ist Süßholzwurzel; sie besitzt antivirale Eigenschaften und wirkt damit der Anfälligkeit des B-Typs für Autoimmunkrankheiten entgegen. Überdies begünstigt Süßholzwurzel die Regulierung des Blutzuckerspiegels, der bei vielen Menschen der Blutgruppe B nach den Mahlzeiten absinkt (Hypoglykämie). Vor kurzem fand ich zudem heraus, daß sich Süßholzwurzel auch bei Chronischem Müdigkeitssyndrom als durchaus wirksam erweist. Und hier noch ein warnender Hinweis: Süßholzwurzel kann den Blutdruck in die Höhe treiben und sollte deshalb niemals – einerlei ob als Präparat oder unverarbeitet – ohne vorherige Rücksprache mit dem Arzt verwendet werden.

AB-Typ. Angehörige der Blutgruppe AB sollten mit Hilfe von Kräutertees ihr Immunsystem in Schwung bringen und gegen

Herz-Kreislauf-Erkrankungen und Krebs vorbeugen. Alfalfa, Große Klette, Kamille und Sonnenhut (Echinacea) stärken die Immunabwehr. Weißdorn und Süßholzwurzel unterstützen die Herz-Kreislauf-Funktion, und Grüner Tee kann der Krebsbildung entgegenwirken und hat einen positiven Effekt auf das Immunsystem. Löwenzahn, die Wurzel der Großen Klette und Erdbeerblätter begünstigen die Eisenresorption und beugen damit beim AB-Typ einer Anämie vor.

Verschiedene Getränke
Kaffee, Tee, Wein, Bier und so manches hochprozentige Getränk wurden schon zum charakteristischen Merkmal ganzer Kulturkreise. Und Mineralwasser, Limonaden und eine ungeheure Vielfalt anderer Getränke stehen tagtäglich auf den Tischen aller Länder dieser Welt. Einige dieser Getränke wirken sich blutgruppenspezifisch günstig aus, andere wiederum sollte man tunlichst meiden.

0-Typ. Menschen der Blutgruppe 0 können nur unter wenigen annehmbaren Getränken wählen. Mineralwasser und Tee sind im großen und ganzen harmlos, und auch gegen Bier ist nichts einzuwenden, solange Sie es in Maßen trinken und nicht gerade dabei sind, abzuspecken. Und hin und wieder wieder ist auch ein Glas Wein erlaubt. Durch Kaffee kommt es beim 0-Typ zu einem Anstieg des Magensäurespiegels, und er tut deshalb am besten daran, ihn von der Getränkeliste zu streichen. Eine bekömmliche Alternative zu Kaffee ist Grüner Tee; er enthält Koffein, besitzt aber ansonsten keine besonderen Vorzüge für den 0-Typ.

A-Typ. Erstaunlicherweise ist Kaffee für Menschen der Blutgruppe A insofern empfehlenswert, als er die Magensäurebildung steigert und einige derselben Enzyme enthält wie Sojabohnen. Und Grünen Tee sollte der A-Typ gleichfalls regelmäßig trinken. Rotwein wirkt sich günstig auf das Herz-Kreislauf-System aus und ist Ihnen als A-Typ zuträglich. Alle übrigen Getränke sollten Sie meiden.

B-Typ. Am bekömmlichsten für den B-Typ sind Kräutertees, Grüner Tee und Säfte. Kaffee, Tee und Wein schaden zwar nicht, zeitigen aber auch keinen positiven Effekt. Ziel der Blutgruppendiät ist eine optimale Steigerung der Leistungsfähigkeit, und das Weglassen dieser überflüssigen Stimulantien bringt Sie auf diesem Weg ein gutes Stück voran.

AB-Typ. Kaffee enthält eine Vielzahl von Enzymen, die auch in Sojabohnen vorkommen, und ist deshalb für Menschen der Blutgruppe AB zu empfehlen. Dasselbe gilt für Grünen Tee, der ausgeprägte antioxidative Eigenschaften besitzt. Und Rotwein übt beim AB-Typ einen wohltuenden Einfluß auf das Herz-Kreislauf-System aus. Bier – weder abträglich noch zuträglich – können Sie in Maßen trinken.

Und damit bin ich mit den allgemeinen Hinweisen zu den Nahrungsmitteln und deren Bedeutung für die einzelnen Blutgruppen am Ende. Im folgenden Kapitel geht es um praktische Dinge wie Einkaufen und Vorratshaltung, Garmethoden und derlei mehr – alles Schritte auf dem richtigen Weg zum Erfolg und vor allem eine Starthilfe für all jene, die mit der Blutgruppendiät Neuland betreten.

5 Von Anfang an

Nachdenken – einkaufen – zubereiten

Einer der Hauptgründe, weshalb viele Leute Diäten ablehnen, ist die Tatsache, daß diese nicht selten mit dem Etikett »das einzig Wahre« versehen sind. Der Tenor »entweder so oder gar nicht« macht Diätbeflissene völlig nervös, und aus purer Angst, vor Erreichen des Zieles vom Wagen zu fallen, wagen sie nicht, auch nur einen Millimeter von der vorgegebenen Linie abzuweichen.
Ein gutes Ernährungsprogramm ist meiner Ansicht nach ein Programm, das man sich nach und nach zu eigen macht und in das man sich nicht von einem Tag zum anderen kopfüber hineinstürzt. Bei einer Diät sollte man sich wohlfühlen und davon überzeugt sein, das Richtige zu tun, und nicht das Gefühl haben, in einer Zwangsjacke zu stecken. Nicht zuletzt deshalb werden bei meiner Diät weder Kalorien gezählt noch die prozentualen Anteile von Eiweiß, Fett und Kohlenhydraten mühsam errechnet. Und angesichts der individuellen Schwankungen in bezug auf Körpergröße, Gewicht und Alter, auf körperliche Verfassung und die Verfügbarkeit von Nahrungsmitteln sollten Sie auch die Größe der Einzelportionen als Empfehlung ansehen. Es liegt mir fern, Sie mit einer Diät zu knebeln. Sich wirklich so zu ernähren, wie es die Natur für Sie vorgesehen hat, sollte zur Selbstverständlichkeit werden. Doch dies braucht seine Zeit – und gewiß auch ein bestimmtes Maß an Flexibilität.
Wer es schon jemals mit einer Diät versucht hat – und für die meisten von uns trifft dies wohl zu – dürfte die Gewissensbisse kennen, die sich immer dann einstellen, wenn man einmal »sündigt«. Ich weiß dies nicht zuletzt aus zahllosen Anfragen von Leuten, die befürchten, etwas falsch zu machen, wenn sie zu besonderen Anlässen einmal etwas essen, das sich mit ihrer Blutgruppe nicht

verträgt. Diese Ängstlichkeit ist typisch für Diätbewußte, aber sehr schlecht für die Verdauung. Lassen Sie sich das Stück Hochzeitstorte also getrost schmecken. So lange Sie gesund sind und sich wohlfühlen, ist gegen einen gelegentlichen »Seitensprung« nichts einzuwenden. Es ist keineswegs so, daß nun Heerscharen von Lektinen über Ihren Organismus herfallen und die Festung stürmen. Als A-Typ liebe ich zufälligerweise Tofu und esse ihn schon ein Leben lang. Aber mindestens einmal im Jahr gelüstet es mich unwiderstehlich nach den mit Hackfleisch gefüllten Kohlrouladen meiner Frau Martha. Und dabei empfinde ich nicht die Spur eines schlechten Gewissens.

Entscheidend ist, daß Sie grundsätzlich an der Blutgruppendiät festhalten. Aber das Leben ist viel zu kurz, um sich Gedanken wegen der Prise Zimt zu machen, die nun mal bei Ihrem Lieblingsgericht das Tüpfelchen auf dem i ist.

Wenn die Blutgruppendiät Neuland für Sie ist

Vielleicht wollen Sie nun von einem Tag auf den anderen auf die Ihrer Blutgruppe bekömmliche Ernährung umsteigen. Ehe Sie jedoch bei Ihren Vorräten an nicht bekömmlichen Nahrungsmitteln nun »Tabula rasa« und sich an die Erstellung eines Ernährungsfahrplans der Güteklasse »sehr bekömmlich« machen, sollten Sie sich etwas Zeit nehmen und mit dieser Diät gründlich vertraut machen. Am besten halten Sie sich eine Zeitlang an folgende Schritte:

1. Lesen Sie *4 Blutgruppen – vier Strategien für ein gesundes Leben* und überfliegen Sie nicht nur flüchtig das Kapitel über Ihre eigene Blutgruppe. Die beispielsweise für den B-Typ entscheidenden Faktoren können Sie nur dann richtig verstehen, wenn Sie sich ein Bild vom historischen Hintergrund machen, das heißt, von dem Evolutionsprozeß, aus dem sich der B-Typ entwickelte und der noch heute für die Ernährung der Angehörigen dieser Blutgruppe ausschlaggebend ist. Dasselbe gilt für die Blutgruppen 0,

A und AB. Viele Menschen ernähren sich nach einem Programm, dessen Zusammenhänge sie nicht ganz verstehen. Nach dem Motto »Iß dies und meide jenes« halten sie sich buchstabengetreu daran – mitunter mit Erfolg, ebenso oft aber auch ohne positive Resultate. Auf die Dauer wird aber niemand bei einer Ernährungsweise bleiben, die er weder verstandes- noch gefühlsmäßig akzeptiert.

2. Beginnen Sie die Blutgruppendiät durch allmähliches Einbeziehen von Nahrungsmitteln der Rubrik »sehr bekömmlich«. Werfen Sie einen Blick auf die Nahrungsmittel, die sich gesundheitlich günstig auf Ihre Blutgruppe auswirken und bereichern Sie Ihre Kost nach und nach mit Produkten, die Sie bislang nicht verzehrten.

3. Nehmen Sie ein blutgruppenspezifisches Fitneßprogramm auf. Körperliche Aktivität ist ein wesentlicher Bestandteil der Blutgruppendiät. In *4 Blutgruppen – vier Strategien für ein gesundes Leben* wird eingehend erläutert, weshalb die einzelnen Blutgruppen mit unterschiedlichen Varianten körperlicher Aktivität besser zurechtkommen. An dieser Stelle nur eine kurze Empfehlung:
0-Typ: Intensive körperliche Aktivität wie beispielsweise Aerobic oder Joggen.
A-Typ: Beruhigende, spannungslösende Übungen wie Yoga, Gehen oder Tai Chi.
B-Typ: Sportliche Aktivitäten mittlerer Belastung wie beispielsweise Wandern, Radfahren und Kampfkünste.
AB-Typ: Dieselben beruhigenden Aktivitäten wie Typ A.
Es hat sich gezeigt, daß die Kombination aus der Zufuhr sehr bekömmlicher Nahrungsmittel und blutgruppenspezifischer körperlicher Aktivität gerade für den Anfänger überaus hilfreich ist.

4. Fangen Sie an, Nahrungsmittel der Rubrik »zu vermeiden« von der Einkaufsliste zu verbannen und halten Sie Ausschau nach einem bekömmlichen Ersatz für die gestrichenen Produkte. So kann beispielsweise ein an Fleisch gewöhnter A-Typ das Fleisch

durch Fisch ersetzen, und anstelle von Rind- oder Lammfleisch Hühnerfleisch essen. Setzen Sie sich zum Ziel, die Nahrungsmittel der Rubrik »zu vermeiden« nach und nach gegen solche der Rubriken »sehr bekömmlich« und »neutral« auszutauschen. Bei der Lektüre der Kapitel über die Wechselwirkungen zwischen Nahrungslektinen und Blutgruppen in *4 Blutgruppen – vier Strategien für ein gesundes Leben* und im vorliegenden Buch wird Ihnen auffallen, daß manche Lektine besonders negative Auswirkungen zeitigen. Versuchen Sie, solche Nahrungsmittel zuerst auszuschließen.

Beim Einkaufen

Beim Einkauf von Nahrungsmitteln brauchen Sie weder Ernährungswissenschaftler zu sein noch eine Briefwaage mitzuschleppen. Richten Sie Ihr Hauptaugenmerk einfach auf möglichst frische, naturbelassene Produkte und halten Sie sich beim Einkauf an einige für die Ernährung wichtige Grundsätze. Hier einige Tips:
Meiden Sie fettreiches Fleisch. Das Fleisch von freilaufenden Tieren enthält weniger chemische Rückstände und wird deshalb für die Blutgruppendiät empfohlen. *Freilaufend* oder *Freilandhaltung* ist wörtlich zu nehmen – das heißt, die Tiere werden nicht in engen Ställen eingezwängt gehalten. Der Unterschied in der Fleischqualität ist unverkennbar. Das Fleisch ist magerer und von festerer Konsistenz und besitzt eine kräftigere Farbe. Unsere Vorfahren verzehrten das ziemlich magere Fleisch von Wild- und Haustieren, die Luzerne und anderes Gras fraßen. Heute hingegen ist rotes Fleisch zumeist zart und mit feinen Fettäderchen durchwachsen. Mittlerweile aber reagieren viele Fleischerzeuger auf die wachsende Nachfrage nach magerem Fleisch aus ökologischer Viehzucht. Folgt Ihr Supermarkt oder Metzger diesem Trend noch nicht, sollten Sie sich nach einer anderen Quelle umsehen.
Ob ein Fisch frisch ist oder nicht, läßt sich unschwer an seinen Augen erkennen. Sind sie klar und glänzend, ist er vermutlich

Prioritäten setzen
Sich strikt an die Blutgruppendiät zu halten ist aus vielerlei Gründen oftmals nicht machbar. Wer im Rahmen seiner Möglichkeiten zumindest das eine oder andere an seiner bisherigen Ernährungsweise ändern möchte, kommt mit den folgenden Vorschlägen gewiß ein gutes Stück voran. Überdies könnten sie Neulingen den Einstieg in die Blutgruppendiät erleichtern.
0-Typ: Fangen Sie an, drei- bis viermal pro Woche kleine Portionen mageres, rotes Fleisch zu essen. Und verbannen Sie Weizen von Ihrem Speisezettel.
A-Typ: Ersetzen Sie Fleisch durch die Zufuhr von pflanzlichem Protein, ergänzt durch etwas Fisch. Essen Sie mehr Bohnen und Getreide.
B-Typ: Setzen Sie mehrmals wöchentlich Milchprodukte auf Ihren Speiseplan und lassen Sie Hühnerfleisch weg.
AB-Typ: Machen Sie Fisch und Meeresfrüchte, Tofu und kleine Portionen Fleisch, wie beispielsweise Lamm und Pute, zu Hauptbestandteilen Ihrer Kost. Meiden Sie Hühnerfleisch, Mais und die meisten Bohnensorten.
Alle Blutgruppen: Essen Sie Fleisch, Geflügel, Gemüse und Obst aus biologisch-ökologischem Landbau. Können Sie sich dies nicht leisten, dann beschränken Sie sich zunächst auf Bio-Fleisch und -Geflügel und waschen Sie Obst und Gemüse sehr gründlich. Betreiben Sie eine blutgruppenspezifisch günstige Sportart.

frisch. Heben Sie auch die Kiemen etwas an; sie sollten an der Rückseite leuchtend rot oder dunkelrosa sein. Fisch, dessen Haut sich schleimig anfühlt, oder der unangenehm oder nach Fisch riecht, ist nicht frisch.
Versuchen Sie, die Konservenregale zu ignorieren. Nahrungsmittel werden beim Konservierungsvorgang stark erhitzt, hohem Druck ausgesetzt und büßen dabei einen Großteil ihres Vitamingehaltes ein, insbesondere Antioxidantien wie Vitamin C. Wärmeunempfindliche Vitamine, wie beispielsweise Vitamin A, bleiben

erhalten. Lebensmittel aus der Dose enthalten in der Regel weniger Ballaststoffe, dafür umso mehr Salz. Und von den natürlichen Enzymen bleiben auch nur wenige übrig; der größte Teil wird durch das Konservieren zerstört.

Neben Frischprodukten sind Tiefkühlnahrungsmittel die beste Alternative, weil sich durch das Einfrieren der Nährstoffgehalt nur wenig verändert. Tiefkühlprodukte haben gerade in den letzten Jahren enorm an Qualität und Vielfalt gewonnen. Dank neuartiger Verarbeitungsmethoden und Gefriertechniken bleibt ihre Frische weitestgehend erhalten. Mittlerweile gibt es auch ein breitgefächertes Angebot an eingefrorenen Bio-Erzeugnissen und vegetarischen Produkten, und damit ist es für den Verbraucher einfacher als je zuvor, Lebensmittel auf den Tisch zu bringen, die früher nur schwer erhältlich waren. Dennoch – altmodisch wie ich nun mal bin, bevorzuge ich nach wie vor frische Nahrungsmittel.

Auf der sicheren Seite

Einem Bericht in der *New York Times* vom 10. März 1998 zufolge drängen Gesundheitsexperten die US-Bundesregierung dazu, alles zu unternehmen, um Erkrankungen aufzudecken, die auf verseuchte Nahrungsmittel zurückzuführen sind, und gegen künftige Probleme dieser Art vorzubeugen.

Nach Angaben des National Center for Health Statistics (Nationales Zentrum für Gesundheitsstatistik) zählen durch Nahrungsmittel übertragene oder hervorgerufene Erkrankungen wie beispielsweise Durchfallerkrankungen mit zu den häufigsten Problemen, derentwegen Patienten die ärztliche Nothilfe aufsuchen.

Zwar fehlt es an zuverlässigen statistischen Angaben, was den Verzehr von belasteten Nahrungsmitteln angeht, aber Botulismus (eine durch bestimmte Toxine hervorgerufene Lebensmittelvergiftung), Staphylokokkeninfektionen und Toxoplasmose zählen zu den häufigen Erkrankungen, die dem Genuß von verseuchtem Fisch zuzuschreiben sind. Durch fäkale Kontamination hervorgerufene Virushepatitis, gesundheitsschädliche Quecksilberansammlungen und überhöhte PCB-Konzentrationen im Blut zählen zu den Risiken, mit denen der Verzehr von Nahrungsmitteln aus verseuchten Gewässern verknüpft ist. Und die Gefahr einer durch Bakterien oder Parasiten ausgelösten Erkrankung ist beim Genuß von tierischen Produkten immer gegeben.

> **Kein Naturkostladen in der Nähe?**
> Nicht überall gibt es einen Naturkostladen, wo man Bio-Produkte kaufen kann. Versuchen Sie es in diesem Fall mit zwei Möglichkeiten:
> – Informieren Sie den Geschäftsführer Ihres Supermarktes, daß Sie an Bio-Produkten interessiert sind. Viele Lebensmittelketten haben Obst und Gemüse, Fleisch und Geflügel aus ökologischem Landbau immerhin schon in ihrem Angebot.
> – Sehen Sie sich im Supermarkt bei den Tiefkühlprodukten um. Mittlerweile gibt es eine Fülle neuer vegetarischer und glutenfreier Lebensmittel auch dort und nicht nur im Reformhaus oder Naturkostladen.

Trotz der strengen Lebensmittelgesetze hierzulande sollten Sie auch beim Einkauf im Reformhaus oder Naturkostladen auf der Hut sein. Viele dieser Geschäfte, insbesondere kleine Naturkostläden, setzen ihre Ware oftmals nicht so rasch ab wie ein gutgehender Gemüseladen oder ein Supermarkt. Sehen Sie sich also frische Ware genau an und achten Sie bei verpackten Produkten auf das Mindesthaltbarkeitsdatum.

Ein Wort zu Bio-Produkten

Biologisch oder ökologisch erzeugte Produkte werden heute in zahlreichen Geschäften und Supermärkten angeboten. Mitunter liegen Bio-Gemüse und -Obst direkt neben den Erzeugnissen aus konventionellem Anbau und kosten sogar dasselbe. In der Regel aber sind Bio-Produkte aufgrund des größeren Zeit- und Arbeitsaufwandes teurer. Trotz des uralten Streites über das Für und

Wider beim Einsatz von Pestiziden steht eines fest: kein Pestizid, und sei die Dosis noch so gering, ist dem menschlichen Organismus förderlich. Andererseits sollte man auch bedenken, daß Bio-Obst und -Gemüse druckempfindlicher ist und rascher verdirbt. Im großen und ganzen rate ich Ihnen folgendes: Kaufen Sie anstelle von Obst und Gemüse aus konventionellem Anbau besser Bio-Produkte, solange diese nicht unerschwinglich teuer sind. Sie schmecken besser und sind gesünder. Ist hingegen Ihr Haushaltsbudget knapp bemessen und sind Bio-Produkte zu einem halbwegs vernünftigen Preis nicht zu haben, müssen Sie einen Kompromiß schließen und frische, qualitativ hochwertige Erzeugnisse aus konventionellem Anbau kaufen. Hauptsache ist, Sie essen sehr viel an wertvollen Nährstoffen reiches Obst und Gemüse.

Blutgruppenorientierte Vorratshaltung

Einfacher und bequemer ist eine Vorratshaltung an Grundnahrungsmitteln, die auf Ihre Blutgruppe abgestimmt sind. Zählen Angehörige anderer Blutgruppen zu Ihrer Familie, sollten Sie Behälter und Dosen entsprechend kennzeichnen.

Kräutertee

Blutgruppe 0	Blutgruppe A	Blutgruppe B	Blutgruppe AB
Bockshornklee	Alfalfa	Ginseng	Alfalfa
Chilis (rot)	Aloe	Grüner Tee	Erdbeerblätter
Hagebutten	Baldrian	Hagebutten	Ginseng
Hopfen	Bockshornklee	Himbeerblätter	Große Klette
Ingwer	Ginseng	Ingwer	Grüner Tee
Lindenblüten	Große Klette	Petersilie	Hagebutten
Löwenzahn	Grüner Tee	Pfefferminze	Ingwer
Maulbeere	Hagebutten	Salbei	Kamille
Petersilie	Ingwer	Süßholzwurzel	Sonnenhut
Pfefferminze	Johanniskraut		(Echinacea)
Rotulmenrinde	Kamille		Süßholzwurzel
Sarsaparille	Mariendistel		Weißdorn
Vogelmiere	Rotulmenrinde		
	Sonnenhut		
	(Echinacea)		
	Weißdorn		

Aufbewahrung: Kräutertees halten sich bis zu 1 Jahr.

Notizen:

Gewürze und Würzmittel

Blutgruppe 0	Blutgruppe A	Blutgruppe B	Blutgruppe AB
Carob	Ingwer	Cayennepfeffer	Curry
Cayennepfeffer	Knoblauch	Curry	Knoblauch
Curry	Miso (Soja-	Ingwer	Kombualgen
Ingwer	paste)	Meerrettich	Meerrettich
Kurkuma	Senfkörner	Nori (dünne	Miso (Soja-
Meerrettich	Sojasauce	Seetangblätter)	paste)
Miso (Soja-	Tamari (dunkle	Petersilie	Petersilie
paste)	Sojasauce)		
Petersilie			
Rotalge			
Tamari (dunkle			
Sojasauce)			

Aufbewahrung: Trockengewürze sind unbegrenzt haltbar. Tamari hält sich bis zu 4 Monate.

Notizen:

Süßmittel

Blutgruppe 0	Blutgruppe A	Blutgruppe B	Blutgruppe AB
Ahornsirup	Ahornsirup	Brauner Zucker	Honig*
Honig*	Brauner Zucker	Melasse	Melasse
Melasse	Gerstenmalz	Rohzucker	Rohzucker
Naturreissirup	Honig*	Honig*	
Rohzucker	Melasse		
	Naturreissirup		
	Rohzucker		

* Honig kann bei Säuglingen und Kleinstkindern Botulismus hervorrufen und sollte deshalb Kindern unter 12 Monate nicht gegeben werden.

Aufbewahrung: Bei sachgemäßer Aufbewahrung unbegrenzt haltbar.

Notizen:

Essig, Saucen und Öle

Blutgruppe 0	Blutgruppe A	Blutgruppe B	Blutgruppe AB
Leinsamenöl	Leinsamenöl	Apfelessig	Apfelessig
Olivenöl	Olivenöl	Balsamico-Essig	Balsamico-Essig
Rapsöl	Senf	Meerrettich	Miso (Sojapaste)
Sesamöl	Sojasauce	Olivenöl	Olivenöl
Tamari (dunkle Sojasauce)	Tamari (dunkle Sojasauce)	Rotweinessig	Rapsöl
		Weißweinessig	Rotweinessig

Aufbewahrung: Speiseöl ist in gut verschlossenen Behältnissen längere Zeit haltbar.

Notizen:

Getreide

Blutgruppe 0	Blutgruppe A	Blutgruppe B	Blutgruppe AB
Buchweizen	Amaranth	Basmatireis	Basmatireis
Dinkel	Buchweizen	Dinkel	Dinkel
Hirse	Hafer	Hafer	Hafer
Quinoa	Hirse	Hirse	Hirse
Roggen		Naturreis	Naturreis
		Quinoa	Weißer (polierter) Reis
			Wildreis

Erhältlich: Im Reformhaus, Naturkostladen und gut sortierten Supermarkt.

Aufbewahrung: Am besten bewahrt man Getreide im Kühl- oder Gefrierschrank auf. Im luftdicht verschlossenen Behälter an einem kühlen, trockenen Ort aufbewahrt, halten sich Vollkorngetreide mehrere Monate und Reis 3 bis 6 Monate. Gekochter, ausgekühlter Reis hält sich im Kühlschrank nur wenige Tage, läßt sich aber einfrieren. Quinoa kann man 3 bis 6 Monate im Kühlschrank aufbewahren. Achten Sie bei Getreide darauf, daß sich kein Ungeziefer einnistet!

Notizen:

Mehl

Blutgruppe 0	Blutgruppe A	Blutgruppe B	Blutgruppe AB
Dinkelmehl (hell)	Amaranth	Dinkelmehl (hell)	Dinkelmehl (hell)
Dinkelvollkornmehl	Dinkelmehl (hell)	Dinkelvollkornmehl	Dinkelvollkornmehl
Roggenmehl	Dinkelvollkornmehl	Sojamehl	Hafermehl
	Hafermehl		Reismehl
	Quinoamehl		Roggenmehl
	Reismehl		Sojamehl
	Roggenmehl		Weizenkeimmehl
	Sojamehl		

Erhältlich: Im Reformhaus, Naturkostladen und gut sortierten Supermarkt.

Aufbewahrung: Vollkornmehl sollte man in einem luftdicht verschlossenen Behälter an einem kühlen, trockenen Ort oder im Kühlschrank aufbewahren. Mehl hält sich bis zu 6 Monaten.

Achten Sie bei Mehl darauf, daß sich kein Ungeziefer einnistet!

Notizen:

Getreideflocken und -müslis

Blutgruppe 0	Blutgruppe A	Blutgruppe B	Blutgruppe AB
Amaranth	Amaranth	Dinkelflocken	Dinkelflocken
Dinkelflocken	Buchweizen	Haferkleie	Haferkleie
Puffreis	Dinkelflocken	Haferschrot	Haferschrot
Reisflocken	Haferkleie	Puffhirse	Puffhirse
	Haferschrot	Puffreis	Puffreis
		Reiskleie	Reiskleie

Erhältlich: Im Reformhaus, Naturkostladen und gut sortierten Supermarkt.

Aufbewahrung: Getreideflocken und -müslis sollten in luftdicht verschlossenen Behältern und vor Wärme und Feuchtigkeit geschützt aufbewahrt werden. Aufbewahrung im Kühlschrank oder an einem kühlen Ort (5°C) verzögert das Ranzigwerden und beugt gegen Schimmelbildung und Ungezieferbefall vor. Die Produkte halten sich bis zu 6 Monaten.

Notizen:

Teigwaren (Pasta)

Blutgruppe 0	Blutgruppe A	Blutgruppe B	Blutgruppe AB
Dinkelpasta	Dinkelpasta	Grüne Pasta	Quinoapasta
Quinoapasta	Quinoapasta	(Spinat)	Reismehlpasta
Reismehlpasta	Sobanudeln	Quinoapasta	
	(Buchweizen)	Reismehlpasta	
	Topinamburpasta		

Erhältlich: Im Reformhaus, Naturkostladen und gut sortierten Supermarkt.

Aufbewahrung: Frisch hergestellte Teigwaren (Pasta) halten sich im Kühlschrank 1 bis 2 Tage und können bis zu 1 Monat eingefroren werden. Fertigprodukte sind bis zu 6 Monaten haltbar.

Notizen:

Nüsse und Samenkerne

Blutgruppe 0	Blutgruppe A	Blutgruppe B	Blutgruppe AB
Kürbiskerne	Erdnüsse	Mandeln	Erdnüsse
Walnüsse	Erdnußbutter	Walnüsse	Erdnußbutter
	Kürbiskerne		Eßkastanien
			Walnüsse

Erhältlich: Im Reformhaus, Naturkostladen und gut sortierten Supermarkt.

Aufbewahrung: Nüsse und Samenkerne sollte man in einem luftdicht verschlossenen Behälter an einem kühlen, trockenen Ort aufbewahren. Nüsse in der Schale halten sich bis zu 8 Monaten. Nußkerne sollte man innerhalb von 3 Monaten verbrauchen.

Notizen:

Bohnen/Hülsenfrüchte

Blutgruppe 0	Blutgruppe A	Blutgruppe B	Blutgruppe AB
Adzukibohnen	Adzukibohnen	Kidneybohnen	Grüne Linsen
Augenbohnen	Augenbohnen	Limabohnen	Perlbohnen
Pintobohnen	Berglinsen	Perlbohnen	Pintobohnen
	Grüne Bohnen		Rote Bohnen
	Grüne Linsen		
	Pintobohnen		
	Rote Linsen		
	Schwarze Bohnen		
	Sojabohnen		

Erhältlich: Im Reformhaus, Naturkostladen und gut sortierten Supermarkt. Hülsenfrüchte sollen hart, von kräftiger Farbe und gleichmäßig groß sein.

Aufbewahrung: Bohnenkerne und Linsen halten sich in einem luftdicht verschlossenen Behälter an einem kühlen, trockenen Ort bis zu 1 Jahr.

Notizen:

In der Küche

Fleisch und Fisch vorrichten
Ein Großteil des Nährwertes von Nahrungsmitteln kann durch unsachgemäßes Vorrichten und Zubereiten verlorengehen. Insbesondere gilt dies für eiweißreiche tierische Produkte wie Fleisch und Fisch. Aus diesem Grunde empfehle ich meinen Lesern, das Fleisch, das im Rahmen ihrer Blutgruppendiät auf den Tisch kommen soll, vor der Zubereitung entsprechend vorzurichten. Befreien Sie das Fleisch zunächst von überflüssiger Haut und Fett. Bringen Sie dann in einem ausreichend großen Topf Wasser zum Kochen, schalten Sie die Herdplatte aus und legen Sie das Fleisch drei bis fünf Minuten in das Wasser. So schlimm sich dies auch anhören mag – aber das Fleisch verliert dadurch nicht an Qualität. Geschmack und Beschaffenheit ändern sich nicht, aber durch diese Maßnahme werden chemische Substanzen ausgeschwemmt, die durch Oxidation an der Oberfläche des Fleisches entstanden sind. Überdies werden eventuell vorhandene Bakterien, die sich durch unsachgemäßen Umgang angesiedelt haben, abgetötet. Aber hier noch ein warnender Hinweis: Fleisch, das Ihnen in puncto Frische verdächtig vorkommt, wird auch durch Einlegen in heißes Wasser keineswegs genießbarer. Werfen Sie Fleisch, das offenbar nicht mehr ganz einwandfrei ist oder Verfärbungen aufweist, auf alle Fälle weg. Mit dem Vorrichten von Fisch sollten Sie ebenso verfahren.

Fritiertes, Geräuchertes, Gepökeltes und Eingelegtes
Fritiertes, geräuchertes, gepökeltes oder eingelegtes Fleisch sollten alle Blutgruppen meiden. Dasselbe gilt für Fisch. Beim Fritieren entstehen gefährliche Karzinogene, und die schädlichen Auswirkungen des Genusses von fritierten Lebensmitteln auf Herz und Kreislaufsystem sind durch Studien eindeutig belegt.
Geräucherte oder gepökelte Fleisch- und Fischprodukte wie beispielsweise Aufschnitt, Hotdogwürstchen, Schinken und Speck sowie Räucherlachs und marinierter Hering enthalten unerwünschte Nitrat- und Nitritkonzentrationen sowie sehr viel Natrium. Nitrate

werden mit der Entstehung von Magenkrebs in Zusammenhang gebracht – eine Erkrankung, für die Angehörige der Blutgruppe 0 aufgrund ihrer Überproduktion von Magensäure und der A- und AB-Typ wegen ihres niedrigen Magensäurespiegels ohnehin anfällig sind.

Pfannenrühren

Pfannenrühren (oder Pfannenrührenbraten) ist allein schon wegen der sparsamen Verwendung von Öl wesentlich gesünder als Fritieren. Beim Pfannenrühren werden Gemüse und Fleisch bei sehr starker Hitze unter ständigem Rühren gegart. Die Poren schließen sich dabei sehr schnell, und dadurch bleiben Geschmack und »Biß« erhalten. Zum Pfannenrühren von Fleisch, Fisch, Tofu und Gemüse empfiehlt sich ein Wok – der konisch geformte, chinesische Allzwecktopf aus Gußeisen. Im Wok wird die Hitze gleichmäßig verteilt und sammelt sich auf dem kleinen, runden Boden. Das Kochgut wird ständig gerührt und rutscht dabei immer wieder in die Mitte zurück. Geben Sie Fleisch und Gemüse, das längere Garzeiten erfordert, zuerst in den Wok, schieben Sie es nach wenigen Minuten an den Rand und fügen Sie dann die Gemüse zu, die rascher gar werden. Bei dieser Garmethode bleibt das Kochgut ständig in Bewegung. Durch sachkundiges Pfannenrühren wird aus einer bunten Gemüsemischung in Kombination mit etwas Fleisch, Fisch oder Tofu ein überaus schmackhaftes Gericht mit »Biß«.

Tip
Besonders gut eignet sich das Pfannenrühren für die Zubereitung von Tofu. Während des Garens nimmt Tofu das Aroma anderer Zutaten auf und gewinnt durch etwas Knoblauch oder Ingwer, der dem Gemüse beigemischt wird, noch zusätzlich an Wohlgeschmack. Wer Tofu bislang noch nie zubereitet und gegessen hat, sollte es zu Beginn gleich einmal mit Pfannenrühren versuchen.

Braten, Pochieren, Ankochen und Backen
Beim Braten entstehen zwar auch krebserregende Schadstoffe, aber im allgemeinen ist diese Garmethode dennoch gesünder als Fritieren. Solange das Fleisch mager ist und nur »gebräunt« wird, dürften daraus keine Probleme erwachsen. Backen, Pochieren und Ankochen sind mit keinerlei Risiken verknüpft und eignen sich in der Regel am besten für die Zubereitung von Nahrungsmitteln wie Fischfilet oder Eier, die nur kurze Garzeiten benötigen.

Dämpfen
Optimal für das Zubereiten vieler Gemüsesorten ist das Dämpfen. Dank der kurzen Garzeit bei dieser Methode bleiben die Nährstoffe erhalten, während sie durch Kochen weitgehend ausgeschwemmt werden und im Wasser zurückbleiben. Setzen Sie einen einfachen Siebeinsatz, den Sie in jedem Warenhaus oder Haushaltswarengeschäft erstehen können, in einen großen Topf und füllen Sie bis knapp unterhalb des Dämpfeinsatzes Wasser ein. Geben Sie dann das Gemüse hinein, legen Sie den Deckel auf und erhitzen Sie das Wasser. Knackiger Brokkoli braucht etwa 5 bis 6 Minuten, Rosenkohl etwas länger. Halten Sie sich immer wieder vor Augen, daß bei dieser Garmethode die Nährstoffe erhalten bleiben und Ihnen voll zugute kommen. Durch das Dämpfen verliert das Gemüse weder an Wohlgeschmack noch an Qualität und wird für Ihren Organismus wesentlich besser verwertbar.

Töpfe, Pfannen und Küchenutensilien
Der Gebrauch ungeeigneter Töpfe und Pfannen kann Risiken in sich bergen. Verwenden Sie zum Kochen niemals Kupfer- oder Zinngefäße, die rein dekorativen Zwecken dienen. Manche Legierungen enthalten Blei und/oder Silber – toxische Metalle, deren Schadstoffe beim Garen in das Kochgut übergehen. Besondere Vorsicht ist bei Kochgeschirr aus Keramik geboten. Vergewissern Sie sich, daß Glasuren und Farben bleifrei sind. Porzellan, Jenaer Glas und emaillierte Gefäße können Sie ohne Bedenken verwenden.
Gußeiserne Brat- und Schmorpfannen geben Spurenmengen von

Eisen an das Kochgut ab, stellen aber keine gesundheitliche Gefährdung dar. Allfällige, im Laufe der Zeit an der Oberfläche entstandene Rost- und Korrosionsstellen sollten Sie mit Scheuerpulver oder Stahlwolle sorgfältig entfernen.

Aluminiumtöpfe – sehr preiswert und nach wie vor viel verkauft und verwendet – stellen meiner Ansicht nach ein echtes Gesundheitsrisiko dar. Dieses Metall wird nicht ohne weiteres aus dem Körper ausgeschieden. Charakteristisch für das Krankheitsbild von Alzheimer-Patienten sind die auffällig überhöhten Aluminiumkonzentrationen im Gehirn. Aluminium ist ein Leichtmetall. Durch Rühren und Schaben mit Kochlöffeln, Spateln oder ähnlichen Utensilien aus härteren Legierungen lösen sich Partikel und gehen in das Kochgut über. Überdies kommt es zwischen Aluminium und den in Nahrungsmitteln enthaltenen Säuren zu einer chemischen Reaktion, die zur Bindung und dem Verlust von Vitamin C führen kann.

Optimal geeignet für Töpfe und Pfannen ist nichtrostender Edelstahl – ein hartes, inaktives Metall, von dem aus keinerlei Schadstoffe oder ähnliches auf das Kochgut übergehen. Manche Edelstahltöpfe und -pfannen besitzen einen sogenannten Sandwich-Boden; das heißt, die Unterseite besteht aus einer wärmeleitfähigen Aluminiumschicht, die aber mit dem Kochgut überhaupt nicht Berührung kommt. Teflonbeschichtete Oberflächen bekommen mit der Zeit zumeist Kratzer – es sei denn, man reinigt und trocknet sie sehr vorsichtig und verwendet zum Kochen und Braten nur Kochlöffel und Bratenwender aus einem für Teflon geeigneten Spezialkunststoff. Neuerdings gibt es auch teflonähnliche Beschichtungen, die härter und damit weniger empfindlich sind.

Nachfolgend eine kurze Übersicht über nützliches und empfehlenswertes Küchengerät:

– *Töpfe, Pfannen und Kasserollen aus Edelstahl:* säurebeständig sowie geruchs- und geschmacksneutral.
– *Pfannen aus Gußeisen oder emailliertem Gußeisen:* hervorragende Wärmeleitung.
– *Wok; chinesischer Allzwecktopf aus Gußeisen zum Pfannen-*

rühren: gleichmäßige Wärmeverteilung und damit kurze Garzeiten für Fleisch und Gemüse.
- *Dämpfer oder Siebeinsatz aus Edelstahl:* kurzes, schonendes Garen von Gemüse.
- *Diverse, qualitativ hochwertige Messer:* lange Lebensdauer. (Küchenmesser 20 cm und 15 cm; Küchenmesser lang, mit Sägeschliff; Schälmesser; Gemüsemesser)
- *Schöpflöffel, Schaumkelle, Schneebesen etc. aus Edelstahl:* säurebeständig, geruchs- und geschmacksneutral.
- *Holzkochlöffel:* schonen Kochgut, Töpfe und Pfannen.
- *Edelstahlreibe* für Käse.
- *Edelstahlraspel* für Gemüse.
- *Seiher mit Füßen* (groß und klein).
- *Küchenschüsseln aus strapazierfähigem Material* (1 Satz).
- *Mixer* für Getränke, Saucen und Dressings.
- *Mehrzweck-Küchenmaschine.*
- *Brotbackmaschine* (1000 g).

Bei Tisch

Essen ist weit mehr als die bloße Nahrungsaufnahme in den Organismus. Der Verdauungsprozeß ist ein umfassender Vorgang, und vermutlich sind Sie überrascht über die vielfältigen Faktoren, die die Verwertung von Nährstoffen durch Ihren Organismus beeinflussen. Um von einer Mahlzeit wirklich zu profitieren, ist es ratsam, folgende Punkte zu beherzigen:

1. **Während der Mahlzeit nichts trinken**
Als Martha noch vor unserer Heirat erstmals meine Eltern besuchte, fehlten zu ihrer Verwunderung die Wassergläser auf dem Tisch. Viele Jahre zuvor hatte mein Vater entdeckt, daß mit dem Essen zusammen aufgenommene Flüssigkeiten die Verdauungssäfte verdünnen. Dennoch werden Sie feststellen, daß in den Speiseplänen am Ende dieses Buches Getränke nicht fehlen. Sie sollten jedoch versuchen, Essen und Trinken voneinander zu trennen. Genehmi-

gen Sie sich beispielsweise eine halbe Stunde vor dem Abendessen ein Glas Wein und trinken Sie Ihren Tee oder Kaffee erst eine halbe Stunde nach dem Essen.

2. Mit Muße essen
Einer altrömischen Weisheit zufolge beruht das Geheimnis der Heilkunst auf drei Elementen – Essen, Ruhe und Zufriedenheit. Nervosität oder innere Anspannung beim Essen führt zu vermehrter Ausschüttung von Streßhormonen und damit zu einer Überproduktion von Verdauungssäften, gefolgt von Sodbrennen und einer Übersäuerung des Magens. Das Abendessen ist nicht der richtige Zeitpunkt für Diskussionen über eine schlechte Mathematiknote des Sprößlings.

3. Beim Essen nicht reden
Neben dem offensichtlichen Zusammenhang zwischen Reden und Streß gibt es einen sehr guten Grund, während der Mahlzeiten zu schweigen. Beim Sprechen schluckt man in der Regel ziemlich viel Luft, und dies ruft Blähungen hervor. Überdies beeinträchtigt Sprechen den Kauvorgang. Richtig und gut verdaut wird aber nur gründlich gekaute Nahrung. Die altbekannte elterliche Mahnung »Mit vollem Munde spricht man nicht!« ist demnach also weit mehr als nur eine Benimmregel.

4. Gründlich kauen
Menschen, die ihre Mahlzeiten hinunterschlingen, als gälte es einen Wettbewerb zu gewinnen, bringen sich selbst um einen herrlichen, sinnlichen Genuß – um die Freude am Essen mit all seiner Vielfalt an Duft und Wohlgeschmack, Farbe und Konsistenz. Die enorme Bedeutung des Kauens – also des Einsatzes von Zähnen, Lippen, Gaumen und Mund zum gründlichen Zerkleinern der Nahrung – kann nicht genug unterstrichen werden. Das Absondern von Magensaft wird durch den Geschmackssinn eingeleitet. Je gründlicher Sie kauen und je länger Sie die Nahrung im Mund behalten und damit den Geschmackssinn stimulieren, desto besser wird der Magen auf die Verdauung vorbereitet. Die im Magensaft

und anderen Verdauungssäften enthaltenen Verdauungsenzyme beschleunigen den Verdauungsvorgang und reagieren nur an der Oberfläche der Nahrungsteilchen. Je gründlicher Sie kauen, desto mehr Oberfläche steht für die Enzymaktivität zur Verfügung, und dies wiederum begünstigt den Verdauungsvorgang und beschleunigt – ohne nennenswerte Belastung für das Verdauungssystem – die Passage des Nahrungsbreis vom Magen in den Dünn- und Dickdarm.

> **Nahrungsmittel wohldurchdacht zusammenstellen**
> Soweit möglich, sollten Sie versuchen, Fleisch und Fisch von stärkehaltigen Nahrungsmitteln zu trennen. Viele Menschen hegen eine Vorliebe für die Kombination aus Stärke und Eiweiß, insbesondere in Form von Sandwiches, die man ohne viel Aufwand rasch zubereiten und überallhin mitnehmen kann. Gegen ein Sandwich hin und wieder ist nichts einzuwenden – Vorschläge für einige leckere, gesunde Varianten finden Sie auch in diesem Buch.
> Die Bezeichnung »Sandwich« geht auf Lord Sandwich zurück, einen englischen Adligen, der darum bat, man möge ihm sein Fleisch zwischen zwei Scheiben Brot servieren, damit er am Spieltisch sitzenbleiben konnte. Hand auf's Herz – kommt Ihnen eine solche Denkweise nicht irgendwie bekannt vor? Während einer 15-Minuten-Mittagspause ein Sandwich in sich hineinzustopfen ist der sicherste Weg zu Trägheitsgefühl, Gasbildung und Blähungen sowie anderen Verdauungsbeschwerden. Proteine und Kohlenhydrate werden unterschiedlich schnell aufgespalten und verdaut, und deshalb ist es wichtig, auf die Zusammenstellung der Nahrungsmittel zu achten.

Nehmen Sie sich die Zeit, Fleisch und Fisch gründlich zu kauen – jeden Bissen bis zu 30mal. Bei stärkehaltigen Produkten wie Brot, Kartoffeln und Obst beginnt die Verdauung bereits im Mund, und deshalb muß man solche Nahrungsmittel zur Unterstützung des Aufspaltungsprozesses gleichfalls sehr sorgsam kauen. Auf die Stuhlausscheidung wirkt sich gründliches Kauen ebenfalls förderlich aus, weil sich der Speisebrei dabei erwärmt und damit die Enzymaktivität beschleunigt wird. Das Hinunterschlingen kalter Speisen in groben Brocken hingegen hemmt die Freisetzung von Enzymen und verlangsamt damit den Verdauungsprozeß.

Die Rezepte und Speisepläne in diesem Buch stehen ganz im Einklang mit der Philosophie, der zufolge gesundes, bekömmliches Essen Leib und Seele gleichermaßen guttut und neue Energie schenkt.

Nahrungsmitteltabellen
für die Blutgruppen 0, A, B und AB

0-Typ

Nahrungsmittel-gruppe Einzelportion	Empfohlene Portionen	sehr bekömmlich
Fleisch und Geflügel Männer: 120–180 g Frauen/Kinder: 60–150 g	pro Woche Mageres rotes Fleisch: 4–6 Geflügel: 2–3	Büffel, Hammel, Innereien, Kalb, Lamm, Rind, Rinderhackfleisch, Wild
Fisch und Meeresfrüchte 120–180 g	pro Woche 3–5	Alse (Maifisch), Blaufisch, Flußbarsch, Gelbschwanz, Hecht, Heilbutt, Hering (frisch), Kabeljau, Lachs, Makrele, Regenbogenforelle, Roter Schnapper, Sardinen, Schwertfisch, Seehecht (Hechtdorsch), Seezunge, Stör, Streifenbarsch, Weißbarsch, Weißfisch, Ziegelfisch
Milchprodukte und Eier Eier: 1 Stück Käse: 60 g Joghurt: 120–180 g Milch: 125–200 ml	pro Woche Eier: 3–4 Käse: 0–3 Joghurt: 0–3 Milch: 0–1	keine

* empfehlenswerte Alternativen zu Milchprodukten

neutral	zu vermeiden
Ente, Fasan, Hähnchen, Huhn, Kaninchen, Pute (Truthahn), Rebhuhn, Wachtel	Gans, Schinken, Schwein, Speck
Aal, Anchovis (Sardellen), Austern, Barramunda, Fächerfisch (Seglerfisch), Flunder, Flußkrebse, Froschschenkel, Garnelen, Haifisch, Hechtbarsch, Hummer, Jakobsmuscheln (Kammmuscheln), Kalmar (Tintenfisch), Karpfen, Krabben, Lachsforelle, Meerbrassen, Miesmuscheln, Rotbarsch (Goldbarsch), Schellfisch, Schildkröten, Seebarsch, Seeohr, Seeteufel, Sonnenfisch, Stint, Venusmuscheln, Weinbergschnecken, Weißer Thun, Weißstör, Wolfsbarsch, Zackenbarsch	Barrakuda (Pfeilhecht), Hering (mariniert), Katzenfisch (Wels), Kaviar, Krake, Meerschnecken, Räucherlachs
Butter, Farmerkäse, Feta (Schafskäse), Mozzarella, Sojakäse*, Sojamilch*, Ziegenkäse	Amerikanischer Cheddar, Blauschimmelkäse, Brie, Buttermilch, Camembert, Cheddar, Colby, Edamer, Eiscreme, Emmentaler, fettarme Milch (1,5% Fett), Frischkäse, Gouda, Gruyère, Hüttenkäse, Jarlsberg, Joghurt (alle Sorten), Kefir, Magermilch (0,3% Fett), Molke, Monterey Jack, Münster, Neufchâtel, Parmesan, Provolone, Ricotta, Schmelzkäse, Vollmilch, Ziegenmilch

0-Typ

Nahrungsmittel-gruppe Einzelportion	Empfohlene Portionen	sehr bekömmlich
Öle und Fette 1 EL	pro Woche 4–8	Leinsamenöl, Olivenöl
Nüsse und Samen-kerne Nüsse: 6–8 Stück Samenkerne: 1 EL Nußbutter: 1 EL	pro Woche Nüsse und Samenkerne: 3–4 Nußbutter: 3–7	Kürbiskerne, Walnüsse
Bohnen und Hülsen-früchte Trockenkerne: 160 g	pro Woche 1–2	Adzukibohnen, Augenbohnen, Pintobohnen
Getreideflocken und -müsli Trockenmischung: 30–80 g	pro Woche 2–3	keine
Brot und Gebäck Brot: 1 Scheibe Cracker: 2–4 Muffins: 1	täglich Brot/Cracker: 0–2 Muffins: 0–1	Essener Brot*
Getreide und Teigwaren Getreidekörner: 160 g Teigwaren: 100 g	pro Woche Getreide: 0–3 Teigwaren: 0–3	keine

* vgl. S. 344

neutral	zu vermeiden
Dorschleberöl, Rapsöl, Sesamöl	Baumwollsaatöl, Distelöl, Erdnußöl, Maiskeimöl
Eßkastanien, Haselnüsse, Macadamianüsse, Mandelmus, Mandeln, Pekannüsse, Pinienkerne, Sesampaste (Tahini), Sesamsamen, Sonnenblumenkerne, Sonnenblumenmus	Cashewnüsse, Erdnüsse, Erdnußbutter, Mohnsamen, Paranüsse, Pistazien
Cannellinobohnen, dicke Bohnen, grüne Bohnen, grüne Erbsen, Kichererbsen, Limabohnen, Puffbohnen (Saubohnen), rote Bohnen, schwarze Bohnen, Sojabohnen, weiße Bohnen, Zuckerschoten	Berglinsen, grüne Linsen, Kidneybohnen, Perlbohnen, rote Linsen
Amaranth, Buchweizen, Dinkel, Gerste, Kamut (ägypt. Weizen), Puffhirse, Puffreis, Reisflocken, Reiskleie	Cornflakes, Haferkleie, Haferschrot, Maisschrot, Mehrkornmischung, Weizenflocken, Weizenkeime, Weizenkleie, Weizenschrot
Dinkelbrot, glutenfreies Brot, Hirsebrot, Knäckebrot, Reiswaffeln, Roggenbrot, Sojabrot, Vollreisbrot (Naturreis)	Bagels (Hefekringel aus Weizenmehl), Haferkleiebrot, Hartweizenbrot, Maismehlmuffins, Matzen (Weizenmehl), Mehrkornbrot, Pumpernickel, Weizenkeimbrot, Weizenkleie-Muffins, Weizenvollkornbrot (Grahambrot)
Basmatireis, Buchweizen, Dinkelmehl, Gerstenmehl, Naturreis, Quinoa, Reismehl, Roggenmehl, Topinamburpasta, weißer (polierter) Reis, Wildreis	Bulgur (vorgekochter Weizenschrot), Couscous, glutenhaltiges Mehl, grüne Pasta (Spinat), Hafermehl, Hartweizenmehl, Pasta aus Hartweizengrieß, Sobanudeln (Buchweizen), Weizenauszugsmehl, Weizenkeimmehl, Weizenvollkornmehl

0-Typ

Nahrungsmittel-gruppe Einzelportion	Empfohlene Portionen	sehr bekömmlich
Gemüse Roh oder gegart: 100 g	täglich Rohes Gemüse: 3–5 Gegartes Gemüse: 3–5	Algen, Artischocken, Brokkoli, Chicorée, Eskarol (Winterendivie), Gartenkürbis, Gemüsezwiebeln, Grünkohl, Kohlrabi, Löwenzahn, Mangold, Meerrettich, Okra (Gumbofrucht), Paprikaschoten (rot), Pastinaken, Porree, Romanasalat, Rüben (weiß), Rübengrün, Rübenstiele, Spinat, Süßkartoffeln, Topinambur, Zwiebeln, Zwiebeln (rot)
Obst 1 Frucht bzw. 90–150 g	täglich 3–4	Dörrpflaumen, Feigen (frisch und getrocknet), Pflaumen
Säfte und Flüssigkeiten Säfte: 250 ml Wasser: 250 ml	täglich Säfte: 2–3 Wasser: 4–7	Ananassaft, Kirschsaft (Schwarzkirschen), Pflaumensaft

neutral	zu vermeiden
Abalonepilze, Austernpilze, Bambussprossen, Brunnenkresse, Champignons, Chilischoten, Daikon (japan. Rettich), Eisbergsalat, Endivie, Enokipilze, Fenchel, Frühlingszwiebeln, Gurken, Kohlrüben (gelb), Kopfsalat, Melonenkürbis, Möhren, Mungbohnensprossen, Oliven (grün), Pak-Choi, Paprikaschoten (gelb und grün), Radicchio, Radieschen, Rettich, Rettichsprossen, rote Rüben, Rucola, Schalotten, Spargel, Staudensellerie, Steckrüben, Tempeh, Tofu, Tomaten, Wasserkastanien, Yamswurzel, Zucchini	Alfalfasprossen, Auberginen, Avocados, Blumenkohl, Chinakohl, Kartoffeln, Mais (gelb und weiß), Oliven (schwarz), Rosenkohl, Rotkohl, Senfkohlblätter, Shiitakepilze, Weißkohl
Äpfel, Ananas, Aprikosen, Bananen, Birnen, Blaubeeren, Boysenbeeren, Datteln, Granatäpfel, Grapefruits, Guaven, Himbeeren, Holunderbeeren, Johannisbeeren (rot und schwarz), Kaktusfeigen, Kirschen, Kiwis, Kumquats, Limetten, Loganbeeren, Mangos, Nektarinen, Papayas, Persimonen (Kakis, Dattelpflaumen), Pfirsiche, Preiselbeeren, Rosinen, Stachelbeeren, Sternfrucht (Karambola), Wassermelonen, Weintrauben, Wintermelonen, Zitronen	Brombeeren, Erdbeeren, Honigmelonen, Kantalupmelonen, Kochbananen, Kokosnüsse, Litschis, Mandarinen, Orangen, Rhabarber
Aprikosensaft, Gemüsesaft von bekömmlichen Sorten, Grapefruitsaft, Gurkensaft, Möhrensaft, Papayasaft, Preiselbeersaft, Selleriesaft, Tomatensaft mit Zitrone, Traubensaft	Apfelmost, Apfelsaft, Kohlsaft, Orangensaft

0-Typ

Nahrungsmittelgruppe Einzelportion	Empfohlene Portionen	sehr bekömmlich
Kräuter, Gewürze und Verdickungsmittel	–	Carob, Cayennepfeffer, Curry, Knoblauch, Kombualgen, Kurkuma, Petersilie, Rotalge
Würzmittel und Eingemachtes	–	keine
Kräutertees	–	Bockshornklee (Griechisch Heu), Chilis (rot), Hagebutten, Hopfen, Ingwer, Lindenblüten, Löwenzahn, Maulbeere, Petersilie, Pfefferminze, Rotulmenrinde, Sarsaparille, Vogelmiere
Diverse Getränke	–	Mineralwasser

neutral	zu vermeiden
Agar-Agar, Ahornsirup, Anis, Basilikum, Bergamottöl, Bohnenkraut, Chilis (rot), Dill, Estragon, Gelatine, Gerstenmalz, Gewürznelken, Grüne Minze, Honig, Ingwer, Kardamom, Kerbel, Koriander, Kreuzkümmel, Kümmel, Lorbeerblatt, Majoran, Mandelöl, Meerrettich, Melasse, Minze, Miso (Sojapaste), Naturreissirup, Nelkenpfeffer, Paprika, Pfefferkörner, Pfefferminze, Pfeilwurzmehl, Piment, Reissirup, Rosmarin, Safran, Salbei, Salz, Schnittlauch, Senfpulver, Sojasauce, Tamari (dunkle Sojasauce), Tamarinde, Tapioka, Thymian, Weinstein, Wintergrün, Zucker (weiß und braun), Zuckerrohrsaft	Apfelessig, Balsamico-Essig, Kapern, Maissirup, Maisstärke, Muskat, Pfeffer (schwarz, gemahlen), Pfeffer (weiß), Rotweinessig, Vanilleextrakt, Weißweinessig, Zimt
Gelees und Konfitüren aus bekömmlichen Früchten, Salat-Dressings (fettarm, aus bekömmlichen Zutaten), Senf, Worcestersauce	Mayonnaise, Mixed Pickles (sauer, süßsauer), Relish, Tomatenketchup
Baldrian, Dong quai (Dang gui; chines. Engelwurz), Eisenkraut, Ginseng, Grüne Minze, Grüner Tee, Helmkraut, Himbeerblätter, Holunder, Kamille, Katzenminze, Königskerze, Salbei, Schafgarbe, Süßholzwurzel, Thymian, Weißbirke, Weißdorn, Weißeichenrinde, Weißer Andorn	Alfalfa, Aloe, Enzian, Erdbeerblätter, Gelbwurz, Große Klette, Hirtentäschel, Huflattich, Johanniskraut, Krauser Ampfer, Maisgriffel, Rhabarber, Rotklee, Sennesblätter, Sonnenhut (Echinacea)
Bier, Grüner Tee, Rotwein, Weißwein	Bohnenkaffee, Bohnenkaffee (entkoffeiniert), Colagetränke, Diätlimonade, Limonade, Schwarzer Tee, Spirituosen

A-Typ

Nahrungsmittel-gruppe Einzelportion	Empfohlene Portionen	sehr bekömmlich
Fleisch und Geflügel Männer: 120–180 g Frauen/Kinder: 60–150 g	pro Woche Mageres rotes Fleisch: 0 Geflügel: 0–3	keine Sorte
Fisch und Meeresfrüchte 120–180 g	pro Woche 1–4	Barramunda, Flußbarsch, Hechtbarsch, Kabeljau, Karpfen, Lachs, Lachsforelle, Makrele, Regenbogenforelle, Roter Schnapper, Sardinen, Seeteufel, Weinbergschnecken, Weißfisch, Zackenbarsch
Milchprodukte und Eier Eier: 1 Stück Käse: 60 g Joghurt: 120–180 g Milch: 125–200 ml	pro Woche Eier: 1–3 Käse: 2–4 Joghurt: 1–3 Milch: 0–4	Sojakäse*, Sojamilch*
Öle und Fette 1 EL	pro Woche 2–6	Leinsamenöl, Olivenöl

* empfehlenswerte Alternativen zu Milchprodukten

neutral	zu vermeiden
Hähnchen, Huhn, Pute (Truthahn)	Büffel, Ente, Fasan, Gans, Hammel, Innereien, Kalb, Kaninchen, Lamm, Rebhuhn, Rind, Rinderhackfleisch, Schinken, Schwein, Speck, Wachtel, Wild
Fächerfisch (Seglerfisch), Gelbschwanz, Haifisch, Hecht, Meerbrassen, Rotbarsch (Goldbarsch), Schnappbarsch, Schwertfisch, Seebarsch, Seeohr, Stint, Stör, Weißbarsch, Weißer Thun, Wolfsbarsch	Aal, Alse (Maifisch), Anchovis (Sardellen), Austern, Barrakuda (Pfeilhecht), Blaufisch, Flunder, Flußkrebse, Froschschenkel, Garnelen, Heilbutt, Hering, Hummer, Jakobsmuscheln (Kammuscheln), Kalmar (Tintenfisch), Katzenfisch (Wels), Kaviar, Krabben, Krake, Meerschnecken, Miesmuscheln, Räucherlachs, Schellfisch, Schildkröten, Seehecht (Hechtdorsch), Seezunge, Sonnenfisch, Streifenbarsch, Venusmuscheln, Weißstör, Ziegelfisch
Farmerkäse, Feta (Schafskäse), Fruchtjoghurt, Joghurt, Kefir, Mozzarella, Ricotta, Schmelzkäse, Ziegenkäse, Ziegenmilch	Amerikanischer Cheddar, Blauschimmelkäse, Brie, Butter, Buttermilch, Camembert, Cheddar, Colby, Edamer, Eiscreme, Emmentaler, fettarme Milch (1,5% Fett), Frischkäse, Gouda, Gruyère, Hüttenkäse, Jarlsberg, Magermilch (0,3% Fett), Molke, Monterey Jack, Münster, Neufchâtel, Parmesan, Provolone, Vollmilch
Dorschleberöl, Rapsöl	Baumwollsaatöl, Distelöl, Erdnußöl, Maiskeimöl, Sesamöl

A-Typ

Nahrungsmittelgruppe Einzelportion	Empfohlene Portionen	sehr bekömmlich
Nüsse und Samenkerne Nüsse: 6–8 Stück Samenkerne: 1 EL Nußbutter: 1 EL	pro Woche Nüsse und Samenkerne: 2–5 Nußbutter: 1–4	Erdnüsse, Erdnußbutter, Kürbiskerne
Bohnen und Hülsenfrüchte Trockenkerne: 160 g	pro Woche 3–6	Adzukibohnen, Augenbohnen, Berglinsen, grüne Bohnen, grüne Linsen, Pintobohnen, rote Linsen, schwarze Bohnen, Sojabohnen
Getreideflocken und -müsli Trockenmischung: 30–80 g	pro Woche Vollkorn: 5–9	Amaranth, Buchweizen
Brot und Gebäck Brot: 1 Scheibe Cracker: 2–4 Muffins: 1	täglich Brot/Cracker: 3–5 Muffins: 1–2	Essener Brot*, Reiswaffeln, Sojabrot, Weizenkeimbrot
Getreide und Teigwaren Getreidekörner: 160 g Teigwaren: 100 g	pro Woche Getreide: 2–4 Teigwaren: 2–4	Buchweizen, Hafermehl, Reismehl, Roggenmehl, Sobanudeln (Buchweizen), Topinamburpasta

* vgl. S. 344

neutral	zu vermeiden
Eßkastanien, Haselnüsse, Macadamianüsse, Mandelmus, Mandeln, Mohnsamen, Pinienkerne, Sesampaste (Tahini), Sesamsamen, Sonnenblumenkerne, Sonnenblumenmus, Walnüsse	Cashewnüsse, Paranüsse, Pistazien
Cannellinobohnen, dicke Bohnen, grüne Erbsen, Puffbohnen (Saubohnen), weiße Bohnen, Zuckerschoten	Kichererbsen, Kidneybohnen, Limabohnen, Perlbohnen, rote Bohnen
Cornflakes, Dinkel, Gerste, Haferkleie, Haferschrot, Kamut (ägypt. Weizen), Maisschrot, Puffhirse, Puffreis, Reisflocken, Reiskleie	Crunchy, Mehrkornmischung, Weizenflocken, Weizenkeime, Weizenkleie, Weizenschrot
Dinkelbrot, glutenfreies Brot, Haferkleie-Muffins, Hirsebrot, Knäckebrot, Maismehlmuffins, Roggenbrot, Vollreisbrot (Naturreis)	Hartweizenbrot, Matzen (Weizenmehl), Mehrkornbrot, Pumpernickel, Weizenkleie-Muffins, Weizenvollkornbrot (Grahambrot)
Basmatireis, Bulgur (vorgekochter Weizenschrot), Couscous, Dinkelmehl, Gerstenmehl, glutenhaltiges Mehl, Hartweizenmehl, Naturreis, Quinoa, weißer (polierter) Reis, Weizenkeimmehl, Wildreis	grüne Pasta (Spinat), Pasta aus Hartweizengrieß, Weizenauszugsmehl, Weizenvollkornmehl

A-Typ

Nahrungsmittelgruppe Einzelportion	Empfohlene Portionen	sehr bekömmlich
Gemüse Roh oder gegart: 100 g Sojaprodukte gegart: 180–240 g	täglich Rohes Gemüse: 2–5 Gegartes Gemüse: 3–6 pro Woche Sojaprodukte: 4–6	Alfalfasprossen, Artischocken, Brokkoli, Chicorée, Eskarol (Winterendivie), Gartenkürbis, Gemüsezwiebeln, Grünkohl, Kohlrabi, Kohlrüben (gelb), Löwenzahn, Mangold, Meerrettich, Möhren, Okra (Gumbofrucht), Pastinaken, Porree, Romanasalat, Rüben (weiß), Rübengrün, Spinat, Tempeh, Tofu, Topinambur, Zwiebeln (rot), Zwiebeln
Obst 1 Frucht bzw. 90–150 g	täglich 3–4	Ananas, Aprikosen, Blaubeeren, Boysenbeeren, Brombeeren, Dörrpflaumen, Feigen (frisch und getrocknet), Grapefruits, Kirschen, Pflaumen, Preiselbeeren
Säfte und Flüssigkeiten Säfte: 250 ml Wasser: 250 ml	täglich Säfte: 4–5 Wasser mit Zitrone: 1× morgens Wasser: 1–3	Ananassaft, Aprikosensaft, Grapefruitsaft, Kirschsaft (Schwarzkirschen), Möhrensaft, Pflaumensaft, Selleriesaft, Wasser mit Zitrone

neutral	zu vermeiden
Abalonepilze, Algen, Austernpilze, Avokados, Bambussprossen, Blumenkohl, Brunnenkresse, Champignons, Daikon (japan. Rettich), Eisbergsalat, Endivie, Enokipilze, Fenchel, Frühlingszwiebeln, Gurken, Kopfsalat, Mais (gelb und weiß), Maitakipilze, Melonenkürbis (alle Sorten), Mungbohnensprossen, Oliven (grün), Pak-Choi, Radicchio, Radieschen, Rettich, Rettichsprossen, Rosenkohl, rote Rüben, Rucola, Schalotten, Senfkohlblätter, Shiitakepilze, Spargel, Staudensellerie, Wasserkastanien, Zucchini	Auberginen, Chilischoten, Chinakohl, Kartoffeln, Oliven (schwarz), Paprikaschoten (grün, gelb und rot), Rotkohl, Süßkartoffeln, Tomaten, Weißkohl, Yamswurzel
Äpfel, Birnen, Datteln, Erdbeeren, Granatäpfel, Guaven, Himbeeren, Holunderbeeren, Johannisbeeren (rot und schwarz), Kaktusfeigen, Kiwis, Kumquats, Limetten, Litschis, Loganbeeren, Nektarinen, Persimonen (Kakis, Dattelpflaumen), Pfirsiche, Rosinen, Stachelbeeren, Sternfrucht (Karambola), Wassermelonen, Weintrauben, Wintermelonen, Zitronen	Bananen, Honigmelonen, Kantalupmelonen, Kochbananen, Kokosnüsse, Mandarinen, Mangos, Orangen, Papayas, Rhabarber
Apfelmost, Apfelsaft, Gemüsesaft von bekömmlichen Sorten, Gurkensaft, Kohlsaft, Preiselbeersaft, Traubensaft	Orangensaft, Papayasaft, Tomatensaft

A-Typ

Nahrungsmittel-gruppe Einzelportion	Empfohlene Portionen	sehr bekömmlich
Kräuter, Gewürze und Verdickungsmittel	–	Gerstenmalz, Ingwer, Knoblauch, Melasse, Miso (Sojapaste), Sojasauce, Tamari (dunkle Sojasauce)
Würzmittel und Eingemachtes	–	keines
Kräutertees	–	Alfalfa, Aloe, Baldrian, Bockshornklee (Griechisch Heu), Ginseng, Große Klette, Grüner Tee, Hagebutten, Ingwer, Johanniskraut, Kamille, Kanadisches Berufkraut, Mariendistel, Rotulmenrinde, Sonnenhut (Echinacea), Weißdorn
Diverse Getränke	–	Bohnenkaffee, Bohnenkaffee (entkoffeiniert), Grüner Tee, Rotwein

neutral	zu vermeiden
Agar-Agar, Ahornsirup, Anis, Basilikum, Bergamottöl, Bohnenkraut, Carob, Curry, Dill, Estragon, Gewürznelken, Grüne Minze, Honig, Kardamom, Kerbel, Kombualgen, Koriander, Kreuzkümmel, Kümmel, Kurkuma, Lorbeerblatt, Maissirup, Maisstärke, Majoran, Mandelöl, Meerrettich, Minze, Muskat, Naturreissirup, Nelkenpfeffer, Oregano, Paprika, Petersilie, Pfefferminze, Pfeilwurzmehl, Piment, Reissirup, Rosmarin, Rotalge, Safran, Salbei, Salz, Schnittlauch, Senfpulver, Tamarinde, Tapioka, Thymian, Vanilleextrakt, Weinstein, Zimt, Zucker (weiß und braun), Zuckerrohrsaft	Apfelessig, Balsamico-Essig, Cayennepfeffer, Chilis (rot), Gelatine, Kapern, Pfeffer (schwarz, gemahlen), Pfeffer (weiß), Pfefferkörner, Rotweinessig, Weißweinessig, Wintergrün
Gelees und Konfitüren aus bekömmlichen Früchten, Salat-Dressings (fettarm, aus bekömmlichen Zutaten), Senf	Mayonnaise, Mixed Pickles (sauer, süßsauer), Relish, Tomatenketchup, Worcestersauce
Dong quai (Dang gui; chines. Engelwurz), Eisenkraut, Enzian, Erdbeerblätter, Gelbwurz, Grüne Minze, Helmkraut, Himbeerblätter, Hirtentäschel, Holunder, Hopfen, Huflattich, Königskerze, Lindenblüten, Löwenzahn, Maulbeere, Petersilie, Pfefferminze, Salbei, Sarsaparille, Schafgarbe, Sennesblätter, Süßholzwurzel, Thymian, Vogelmiere, Weißbirke, Weißeichenrinde, Weißer Andorn	Chilis (rot), Katzenminze, Krauser Ampfer, Maisgriffel, Rhabarber, Rotklee
Weißwein	Bier, Colagetränke, Diätlimonade, Limonade, Mineralwasser, Schwarzer Tee, Spirituosen

B-Typ

Nahrungsmittel-gruppe Einzelportion	Empfohlene Portionen	sehr bekömmlich
Fleisch und Geflügel Männer: 120–180 g Frauen/Kinder: 60–150 g	pro Woche Mageres rotes Fleisch: 2–3 Geflügel: 0–3	Hammel, Kaninchen, Lamm, Wild
Fisch und Meeresfrüchte 120–180 g	pro Woche 3–5	Alse (Maifisch), Flunder, Hecht, Hechtbarsch, Heilbutt, Kabeljau, Kaviar, Lachsforelle, Makrele, Meerbrassen, Rotbarsch (Goldbarsch), Sardinen, Schellfisch, Seehecht (Hechtdorsch), Seeteufel, Seezunge, Stör, Zackenbarsch
Milchprodukte und Eier Eier: 1 Stück Käse: 60 g Joghurt: 120–180 g Milch: 125–200 ml	pro Woche Eier: 3–4 Käse: 3–5 Joghurt: 2–4 Milch: 4–5	Farmerkäse, Feta (Schafskäse), fettarme Milch (1,5% Fett), Fruchtjoghurt, Hüttenkäse, Joghurt, Kefir, Magermilch (0,3% Fett), Mozzarella, Ricotta, Ziegenkäse, Ziegenmilch
Öle und Fette 1 EL	pro Woche 4–6	Olivenöl

* empfehlenswerte Alternativen zu Milchprodukten

neutral	zu vermeiden
Büffel, Fasan, Kalb, Leber, Pute (Truthahn), Rind, Rinderhackfleisch	Ente, Gans, Hähnchen, Huhn, Herz, Rebhuhn, Schinken, Schwein, Speck, Wachtel
Barramunda, Blaufisch, Fächerfisch (Seglerfisch), Flußbarsch, Haifisch, Hering (frisch und mariniert), Jakobsmuscheln (Kammuscheln), Kalmar (Tintenfisch), Karpfen, Katzenfisch (Wels), Lachs, Regenbogenforelle, Roter Schnapper, Schnappbarsch, Schwertfisch, Seebarsch, Seeohr, Stint, Weißbarsch, Weißer Thun, Weißfisch, Ziegelfisch	Aal, Anchovis (Sardellen), Austern, Barrakuda (Pfeilhecht), Flußkrebse, Froschschenkel, Garnelen, Gelbschwanz, Hummer, Krabben, Krake, Meerschnecken, Miesmuscheln, Räucherlachs, Schildkröten, Sonnenfisch, Streifenbarsch, Venusmuscheln, Weinbergschnecken, Weißstör, Wolfsbarsch
Brie, Butter, Buttermilch, Camembert, Cheddar, Colby, Edamer, Emmentaler, Frischkäse, Gouda, Gruyère, Jarlsberg, Molke, Monterey Jack, Münster, Neufchâtel, Parmesan, Provolone, Sojakäse*, Sojamilch*, Vollmilch	Amerikanischer Cheddar, Blauschimmelkäse, Eiscreme, Schmelzkäse
Dorschleberöl, Leinsamenöl	Baumwollsaatöl, Distelöl, Erdnußöl, Maiskeimöl, Rapsöl, Sesamöl, Sonnenblumenöl

B-Typ

Nahrungsmittel-gruppe Einzelportion	Empfohlene Portionen	sehr bekömmlich
Nüsse und Samenkerne Nüsse: 6–8 Stück Samenkerne: 1 EL Nußbutter: 1 EL	pro Woche Nüsse und Samenkerne: 2–5 Nußbutter: 2–3	keine
Bohnen und Hülsenfrüchte Trockenkerne: 160 g	pro Woche 2–3	Kidneybohnen, Limabohnen, Perlbohnen
Getreideflocken und -müsli Trockenmischung: 30–80 g	pro Woche 2–4	Dinkel, Haferkleie, Haferschrot, Puffhirse, Puffreis, Reiskleie
Brot und Gebäck Brot: 1 Scheibe Cracker: 2–4 Muffins: 1	täglich Brot/Cracker: 0–1 Muffins: 0–1	Essener Brot*, Hirsebrot, Reiswaffeln, Vollreisbrot (Naturreis)
Getreide und Teigwaren Getreidekörner: 160 g Teigwaren: 100 g	pro Woche Getreide: 3–4 Teigwaren: 3–4	Hafermehl, Reismehl

* vgl. S. 344

neutral	zu vermeiden
Eßkastanien, Macadamianüsse, Mandelmus, Mandeln, Paranüsse, Pekannüsse, Walnüsse	Cashewnüsse, Erdnüsse, Erdnußbutter, Haselnüsse, Kürbiskerne, Mohnsamen, Pinienkerne, Pistazien, Sesampaste (Tahini), Sesamsamen, Sonnenblumenkerne, Sonnenblumenmus
Cannellinobohnen, dicke Bohnen, grüne Bohnen, grüne Erbsen, Puffbohnen (Saubohnen), rote Bohnen, Sojabohnen, weiße Bohnen, Zuckerschoten	Adzukibohnen, Augenbohnen, Berglinsen, grüne Linsen, Kichererbsen, Pintobohnen, rote Linsen, schwarze Bohnen
Crunchy, Reisflocken	Amaranth, Buchweizen, Cornflakes, Gerste, Kamut (ägypt. Weizen), Maisschrot, Mehrkornmischung, Roggen, Weizenflocken, Weizenkeime, Weizenkleie, Weizenschrot
Dinkelbrot, glutenfreies Brot, Haferkleie-Muffins, Sojabrot	Bagels (Hefekringel aus Weizenmehl), Hartweizenbrot, Knäckebrot, Maismehlmuffins, Mehrkornbrot, Pumpernickel, Roggenbrot, Weizenkleie-Muffins, Weizenvollkornbrot (Grahambrot)
Basmatireis, Dinkelmehl, grüne Pasta (Spinat), Naturreis, Pasta aus Hartweizengrieß, Quinoa, weißer (polierter) Reis, Weizenauszugsmehl, Weizenkeimmehl	Buchweizen, Bulgur (vorgekochter Weizenschrot), Couscous, Gerstenmehl, glutenhaltiges Mehl, Hartweizenmehl, Roggenmehl, Sobanudeln (Buchweizen), Topinamburpasta, Weizenvollkornmehl, Wildreis

B-Typ

Nahrungsmittelgruppe Einzelportion	Empfohlene Portionen	sehr bekömmlich
Gemüse Roh oder gegart: 100 g	täglich Rohes Gemüse: 3–5 Gegartes Gemüse: 3–5	Auberginen, Blumenkohl, Brokkoli, Chilischoten, Chinakohl, Grünkohl, Möhren, Paprikaschoten (grün, gelb und rot), Pastinaken, Rosenkohl, rote Rüben, Rotkohl, Rübengrün, Senfkohlblätter, Shiitakepilze, Süßkartoffeln, Weißkohl, Yamswurzel
Obst 1 Frucht bzw. 90–150 g	täglich 3–4	Ananas, Bananen, Papayas, Pflaumen, Preiselbeeren, Weintrauben
Säfte und Flüssigkeiten Säfte: 250 ml Wasser: 250 ml	täglich Säfte: 2–3 Wasser: 4–7	Ananassaft, Kohlsaft, Papayasaft, Preiselbeersaft, Traubensaft

neutral	zu vermeiden
Abalonepilze, Alfalfasprossen, Algen, Austernpilze, Bambussprossen, Brunnenkresse, Champignons, Chicorée, Daikon (japan. Rettich), Eisbergsalat, Endivie, Enokipilze, Eskarol (Winterendivie), Fenchel, Frühlingszwiebeln, Gemüsezwiebeln, Gurken, Kartoffeln, Kohlrabi, Kohlrüben (gelb), Kopfsalat, Löwenzahn, Mangold, Meerrettich, Melonenkürbis, Okra (Gumbofrucht), Pak-Choi, Porree, Radicchio, Romanasalat, Rüben (weiß), Rucola, Schalotten, Spargel, Spinat, Staudensellerie, Wasserkastanien, Zucchini, Zwiebeln	Artischocken, Avokados, Gartenkürbis, Mais (gelb und weiß), Mungbohnensprossen, Oliven (grün und schwarz), Radieschen, Rettich, Rettichsprossen, Tempeh, Tofu, Tomaten, Topinambur
Äpfel, Aprikosen, Birnen, Blaubeeren, Boysenbeeren, Brombeeren, Datteln, Dörrpflaumen, Erdbeeren, Feigen (frisch und getrocknet), Grapefruits, Guaven, Himbeeren, Holunderbeeren, Honigmelonen, Johannisbeeren (rot und schwarz), Kantalupmelonen, Kirschen, Kiwis, Kochbananen, Kumquats, Limetten, Litschis, Loganbeeren, Mandarinen, Mangos, Nektarinen, Orangen, Pfirsiche, Rosinen, Stachelbeeren, Wassermelonen, Wintermelonen, Zitronen	Granatäpfel, Kaktusfeigen, Kokosnüsse, Persimonen (Kakis, Dattelpflaumen), Rhabarber, Sternfrucht (Karambola)
Apfelmost, Apfelsaft, Aprikosensaft, Gemüsesaft von bekömmlichen Sorten, Grapefruitsaft, Gurkensaft, Kirschsaft (Schwarzkirschen), Möhrensaft, Orangensaft, Pflaumensaft, Selleriesaft, Wasser mit Zitrone	Tomatensaft

B-Typ

Nahrungsmittel-gruppe Einzelportion	Empfohlene Portionen	sehr bekömmlich
Kräuter, Gewürze und Verdickungsmittel	–	Cayennepfeffer, Curry, Ingwer, Meerrettich, Petersilie
Würzmittel und Eingemachtes	–	keines
Kräutertees	–	Ginseng, Hagebutten, Himbeerblätter, Ingwer, Petersilie, Pfefferminze, Salbei, Süßholz, Süßholzwurzel
Diverse Getränke	–	Grüner Tee

neutral	zu vermeiden
Agar-Agar, Ahornsirup, Anis, Apfelessig, Balsamico-Essig, Basilikum, Bergamottöl, Bohnenkraut, Carob, Chilis (rot), Dill, Estragon, Gewürznelken, Grüne Minze, Honig, Kapern, Kardamom, Kerbel, Knoblauch, Kombualgen, Koriander, Kreuzkümmel, Kümmel, Kurkuma, Lorbeerblatt, Majoran, Melasse, Minze, Miso (Sojapaste), Muskat, Naturreissirup, Oregano, Paprika, Pfefferkörner, Pfefferminze, Pfeilwurzmehl, Piment, Reissirup, Rosmarin, Rotalge, Rotweinessig, Safran, Salbei, Salz, Schnittlauch, Schokolade, Selleriesamen, Senfpulver, Sojasauce, Tamari (dunkle Sojasauce), Tamarinde, Thymian, Vanilleextrakt, Weinstein, Weißweinessig, Wintergrün, Zucker (weiß und braun)	Gelatine, Gerstenmalz, Maissirup, Maisstärke, Mandelöl, Nelkenpfeffer, Pfeffer (schwarz, gemahlen), Pfeffer (weiß), Tapioka, Zimt
Gelees und Konfitüren aus bekömmlichen Früchten, Mayonnaise, Mixed Pickles (sauer, süßsauer), Relish, Salat-Dressings (fettarm, aus bekömmlichen Zutaten), Senf, Worcestersauce	Tomatenketchup
Alfalfa, Baldrian, Chilis (rot), Dong quai (Dang gui; chines. Engelwurz), Eisenkraut, Erdbeerblätter, Große Klette, Grüne Minze, Grüner Tee, Holunder, Johanniskraut, Kamille, Katzenminze, Krauser Ampfer, Löwenzahn, Maulbeere, Rotulmenrinde, Sarsaparille, Schafgarbe, Sonnenhut (Echinacea), Thymian, Vogelmiere, Weißbirke, Weißdorn, Weißeichenrinde, Weißer Andorn	Aloe, Bockshornklee (Griechisch Heu), Enzian, Gelbwurz, Helmkraut, Hirtentäschel, Hopfen, Huflattich, Königskerze, Lindenblüten, Maisgriffel, Rhabarber, Rotklee, Sennesblätter
Bier, Bohnenkaffee, Bohnenkaffee (entkoffeiniert), Rotwein, Schwarzer Tee, Weißwein	Colagetränke, Diätlimonade, Limonade, Mineralwasser, Spirituosen

AB-Typ

Nahrungsmittel-gruppe Einzelportion	Empfohlene Portionen	sehr bekömmlich
Fleisch und Geflügel Männer: 120–180 g Frauen/Kinder: 60–150 g	pro Woche Mageres rotes Fleisch: 1–3 Geflügel: 0–2	Hammel, Kaninchen, Lamm, Pute (Truthahn)
Fisch und Meeresfrüchte 120–180 g	pro Woche 3–5	Alse (Maifisch), Fächerfisch (Seglerfisch), Hecht, Hechtbarsch, Kabeljau, Lachsforelle, Makrele, Meerbrassen, Regenbogenforelle, Rotbarsch (Goldbarsch), Roter Schnapper, Sardinen, Seehecht (Hechtdorsch), Seeteufel, Stör, Weinbergschnecken, Weißer Thun, Zackenbarsch
Milchprodukte und Eier Eier: 1 Stück Käse: 60 g Joghurt: 120–180 g Milch: 125–200 ml	pro Woche Eier: 3–4 Käse: 3 4 Joghurt: 3–4 Milch: 3–6	Farmerkäse, Feta (Schafskäse), Hüttenkäse, Joghurt, Kefir, Mozzarella, Ricotta, Sauerrahm (fettreduziert), Ziegenkäse, Ziegenmilch
Öle und Fette 1 EL	pro Woche 4–8	Olivenöl

* empfehlenswerte Alternativen zu Milchprodukten

neutral	zu vermeiden
Fasan, Leber	Büffel, Ente, Gans, Hähnchen, Huhn, Herz, Kalb, Rebhuhn, Rind, Rinderhackfleisch, Schinken, Schwein, Speck, Wachtel, Wild
Barramunda, Blaufisch, Flußbarsch, Haifisch, Hering (frisch), Jakobsmuscheln (Kammuscheln), Kalmar (Tintenfisch), Karpfen, Katzenfisch (Wels), Kaviar, Lachs, Miesmuscheln, Schnappbarsch, Schwertfisch, Seebarsch, Seeohr, Stint, Weißbarsch, Weißfisch, Ziegelfisch	Aal, Anchovis (Sardellen), Austern, Barrakuda (Pfeilhecht), Flunder, Flußkrebse, Froschschenkel, Garnelen, Gelbschwanz, Heilbutt, Hering (mariniert), Hummer, Krabben, Krake, Meerschnecken, Räucherlachs, Schellfisch, Schildkröten, Seezunge, Sonnenfisch, Streifenbarsch, Venusmuscheln, Weißstör, Wolfsbarsch
Cheddar, Colby, Edamer, Emmentaler, fettarme Milch (1,5% Fett), Frischkäse, Gouda, Gruyère, Jarlsberg, Magermilch (0,3% Fett), Molke, Monterey Jack, Münster, Neufchâtel, Schmelzkäse, Sojakäse*, Sojamilch*	Amerikanischer Cheddar, Blauschimmelkäse, Brie, Butter, Buttermilch, Camembert, Eiscreme, Parmesan, Provolone, Vollmilch
Dorschleberöl, Erdnußöl, Leinsamenöl, Rapsöl	Baumwollsaatöl, Distelöl, Maiskeimöl, Sesamöl, Sonnenblumenöl

AB-Typ

Nahrungsmittelgruppe Einzelportion	Empfohlene Portionen	sehr bekömmlich
Nüsse und Samenkerne Nüsse: 6–8 Stück Samenkerne: 1 EL Nußbutter: 1 EL	pro Woche Nüsse und Samenkerne: 2–5 Nußbutter: 3–7	Erdnüsse, Erdnußbutter, Eßkastanien, Walnüsse
Bohnen und Hülsenfrüchte Trockenkerne: 160 g	pro Woche 2–3	Grüne Linsen, Perlbohnen, Pintobohnen, rote Bohnen, Sojabohnen
Getreideflocken und -müsli Trockenmischung: 30–80 g	pro Woche 2–3	Dinkel, Haferkleie, Haferschrot, Hirse, Puffreis, Reiskleie, Roggenflocken
Brot und Gebäck Brot: 1 Scheibe Cracker: 2–4 Muffins: 1	täglich Brot/Cracker: 0–1 Muffins: 0–1	Essener Brot*, Hirsebrot, Knäckebrot, Reiswaffeln, Roggenbrot, Sojabrot, Vollreisbrot (Naturreis), Weizenkeimbrot
Getreide und Teigwaren Getreidekörner: 160 g Teigwaren: 100 g	pro Woche Getreide: 3–4 Teigwaren: 3–4	Basmatireis, Hafermehl, Naturreis, Reismehl, Roggenmehl, weißer (polierter) Reis, Weizenkeimmehl, Wildreis

* vgl. S. 344

neutral	zu vermeiden
Cashewnüsse, Macadamianüsse, Mandelmus, Mandeln, Paranüsse, Pinienkerne, Pistazien	Haselnüsse, Kürbiskerne, Mohnsamen, Sesampaste (Tahini), Sesamsamen, Sonnenblumenkerne, Sonnenblumenmus
Berglinsen, Cannellinobohnen, grüne Bohnen, grüne Erbsen, Puffbohnen (Saubohnen), rote Linsen, weiße Bohnen, Zuckerschoten	Adzukibohnen, Augenbohnen, dicke Bohnen, Kichererbsen, Kidneybohnen, Limabohnen, schwarze Bohnen
Amaranth, Crunchy, Gerste, Mehrkornmischung, Reisflocken, Sojaflocken, Sojagranlulat, Weizenflocken, Weizenkeime, Weizenkleie, Weizenschrot	Buchweizen, Cornflakes, Kamut (ägypt. Weizen), Maisschrot
Bagels (Hefekringel aus Weizenmehl), Dinkelbrot, glutenfreies Brot, Haferkleie-Muffins, Hartweizenbrot, Matzen (Weizenmehl), Mehrkornbrot, Pumpernickel, Weizenkleie-Muffins, Weizenvollkornbrot (Grahambrot)	Maismehlmuffins
Bulgur (vorgekochter Weizenschrot), Couscous, Dinkelmehl, glutenhaltiges Mehl, grüne Pasta (Spinat), Hartweizenmehl, Pasta aus Hartweizengrieß, Quinoa, Weizenauszugsmehl, Weizenvollkornmehl	Buchweizen, Gerstenmehl, Sobanudeln (Buchweizen), Topinamburpasta

AB-Typ

Nahrungsmittelgruppe Einzelportion	Empfohlene Portionen	sehr bekömmlich
Gemüse Roh oder gegart: 100 g	täglich Rohes Gemüse: 3–5 Gegartes Gemüse: 3–5	Alfalfasprossen, Auberginen, Blumenkohl, Brokkoli, Grünkohl, Gurken, Löwenzahn, Maitakepilze, Pastinaken, rote Rüben, Rübengrün, Senfkohlblätter, Staudensellerie, Süßkartoffeln, Tempeh, Tofu, Yamswurzel
Obst 1 Frucht bzw. 90–150 g	täglich 3–4	Ananas, Feigen (frisch und getrocknet), Grapefruits, Kirschen, Kiwis, Loganbeeren, Pflaumen, Preiselbeeren, Stachelbeeren, Weintrauben, Zitronen
Säfte und Flüssigkeiten Säfte: 250 ml Wasser: 250 ml	täglich Säfte: 2–3 Wasser: 4–7	Kirschsaft (Schwarzkirschen), Kohlsaft, Möhrensaft, Papayasaft, Preiselbeersaft, Selleriesaft, Traubensaft

neutral	zu vermeiden
Abalonepilze, Algen, Austernpilze, Bambussprossen, Brunnenkresse, Champignons, Chicorée, Chinakohl, Daikon (japan. Rettich), Eisbergsalat, Endivie, Enokipilze, Eskarol (Winterendivie), Fenchel, Frühlingszwiebeln, Gartenkürbis, Gemüsezwiebeln, Kartoffeln, Kohlrabi, Kohlrüben (gelb), Kopfsalat, Mangold, Meerrettich, Melonenkürbis, Möhren, Okra (Gumbofrucht), Oliven (grün), Pak-Choi, Porree, Radicchio, Romanasalat, Rosenkohl, Rotkohl, Rüben (weiß), Rucola, Schalotten, Shiitakepilze, Spargel, Spinat, Tomaten, Wasserkastanien, Weißkohl, Zucchini, Zwiebeln (rot), Zwiebeln	Artischocken, Avokados, Chilischoten, Mais (gelb und weiß), Mungbohnensprossen, Oliven (schwarz), Paprikaschoten (grün, gelb und rot), Radieschen, Rettich, Rettichsprossen, Topinambur
Äpfel, Aprikosen, Birnen, Blaubeeren, Boysenbeeren, Brombeeren, Datteln, Dörrpflaumen, Erdbeeren, Himbeeren, Holunderbeeren, Honigmelonen, Johannisbeeren (rot und schwarz), Kantalupmelonen, Kochbananen, Kumquats, Limetten, Litschis, Mandarinen, Nektarinen, Papayas, Pfirsiche, Rosinen, Wassermelonen, Wintermelonen	Bananen, Granatäpfel, Guaven, Kaktusfeigen, Kokosnüsse, Mangos, Orangen, Persimonen (Kakis, Dattelpflaumen), Rhabarber, Sternfrucht (Karambola)
Ananassaft, Apfelmost, Apfelsaft, Aprikosensaft, Gemüsesaft von bekömmlichen Sorten, Grapefruitsaft, Gurkensaft, Pflaumensaft, Wasser mit Zitrone	Orangensaft

AB-Typ

Nahrungsmittelgruppe Einzelportion	Empfohlene Portionen	sehr bekömmlich
Kräuter, Gewürze und Verdickungsmittel	–	Curry, Knoblauch, Meerrettich, Miso (Sojapaste), Petersilie
Würzmittel und Eingemachtes	–	keine
Kräutertees	–	Alfalfa, Erdbeerblätter, Ginseng, Große Klette, Grüner Tee, Hagebutten, Ingwer, Kamille, Sonnenhut (Echinacea), Süßholzwurzel, Weißdorn
Diverse Getränke	–	Bohnenkaffee, Bohnenkaffee (entkoffeiniert), Grüner Tee

neutral	zu vermeiden
Agar-Agar, Ahornsirup, Apfelessig, Balsamico-Essig, Basilikum, Bergamottöl, Bohnenkraut, Carob, Dill, Estragon, Gewürznelken, Grüne Minze, Honig, Kardamom, Kerbel, Kombualgen, Koriander, Kreuzkümmel, Kurkuma, Lorbeerblatt, Majoran, Melasse, Minze, Muskat, Naturreissirup, Paprika, Pfefferminze, Pfeilwurzmehl, Piment, Reissirup, Rosmarin, Rotalge, Rotweinessig, Safran, Salbei, Salz, Schnittlauch, Senfpulver, Sojasauce, Tamari (dunkle Sojasauce), Tamarinde, Thymian, Vanilleextrakt, Weinstein, Wintergrün, Zimt, Zucker (weiß und braun)	Anis, Cayennepfeffer, Chilis (rot), Gelatine, Gerstenmalz, Kapern, Maissirup, Maisstärke, Mandelöl, Nelkenpfeffer, Pfeffer (schwarz, gemahlen), Pfeffer (weiß), Pfefferkörner, Tapioka, Weißweinessig
Gelees und Konfitüren aus bekömmlichen Früchten, Mayonnaise, Salat-Dressings (fettarm, aus bekömmlichen Zutaten), Senf	Mixed Pickles (sauer, süßsauer), Relish, Tomatenketchup, Worcestersauce
Baldrian, Chilis (rot), Dong quai (Dang gui; chines. Engelwurz), Eisenkraut, Gelbwurz, Grüne Minze, Himbeerblätter, Holunder, Johanniskraut, Katzenminze, Krauser Ampfer, Löwenzahn, Maulbeere, Petersilie, Pfefferminze, Rotulmenrinde, Salbei, Sarsaparille, Schafgarbe, Thymian, Vogelmiere, Weißbirke, Weißeichenrinde, Weißer Andorn	Aloe, Bockshornklee (Griechisch Heu), Enzian, Helmkraut, Hirtentäschel, Hopfen, Huflattich, Königskerze, Lindenblüten, Maisgriffel, Rhabarber, Rotklee, Sennesblätter
Bier, Mineralwasser, Rotwein, Weißwein	Colagetränke, Diätlimonade, Limonade, Schwarzer Tee, Spirituosen

Teil II

Rezepte

Im folgenden finden Sie eine Fülle von Rezepten für schmackhafte Gerichte, die in ihrer wohldurchdachten Zusammenstellung auf Ihre Blutgruppe ausgerichtet und damit Ihrer Gesundheit förderlich sind. Wer befürchtet, Blutgruppendiät schmälere die pure Freude am Essen, wird angesichts dieser Rezepte derlei Bedenken rasch verlieren. Zusammengestellt wurden sie von den Chefköchinnen Martine Lloyd Warner und Gabrielle Sindorf.
Betrachten Sie die Rezepte als Anregungen, und wandeln Sie sie nach Lust und Laune ab. Das Angebot ist breitgefächert, und jeder wird für sich das Richtige finden.
Jedes Rezept ist blutgruppenspezifisch aufgeschlüsselt, das heißt, aus der schmalen Leiste unter der Überschrift können Sie ersehen, für welche Blutgruppen sich das jeweilige Gericht eignet beziehungsweise nicht eignet.

sehr bekömmlich	neutral	zu vermeiden

Sehr bekömmlich: Die Hauptzutaten sind für den genannten Typ sehr bekömmlich; weitere Zutaten sind entweder »sehr bekömmlich« oder »neutral«. Das Gericht enthält keine Produkte der Rubrik »zu vermeiden«.
Neutral: Die Hauptzutaten sind für den genannten Typ neutral; weitere Zutaten sind entweder »neutral« oder »sehr bekömmlich«. Das Gericht enthält keine Produkte der Rubrik »zu vermeiden«.
Zu vermeiden: Das Rezept enthält Zutaten, die der genannte Typ meiden sollte.

Und hier ein kurzer Überblick über die Rezepte dieses Buches:
Suppen und Eintöpfe
Fleisch und Geflügel
Fisch und Meeresfrüchte
Pasta (Teigwaren)
Pizza
Bohnen und Getreidegerichte
Tofu und Tempeh
Gemüse
Salate
Sandwiches, Omeletts und Pasteten, Frittate und Crêpes
Brot, Gebäck und Pfannkuchen
Desserts, Käse und Obst
Dressings, Saucen und Chutneys
Knabberzeug und Dips
Getränke

Rezepte für die ganze Familie

Menschen, die sich zum Essen um den Familientisch scharen, gehören zumeist unterschiedlichen Blutgruppen an. Aus dem Rezepteverzeichnis am Ende des Buches ersehen Sie auf einen Blick, für welche Blutgruppen sich die einzelnen Gerichte eignen. Sind in Ihrer Familie beispielsweise drei Blutgruppen vertreten, können Sie ein Rezept wählen, das für diese drei Typen entweder sehr bekömmlich oder neutral ist. Auf diese Weise lassen sich Mahlzeiten zusammenstellen, die allen zuträglich sind, so daß sich die getrennte Zubereitung einzelner Gerichte erübrigt.
Darüber hinaus findet sich in *4 Blutgruppen – vier Strategien für ein gesundes Leben* (Seite 219 bis 261) eine Auswahl von Rezepten, die sich für **alle** Blutgruppen eignen. Diese Rezepte sind in den 30-Tage-Speiseplänen des vorliegenden Bandes mit einem Sternchen (*) gekennzeichnet.

6 Suppen und Eintöpfe

Von Suppen und Eintöpfen wurden schon ganze Völker satt. Und noch heute hält man es damit so wie in alter Zeit – man gibt in den Topf, was an Zutaten gerade verfügbar ist. Suppen und Eintöpfe ähneln einander sehr und unterscheiden sich eigentlich nur in ihrem Verhältnis zwischen flüssigen und festen Bestandteilen. Beide ergeben sie eine ebenso einfache wie sättigende und nahrhafte Mahlzeit, die sich auch gut im voraus zubereiten läßt und ein, zwei Tage später oftmals sogar noch besser schmeckt. Bei Suppen und Eintöpfen sind der Phantasie keine Grenzen gesetzt. In Kühl- und Gefrierschrank, Speisekammer und Garten findet sich vieles, was sich für die Zubereitung eignet: Fleisch-, Hühner- und Gemüsebrühe, Gemüse, Hülsenfrüchte und Teigwaren, Fleisch- und Geflügelreste, Fisch usw. – die Liste der Zutaten ist schier endlos. Für Suppen und Eintöpfe lassen sich die Überbleibsel anderer Speisen verwerten, und in entsprechenden Mengen zubereitet, reichen sie auch noch für eine zweite Mahlzeit.
Am Anfang finden Sie zwei Rezepte für hausgemachte Brühen, die Dosenprodukte und Brühwürfel weit in den Schatten stellen.

PUTENFLEISCHBRÜHE
Ergibt ca. 4 l

sehr bekömmlich	AB	neutral	0, A, B	zu vermeiden	–

Gerippe von 1 mittelgroßen Pute, sorgfältig abgeklaubt (übriggebliebenes Fleisch für eine Suppe aufheben)
2 Zwiebeln mit Schale, geviertelt
3 große Möhren, in Stücke geschnitten
3 Stangen Staudensellerie, gewaschen und in große Stücke geschnitten
¼ Bund Petersilie mit Stengeln, gewaschen
frische Kräuter nach Geschmack, z. B. Thymian, Rosmarin, Oregano, Basilikum
Lorbeerblatt oder Salbei

Einen 5- bis 6-Liter-Topf zu Dreivierteln mit Wasser füllen, sämtliche Zutaten hineingeben und aufkochen. Die Wärmezufuhr drosseln und die Brühe mindestens 2½ Stunden köcheln lassen, bis sie etwa um ein Drittel eingekocht ist. Die Brühe abschäumen, abkühlen lassen und in den Kühlschrank stellen. Das Fett von der Oberfläche abnehmen, sobald es sich verfestigt hat. Werden bei der Zubereitung Knochen verwendet, geliert die Brühe beim Auskühlen. Putenfleischbrühe läßt sich gut einfrieren.
Gehaltvolle, selbstgemachte Brühen bilden die Grundlage für vielerlei Saucen, Suppen oder Eintöpfe und sind ohne viel Aufwand zuzubereiten. Für Putenfleischbrühe können Sie das Gerippe (Karkasse) eines gebratenen Truthahns (oder einer Pute) sowie Hals und Innereien verwenden, oder Sie kaufen beim Metzger Putenhälse und -hinterstücke. Beides ergibt eine herzhafte, wohlschmeckende Brühe. Putenfleisch bekommt allen Blutgruppen, und damit ist diese Brühe für Suppen und Eintöpfe ideal geeignet. Die Zutaten sollten immer frisch sein. Noch herzhafter wird die Brühe durch Beigabe von Pilzstielen (soweit blutgruppenverträglich), Kräutern, Zwiebelschalen, Porree oder Sellerieblättern. Nehmen Sie aber keine Gemüse wie Brokkoli, Blumenkohl oder Rosenkohl; sie zählen zur Kreuzblütlerfamilie und verleihen der Brühe einen unangenehm schwefeligen Beigeschmack oder Geruch.

GEMÜSEBRÜHE
– für 4 bis 6 Portionen –

sehr bekömmlich	0, A, B, AB	neutral	–	zu vermeiden	–

1 große, gelbe Zwiebel, geviertelt
2 Möhren, gewaschen, geputzt, gestückelt
2 Stangen Staudensellerie, gewaschen und geschnitten
Petersilienstengel
Knoblauchschalen
Apfelschalen und -kerngehäuse
Pilzstiele (soweit erlaubt)
Pastinaken
Porree

Einen 5- bis 6-Liter-Topf zu Dreivierteln mit Wasser füllen und dieses zum Kochen bringen. Sämtliche Gemüse und Kräuter hineingeben und 40 Minuten sachte köcheln lassen. Die Brühe nach dem Auskühlen durchseihen und im Kühlschrank aufbewahren oder einfrieren.

Anders als Putenfleischbrühe, die stundenlang vor sich hinköcheln muß, um ihr volles Aroma zu entwickeln, benötigt Gemüsebrühe nur 40 Minuten. Sie besitzt einen »lieblichen«, unverfälschten Geschmack und ist reich an Nährstoffen. Verwenden Sie aber keine Kreuzblütlergemüse, wie Brokkoli, Rosenkohl oder Blumenkohl, weil diese Sorten zu stark vorschmecken.

APFEL-CURRY-LAMMEINTOPF (Resteverwertung)
– für 3 bis 4 Portionen –

sehr bekömmlich	0, B, AB	neutral	–	zu vermeiden	A

60 ml Rapsöl (B-Typ: Olivenöl)
2 mittelgroße Äpfel, gewaschen, geviertelt, entkernt und in Stücke geschnitten
2 Stangen Staudensellerie, gewaschen und in Scheiben geschnitten
1 große Zwiebel, geschält und gewürfelt
2 EL Currypulver
1 EL gemahlener Kreuzkümmel
½ TL Cayennepfeffer (nur 0- und B-Typ)
2 EL Dinkelmehl
250 ml Reis- oder Mandelmilch
450 g kaltes, gegartes Lammfleisch ohne Fett (Bratenrest), in mundgerechte Stücke geschnitten
40 g Rosinen
Salz

In einer großen, schweren Kasserolle das Öl bei mittlerer Temperatur erhitzen. Äpfel, Staudensellerie und Zwiebel hineingeben und so lange dünsten, bis sie zusammenfallen. Die Gewürze hinzufügen und alles gut durchmischen. Nach 2 Minuten das Mehl zugeben und das Ganze weitere 5 Minuten dünsten. Die Mischung ist etwas klebrig, aber das Mehl so gut wie möglich unterrühren und darauf achten, daß es nicht anbrennt. Reis- beziehungsweise

Mandelmilch zugießen, Lammfleisch und Rosinen hineingeben und sorgsam umrühren. Den Eintopf 30 Minuten lang köcheln lassen und bei Bedarf etwas Wasser oder Hühnerbrühe angießen. Mit Salz abschmecken und den Eintopf mit Basmatireis, Chutney und anderen Würzsaucen servieren.

WILD-EINTOPF
– für 4 bis 5 Portionen –

sehr bekömmlich	0, B	neutral	–	zu vermeiden	A, AB

0,6 bis 1 kg Wildbret
1 faustgroße Zwiebel, in Stücke geschnitten
Rotwein nach Bedarf
5 Wacholderbeeren
2 Lorbeerblätter
2 EL Olivenöl
1 Zwiebel, gewürfelt
2 Möhren, geschält und in Scheiben geschnitten
1 kleine weiße Rübe, in Scheiben geschnitten
2 Stangen Staudensellerie, in Scheiben geschnitten
1 kleine Pastinake, geschält und in Scheiben geschnitten
250 g Pilze (soweit erlaubt)

Das Wildbret in mundgerechte Stücke schneiden und in eine Keramikschüssel legen, die Zwiebel darüber verteilen und so viel Wein darübergießen, daß das Fleisch bedeckt ist. Wacholderbeeren und Lorbeerblätter zugeben, die Schüssel mit Frischhaltefolie abdecken und 1 bis 2 Tage in den Kühlschrank stellen.
Nach dem Beizen den Wein abseihen, beiseite stellen und Zwiebel, Wacholderbeeren und Lorbeerblätter wegwerfen. In einer schweren Kasserolle, in der Fleisch, Gemüse und Wein Platz haben, das Öl bei mittlerer Temperatur erhitzen und die gewürfelte Zwiebel darin goldbraun braten. Nur soviel Fleisch in die Kasserolle geben, wie nebeneinander Platz hat, und rasch von allen Seiten bräunen; falls erforderlich, das Fleisch in mehreren Partien anbraten. Den Wein zugießen und zum Kochen bringen. Die Wärmezufuhr drosseln und das Fleisch 45 Minuten bis 1 Stun-

de köcheln lassen. Möhren, Rübe, Staudensellerie und Pastinake hineingeben und das Gemüse bißfest garen. Abschließend die Pilze hinzufügen und in wenigen Minuten weichgaren.

Wild besitzt einen hohen Nährwert, hat fast kein Fett und gewinnt zusätzlich an Wohlgeschmack, wenn man das Fleisch 1 oder 2 Tage in eine Marinade aus Wein und Gewürzen einlegt.

RINDEREINTOPF MIT GRÜNEN BOHNEN UND MÖHREN
– für 6 Portionen –

sehr bekömmlich	0	neutral	B	zu vermeiden	A, AB

900 g Rindfleisch zum Schmoren, in ca. 2,5 cm große Würfel geschnitten
30 g Dinkelmehl (zum Stäuben des Fleisches)
3 EL Olivenöl
1 EL gemahlener Kreuzkümmel
½ EL gemahlene Kombualgen
1 EL Chilipulver
1 TL Salz
85 ml Rotwein
½ bis ¾ l Brühe (Hühner-, Gemüse- oder Fleischbrühe)
1 EL Knoblauch-Schalotten-Mischung (siehe Seite 257), oder
1 mittelgroße Zwiebel + 2 Knoblauchzehen, gehackt
4 dünne Möhren, geschält und schräg in Scheiben geschnitten
450 g grüne Bohnen

Das Fleisch gänzlich von Fett befreien, in Mehl wenden und überschüssiges Mehl abklopfen. In einem großen Topf das Öl bei mittlerer Temperatur erhitzen und das Rindfleisch in zwei Partien von allen Seiten anbraten. Sobald die zweite Portion fast durchgebraten ist, die erste Partie Fleisch zusammen mit sämtlichen Gewürzen und dem Salz wieder in den Topf geben, 5 Minuten bei schwacher Hitze weiterbraten und dann mit Wein ablöschen. ½ l Brühe zugießen und die Knoblauch-Schalotten-Mischung beziehungsweise das Gemisch aus gehackter Zwiebel und Knoblauch unterrühren. Den Deckel auflegen und den Eintopf 1 Stunde köcheln lassen; dazwischen hin und wieder nachsehen und bei Bedarf etwas Flüssigkeit zugießen. Die Möhren hineingeben, den Deckel wieder auflegen und den Eintopf weitere 30 Minuten beziehungsweise so lange köcheln lassen, bis die Möhren weich sind. Zum Schluß die grünen Bohnen hinzufügen und in 10 bis 15 Minuten weichgaren. Als Beilage mit Butter angerichtete Reisnudeln oder Reis und selbstgebackenes Brot reichen.

Das Schöne an Eintöpfen ist, daß man bei Zutaten und Gewürzen nach Belieben variieren kann. Bei diesem Gericht können Sie zum Schluß noch eine Handvoll Pilze hinzufügen (getrocknete Pilze gibt man schon mit den Möhren in den Topf), und anstelle der gemahlenen Gewürze Kräuter wie beispielsweise Thymian, Oregano und Rosmarin nehmen. Ersetzt man das Rindfleisch durch Lammfleisch, ist der Eintopf auch für den B-Typ und ohne Chilipulver überdies noch für den AB-Typ sehr bekömmlich.

KALBFLEISCH-EINTOPF MIT FENCHEL
– für 4 bis 6 Portionen –

sehr bekömmlich	0	neutral	B	zu vermeiden	A, AB

900 g Kalbfleisch ohne Fett, in Würfel geschnitten
60 g Dinkelmehl
60 ml Olivenöl
1 mittelgroße Zwiebel, gewürfelt
1 mittelgroße Fenchelknolle, in Scheiben geschnitten
3 EL frische Petersilie, gehackt
1 TL Salz
60 ml Weißwein
½ bis ¾ l Brühe (je nach Typ)

Das Kalbfleisch in Dinkelmehl wälzen und überschüssiges Mehl abklopfen. In einer großen, schweren Kasserolle das Öl bei mittlerer Temperatur erhitzen und das Fleisch in mehreren Portionen anbraten; dazwischen einmal wenden. Nach dem Anbraten das Fleisch in einen großen Schmortopf geben. Zwiebel und Fenchel in der Kasserolle goldbraun braten, Petersilie und Salz hinzufügen und alles gut durchmischen. Die Mischung mit Wein ablöschen und in den Schmortopf geben. Die Brühe zugießen und bis zum Siedepunkt erhitzen. Auf schwache Hitze herunterschalten, den Deckel auflegen und den Eintopf 1½ Stunden knapp am Siedepunkt garen, aber nicht kochen, weil das Fleisch sonst zäh wird.

Fenchel zählt zur Familie der Knollengemüse und gilt als harntreibend, krampflösend und anregend. Überdies wirkt er schleimlösend, beugt gegen Blähungen vor und übt bei Magenbeschwerden einen beruhigenden Einfluß aus. Fenchel kann roh oder gegart gegessen werden und verträgt sich gut mit Zwiebel und Petersilie.

SUPPE MIT PUTENFLEISCH
– für 4 bis 6 Portionen –

sehr bekömmlich	AB	neutral	0, A, B	zu vermeiden	–

2 l Putenfleischbrühe
2 Möhren, klein gewürfelt
2 Stangen Staudensellerie, klein gewürfelt
1 Frühlingszwiebel, in Röllchen geschnitten (nach Belieben)
150 g Putenfleisch (gebraten oder gekocht), in Stückchen zerzupft
100 g Nudeln (aus Reis- oder Dinkelmehl)
1 EL Salz

In einem großen Topf die Brühe bis zum Siedepunkt erhitzen. Möhren und Staudensellerie hineingeben und etwa 20 Minuten beziehungsweise so lange garen, bis das Gemüse weich ist. Frühlingszwiebeln, Putenfleisch und Nudeln zugeben und die Suppe weitere 10 Minuten beziehungsweise so lange weiterköcheln lassen, bis die Nudeln weich, aber noch bißfest sind.

WURZELGEMÜSESUPPE
– für 10 bis 12 Portionen –

sehr bekömmlich	0, A	neutral	B, AB	zu vermeiden	–

2 EL Olivenöl
1 Stange Porree, kleingeschnitten, oder 1 große Zwiebel, gewürfelt
2 Knoblauchzehen, leicht zerdrückt und geschält
100 g weiße Rüben oder gelbe Kohlrüben, gewürfelt
100 g Möhren, gewürfelt
100 g Pastinaken, gewürfelt
ca. 2 l kochendes Wasser (oder soviel, daß das Gemüse 2 Finger hoch bedeckt ist)
Salz
Lorbeerblatt
1 Handvoll frische Petersilie, gehackt

In einer schweren Kasserolle das Öl bei mittlerer Temperatur erhitzen. Zwiebel beziehungsweise Porree und den Knoblauch hineingeben und etwa 5 Minuten beziehungsweise so lange anbraten, bis das Aroma aufsteigt. Zunächst die Rüben (als härtestes Gemüse) dazugeben und mehrere Minuten im Öl wenden. Möhren und Pastinaken hinzufügen und alles einige Minuten durchmischen. Anschließend das Gemüse 2 bis 3 cm hoch mit kochendem Wasser bedecken, Salz und Lorbeerblatt hineingeben und die Suppe mindestens 45 Minuten beziehungsweise so lange köcheln lassen, bis das Gemüse weich ist. Das Lorbeerblatt herausfischen und das Wurzelgemüse entweder mit einem Kartoffelstampfer grob zerdrücken oder mit einem Pürierstab oder im Mixer kurz »anpürieren«, so daß es noch Biß hat. Die Suppe mit Petersilie bestreuen.
Gemischtes Wurzelgemüse, in Wasser oder Putenfleischbrühe gegart, ergibt eine herzhafte Suppe und – mit 1 oder 2 Scheiben krustigem Dinkelbrot serviert – eine sättigende Abendmahlzeit. Achten Sie darauf, alle Gemüse in etwa gleich groß zu schneiden, damit sie gleichzeitig gar werden. Nach Belieben kann sich jeder Esser seine Suppe mit etwas geriebenem Käse bestreuen.

MISO-GEMÜSE-SUPPE
– für 6 bis 8 Portionen –

sehr bekömmlich	A	neutral	0	zu vermeiden	B, AB

1 EL Olivenöl
1 große Knoblauchzehe, fein gehackt
1 mittelgroße Zwiebel, grob gehackt
1 Stange Staudensellerie, kleingeschnitten
300 g Brokkoli, in kleine Stücke geschnitten
1 l kochendes Wasser
2 EL helle helle Miso-Paste
2 EL Tahini (Sesampaste)
Salz und Pfeffer

Im Suppentopf das Olivenöl zusammen mit Knoblauch, Zwiebel und Staudensellerie bei mittlerer Temperatur erhitzen und unter ständigem Rühren die Zwiebel glasig werden lassen. Den Brokkoli hinzufügen und etwa 2 Minuten beziehungsweise so lange umrühren, bis er anfängt, zusammenzufallen. ½ l kochendes Wasser angießen, die Miso-Paste hinzufügen und sorgsam umrühren. Den restlichen halben Liter Wasser dazugeben, die Suppe zum Kochen bringen und 1 Minute brodeln lassen. Tahini (Sesampaste) hinzufügen und die Mischung mit dem Pürierstab zu einer sämigen Suppe pürieren. Ist kein Pürierstab vorhanden, die Suppe – falls erforderlich in zwei Portionen – samt Tahini im Mixer pürieren, nach Belieben mit Salz und Pfeffer abschmecken und sofort servieren.

KIRSCHEN-JOGHURT-SUPPE
– für 8 Portionen –

sehr bekömmlich	B, AB	neutral	A	zu vermeiden	0

450 g Kirschen, entsteint
3 EL Zucker
3 Stückchen (2–3 cm) Orangenschale (A- und AB-Typ: Zitronenschale)
2 Gewürznelken
¾ l Wasser
500 g Joghurt
1 Bund frische Minze zum Garnieren

Kirschen, Zucker, Orangen- beziehungsweise Zitronenschale und Gewürznelken in das Wasser geben und dieses bis knapp zum Siedepunkt erhitzen. Die Kirschen 8 bis 10 Minuten lang behutsam garziehen lassen. Gewürznelken und Orangen- beziehungsweise Zitronenschalen herausfischen und die Kirschen in der Suppe grob zerkleinern. Die Suppe auskühlen lassen, den Joghurt sorgsam unterrühren und mit Minzeblättchen garnieren.

BOHNENCREME-SUPPE
– für 4 bis 6 Portionen –

sehr bekömmlich	–	neutral	B	zu vermeiden	0, A, AB

1 EL Butter
1 kleine Zwiebel, gehackt
½ l fettarme Milch
350 g frische oder 1 Packung tiefgekühlte oder 350 g Limabohnen aus der Dose, abgetropft
Salz
3 EL frische Petersilie, gehackt, zum Garnieren

In einem Edelstahltopf die Butter bei niedriger Temperatur erhitzen. Die Zwiebel hineingeben und glasig anschwitzen. Milch und Bohnen hinzufügen und zum Kochen bringen. Die Wärmezufuhr drosseln und die Bohnen sachte köcheln lassen, bis sie weich sind. Frische oder tiefgekühlte Limabohnen brauchen etwa 5 bis 7 Minuten. Sobald die Bohnen gar sind, die Mischung in einem Mixer oder mit dem Pürierstab zu einer sämigen Suppe pürieren. Mit Salz abschmecken und gehackter Petersilie garnieren.
Mit tiefgekühlten oder frischen Limabohnen ist diese blaßgrüne, cremige Suppe rascher zubereitet als mit getrockneten Bohnenkernen, die lange eingeweicht werden müssen. Die Suppe enthält etwas Protein und ergibt – mit selbstgebackenem Brot und einem Stückchen Ziegenkäse serviert – eine sättigende Mahlzeit.

ROTE LINSEN-SUPPE MIT CURRY
– für 4 bis 6 Portionen –

sehr bekömmlich	A	neutral	AB	zu vermeiden	0, B

2 EL Olivenöl
1 mittelgroße Zwiebel, gehackt
2 Knoblauchzehen, gehackt
2 EL mildes Currypulver, beziehungsweise nach Geschmack
2 TL Kreuzkümmel
1¼ bis 1½ l Wasser
250 g rote Linsen, verlesen und unter fließendem Wasser abgespült
1 TL Salz
2 EL frisches Basilikum, gehackt

Das Öl in einem schweren Suppentopf bei mittlerer Temperatur erhitzen, Zwiebel und Knoblauch hineingeben und einige Augenblicke durchrühren. Currypulver und Kreuzkümmel hinzufügen und die Gewürze unter ständigem Rühren mehrere Minuten lang rösten. Das Wasser in den Topf geben, zum Kochen bringen und die Linsen einstreuen. Sobald das Wasser wieder kocht, die Wärmezufuhr drosseln, den Deckel auflegen, aber einen Spalt offen lassen und die Linsen 15 bis 20 Minuten beziehungsweise so lange köcheln lassen, bis sie weich sind. Die gegarten Linsen mit Salz abschmecken und vor dem Auftragen mit Basilikum bestreuen.

Linsen stammen ursprünglich aus dem Mittleren Osten und werden heute vor allem in Indien in Dutzenden von Varietäten angebaut. Am bekanntesten in der westlichen Küche sind braune, rote und grüne Linsen. Mit ihrem milden Geschmack eignen sie sich für vielerlei Formen der Zubereitung. Das kräftige Orange roter Linsen geht beim Kochen leider verloren. Anders als Bohnen müssen Linsen nicht eingeweicht werden, und damit ist diese Suppe innerhalb von 30 bis 40 Minuten tischfertig. Verlesen Sie die Linsen vor dem Kochen sorgfältig und achten Sie auf winzige Steinchen. Als Beilage empfiehlt sich gedünstetes Blattgemüse und Reis.

GURKEN-JOGHURT-SUPPE
– für 2 Portionen –

sehr bekömmlich	B, AB	neutral	A	zu vermeiden	0

1 Gurke
250 g Joghurt
Saft von 1 Zitrone
1 Prise Salz
2 EL frischer Dill
Dillspitzen zum Garnieren

Die Gurken nicht schälen – es sei denn, die Schale ist zu hart oder mit Wachs behandelt –, grob würfeln und zusammen mit Joghurt, Dill, Zitronensaft und Salz im Mixer zu einer fast glatten Masse pürieren. Die Suppe in eine Servierschüssel füllen und mit einigen frischen Dillspitzen garnieren. Ist sie zu dickflüssig, mit Wasser auf die gewünschte Konsistenz verdünnen.

BOHNEN-KÜRBIS-SUPPE
– für 4 bis 6 Portionen –

sehr bekömmlich	0, A, B, AB	neutral	–	zu vermeiden	–

2 EL Olivenöl
2 mittelgroße Stangen Porree, sorgfältig gewaschen und in dünne Scheiben geschnitten
2 große Knoblauchzehen, gehackt
1½ l Wasser
1 kleiner Sommerkürbis (Ø 15–20 cm), geschält und in 2–3 cm große Stücke geschnitten
1 Dose Adzukibohnen, abgetropft und unter fließendem Wasser abgespült
1 Handvoll frische Petersilie, gehackt
Salz

In einem schweren Topf das Öl bei mittlerer Temperatur erhitzen. Porree und Knoblauch hineingeben, sorgfältig mit dem Öl verrühren und einige Minuten braten, bis sie anfangen, Farbe anzunehmen. Soviel Wasser zugießen, daß das Gemüse bedeckt ist, und zum Kochen bringen. Die Wärmezufuhr drosseln und die Porree-

Knoblauch-Mischung 10 Minuten köcheln lassen. Mittlerweile den Kürbis vorbereiten, dann auch in den Topf geben, mit Wasser bedecken und zum Kochen bringen. Auf niedrige Temperatur herunterschalten und den Kürbis je nach Sorte 15 bis 20 Minuten beziehungsweise so lange garziehen lassen, bis er weich ist. Die abgetropften Bohnen unterheben und durchwärmen. Zum Schluß die Petersilie hinzufügen und die Suppe mit Salz abschmecken.

Mit Gartenkürbis zubereitet, ist diese köstliche Suppe für den 0- und A-Typ sehr bekömmlich. Und dasselbe gilt für Typ AB, wenn Sie die Adzukibohnen durch Perlbohnen ersetzen.

WALNUSSCREME-SUPPE
– für 4 bis 6 Portionen –

sehr bekömmlich	0, A, AB	neutral	–	zu vermeiden	B

1 Knoblauchzehe, geschält
180 g Walnußkerne
¾ l selbstgemachte Putenfleischbrühe
125 ml trockener Weißwein
125 ml Soja-, Reis- oder Mandelmilch
Salz
Pfeffer
3 Frühlingszwiebeln, in dünne Röllchen geschnitten

Den Knoblauch im Mixer pürieren. Die Walnüsse hineingeben und unter Zugabe von ½ l Putenfleischbrühe gleichfalls pürieren. Die Mischung zusammen mit der restlichen Brühe in einen Topf füllen, Wein und Sojamilch zugießen und durchwärmen. Die Suppe mit Salz und Pfeffer abschmecken und vor dem Servieren mit Frühlingszwiebeln bestreuen.

GERSTENSUPPE MIT CHAMPIGNONS UND SPINAT
– für 4 Portionen –

sehr bekömmlich	–	neutral	0, A, AB	zu vermeiden	B

1 EL Olivenöl
1 kleine Zwiebel, gewürfelt
90 g Gerstenkörner (ungekocht)
1 EL Sherry
1 großer oder 2 mittelgroße Champignons, halbiert und in Scheiben geschnitten
2 l Putenfleisch- oder Gemüsebrühe (nach Belieben auch Wasser, aber dies geht auf Kosten des vollen Geschmacks)
1 TL Salz
2 Handvoll frischer Spinat, gewaschen; die Stiele klein geschnitten oder gehackt

Das Öl in einem großen Topf bei mittlerer Temperatur erhitzen, die Zwiebel hineingeben und 2 Minuten lang glasig anschwitzen. Die Gerste dazugeben, sorgsam umrühren und 2 Minuten anrösten. Sherry und Champignons hinzufügen und umrühren. Den Deckel auflegen, die Wärmezufuhr drosseln und alles 2 Minuten schmoren. Sobald die Pilze weich sind, die Brühe zugießen und zum Kochen bringen. Auf schwache Hitze herunterschalten und die Suppe 45 bis 50 Minuten köcheln lassen. Mit Salz abschmecken und zum Schluß den Spinat hineingeben; er fällt sehr schnell zusammen.

Der Spinat sollte so frisch wie möglich sein und wird erst ganz zum Schluß zugegeben; die Blätter sind dann noch grün und nur wenig zusammengefallen.

WILDREISSUPPE MIT PILZEN
– für 4 bis 6 Portionen –

sehr bekömmlich	A	neutral	0, AB	zu vermeiden	B

500 g frische Pilze (Champignons, Abalone- oder Austernpilze), oder 120 g getrocknete Pilze, in Wasser aufgequollen
6 EL Butter (0-Typ) oder Rapsöl-Margarine (A-Typ) oder 4 EL Olivenöl
2 Stangen Porree, sorgfältig gewaschen und fein gehackt
½ Knoblauchzehe, gehackt
40 g Dinkelmehl
2 l Hühnerbrühe
125 ml trockener Weißwein (nach Belieben)
180 g Wildreis
1 l Wasser zum Reiskochen
60 ml Sherry (nach Belieben)
1 Zweiglein frischer Thymian
Salz

Getrocknete Pilze in Wasser einweichen und aufquellen lassen, abgießen und hacken; das Einweichwasser aufheben. In einem Suppentopf Butter oder Rapsölmargarine zergehen lassen beziehungsweise das Olivenöl erhitzen, Porree und Knoblauch hineingeben und 1 Minute anbraten. Die Pilze dazugeben, 2 Minuten braten, dann das Mehl darüberstäuben und 2 Minuten lang sorgsam umrühren. In der Zwischenzeit die Hühnerbrühe erwärmen und unter ständigem Schlagen mit dem Schneebesen nach und nach in den Topf gießen. Danach den Wein zugeben. Beim Angießen von Brühe und Wein langsam und schrittweise vorgehen, damit sich keine Klümpchen bilden. Die Suppe 1 Stunde köcheln lassen. Mittlerweile in einem zweiten Topf den Wildreis in reichlich Wasser bißfest garen, nach dem Abgießen in die köchelnde Suppe geben und 30 Minuten mitkochen lassen. Sherry und Thymian hinzufügen, die Suppe nochmals 5 Minuten ziehen lassen und mit Salz abschmecken.

KUBANISCHE SCHWARZBOHNEN-SUPPE
– für 6 bis 8 Portionen –

sehr bekömmlich	A	neutral	0	zu vermeiden	B, AB

250 g Schwarze Bohnenkerne oder 2 Dosen Schwarze Bohnen, abgetropft und unter fließendem Wasser abgespült
1 Zwiebel, geschält und gehackt
2 Knoblauchzehen, leicht zerdrückt und geschält
1 bis 1¼ l Hühner- oder Gemüsebrühe
Saft von 2 Zitronen
2 TL Salz
Zitronenscheiben oder Joghurt (nur A-Typ) zum Garnieren

Die Bohnenkerne waschen, in reichlich Wasser (3- bis 4fache Menge der Bohnenkerne) einweichen und mindestens 8 Stunden oder über Nacht in den Kühlschrank stellen. Die gequollenen Bohnenkerne abtropfen lassen und unter fließendem Wasser abspülen. Bohnen, Zwiebel, Knoblauch und Brühe in einen großen Topf geben und die Bohnen bei schwacher Hitze langsam etwa 1 Stunde beziehungsweise so lange garen, bis sie sehr weich sind. Die Bohnen etwas auskühlen lassen, mit dem Pürierstab oder im Mixer portionsweise pürieren und soviel Flüssigkeit aus dem Topf zugießen, bis die gewünschte Konsistenz erreicht ist. Den Zitronensaft unterrühren und mit Salz abschmecken. Die Suppe mit einer Zitronenscheibe garniert sofort auftragen oder auskühlen lassen, in den Kühlschrank stellen und kalt mit einem Joghurthäubchen verziert (nur A-Typ) servieren.
Diese dicke Bohnensuppe mit ihrem feinen Zitronengeschmack können Sie heiß oder kalt auf den Tisch bringen. Anstelle getrockneter Bohnenkerne kann man auch ohne weiteres Schwarze Bohnen aus der Dose verwenden; damit ist die Suppe rascher zubereitet.

FISCHSUPPE
– für 4 bis 6 Portionen –

| sehr bekömmlich | A, B, AB | neutral | 0 | zu vermeiden | – |

1 EL Olivenöl
1 Möhre, klein gewürfelt
2 kleine Stangen Staudensellerie, klein gewürfelt
1 kleine Zwiebel, klein gewürfelt
1 EL Sherry (nach Belieben)
1 l Wasser
350 g Zackenbarsch, in 2–3 cm große Stücke geschnitten
2 EL frische Petersilie, gehackt

Das Öl in einem Topf bei mittlerer Temperatur erhitzen. Möhre, Staudensellerie und Zwiebel hineingeben und einige Minuten anbraten, Wasser und Sherry zugießen und das Gemüse etwa 10 Minuten beziehungsweise so lange garen, bis es weich ist. Den Fisch zugeben und einige Minuten lang ziehen lassen, bis er durch und durch gar ist. Vor dem Servieren die Suppe mit Petersilie bestreuen.

Diese Suppe können Sie heiß oder kalt servieren. Stellen Sie dazu grünen Salat auf den Tisch, krustiges, selbstgebackenes Dinkelbrot und Käse – je nachdem, was im Rahmen der individuellen Blutgruppendiät erlaubt ist.

7 Fleisch und Geflügel

Am schmackhaftesten und auch am bekömmlichsten ist Fleisch, wenn es sehr mager und frei von sichtbarem Fett ist und auf ganz einfache Weise für sich allein oder mit Gemüse zubereitet wird. Und fehlt die Zeit für die Zubereitung einer aufwendigeren Mahlzeit, läßt sich mit einem Stück Fleisch im Handumdrehen eine Mahlzeit auf den Tisch bringen. Bei den Rezepten auf den folgenden Seiten können Sie aus einer Vielfalt von Fleischgerichten für den täglichen Speisezettel und für besondere Anlässe wählen.

Halten Sie Ausschau nach einer Quelle für Bio-Fleisch. Im Fleisch und Geflügel aus der Massentierhaltung von Großzüchtern finden sich zumeist Rückstände von Pestiziden, Unkrautvernichtungsmitteln und Kunstdünger sowie von anderen chemischen Substanzen wie Antibiotika und dergleichen mehr. Mittlerweile bemüht man sich verstärkt um die Erzeugung von Fleisch aus ökologischer, artgerechter Tierhaltung, aber all diese Bemühungen bedürfen der Unterstützung durch die Verbraucher. Je größer die Nachfrage nach Bio-Fleisch und -Geflügel, desto reichlicher wird das Angebot und desto niedriger sind die Preise.

GEKOCHTE RINDERBRUST
– für 8 Portionen –

sehr bekömmlich	O	neutral	B	zu vermeiden	A, AB

2 EL Olivenöl
1 bis 1,3 kg Rinderbrust
1 Zwiebel, gewürfelt
½ l Rotwein
2 Knoblauchzehen, leicht zerdrückt und geschält
1 TL getrockneter Thymian
3 Lorbeerblätter
½ l kochendes Wasser
Salz

Das Öl in einer schweren Kasserolle bei niedriger Temperatur erhitzen, die Rinderbrust hineingeben und von beiden Seiten anbraten. Die Zwiebel hinzufügen und goldbraun braten. Danach den Wein angießen und zum Kochen bringen. Auf schwache Hitze herunterschalten und die Rinderbrust 20 Minuten köcheln lassen. Knoblauch, Thymian und Lorbeerblätter hineingeben, das kochende Wasser zugießen und erneut zum Kochen bringen. Die Wärmezufuhr drosseln und die Rinderbrust 3 Stunden beziehungsweise so lange köcheln lassen, bis sie weich ist; dazwischen das Fleisch ein- bis zweimal wenden. Mit Salz abschmecken.

Rinderbrust braucht sehr lange, bis sie weich ist. Geben Sie nach Belieben nach zwei Dritteln der Garzeit 6 faustgroße Gemüsezwiebeln in den Topf und lassen Sie sie während der letzten Stunde mitkochen; sie verleihen dem Fleisch besonderen Wohlgeschmack.

PAPRIKAHUHN ODER -PUTE
– für 4 bis 8 Portionen –

sehr bekömmlich	AB	neutral	A, B	zu vermeiden	0

2 EL Olivenöl
1 große Gemüsezwiebel, gewürfelt
Paprikapulver
1 Huhn, in 8 Stücke zerlegt, oder 4 Putenbrüste
¼ bis ½ l Wasser oder Hühnerbrühe (B- und AB-Typ: Putenfleischbrühe)
Salz
Dinkelmehl
250 ml Sauerrahm (falls zu fett, stattdessen teilweise oder ganz abgetropften Joghurt nehmen)

Das Öl in einer großen Kasserolle erhitzen und die Zwiebel darin goldgelb anbraten. Reichlich Paprika über die Zwiebel streuen und sorgsam umrühren, damit er nicht anbrennt. Die Zwiebel beiseite schieben, die Hühnerteile in die Kasserolle geben und von einer Seite anbraten; das Fleisch wenden, die Zwiebel darüber verteilen und die Hühnerteile von der anderen Seite anbraten. Sobald sie eine sattrote Farbe angenommen haben, Wasser oder Brühe angießen und zum Kochen bringen. Mit Salz abschmecken, die Wärmezufuhr drosseln und die Hühnerteile 45 Minuten beziehungsweise so lange schmoren, bis sie durchgegart sind.

Die Geflügelteile samt Garflüssigkeit in eine Schüssel geben und beiseite stellen. 2 bis 3 EL Mehl in die Kasserolle einstreuen und nach und nach die Garflüssigkeit wieder zugeben; dabei ständig rühren, bis die Sauce eingedickt ist. Den Sauerrahm oder Joghurt unterrühren, die Geflügelteile wieder in den Topf geben und nochmals gut durchwärmen, aber nicht kochen. Das Huhn mit Nudeln oder Reis servieren.
B- und AB-Typ sollten anstelle von Huhn Putenfleisch nehmen.

HUHN NACH ITALIENISCHER ART
– für 4 bis 8 Portionen –

sehr bekömmlich	–	neutral	0, A	zu vermeiden	B, AB

3 EL Olivenöl
1 Huhn, in 8 Stücke zerlegt
2 bis 3 Knoblauchzehen, leicht zerdrückt und geschält
½ TL frischer Rosmarin, gehackt
Salz
Pfeffer
Wasser oder Hühnerbrühe

In einer schweren Schmorpfanne 1 EL Olivenöl bei niedriger Temperatur erhitzen. Die Hühnerteile hineingeben und ein paar Minuten anbraten. Sobald sie anfangen, Farbe anzunehmen, die restlichen 2 EL Olivenöl und den Knoblauch zugeben. Die Geflügelteile im Öl wenden und mit Rosmarin, Salz und Pfeffer bestreuen. ⅛ bis ¼ l Wasser oder Brühe angießen und zum Kochen bringen. Die Wärmezufuhr drosseln, den Deckel auflegen und das Huhn 35 bis 45 Minuten schmoren. Dazwischen immer wieder nachsehen, ob noch genügend Garflüssigkeit vorhanden ist, und bei Bedarf jeweils 1 bis 2 EL Wasser angießen. Sobald sich das Fleisch vom Knochen löst, die Hühnerteile auf die Teller verteilen, den Bratenrückstand in der Schmorpfanne mit einigen EL Wasser oder Wein ablöschen und als Sauce über dem Fleisch verteilen. Mit Risotto oder Pilaw und gemischtem grünen Salat servieren.

GESCHMORTES KANINCHEN
– für 3 bis 4 Portionen –

sehr bekömmlich	B, AB	neutral	0	zu vermeiden	A

2 EL Olivenöl
1 Kaninchen, in 10 bis 12 Stücke zerlegt
2 EL Butter (AB-Typ: Olivenöl)
1 große Möhre, gewürfelt
2 Knoblauchzehen, gehackt
1 Stange Staudensellerie, in dünne Scheiben geschnitten
1 mittelgroße Zwiebel, gewürfelt
375 ml Weißwein
Wasser
Salz

In einer schweren Schmorpfanne das Öl bei niedriger Temperatur erhitzen. Die Kaninchenteile hineingeben, rundum kräftig anbraten und danach auf eine Platte legen. Die Butter in der Schmorpfanne zerlassen (AB-Typ: das Olivenöl erhitzen). Möhre, Knoblauch, Staudensellerie und Zwiebel hineingeben, unter mehrmaligem Rühren goldbraun braten und beiseite schieben. Die Kaninchenteile wieder in die Pfanne legen, das Gemüse darüber verteilen und dann den Wein angießen und einige Augenblicke brodeln lassen. ¼ l beziehungsweise die zum Schmoren erforderliche Menge Wasser angießen und zum Kochen bringen. Den Deckel auflegen, die Wärmezufuhr drosseln und zwischendurch immer wieder nachsehen, ob noch genügend Garflüssigkeit vorhanden ist. Nach Geschmack Salz hinzufügen und das Kaninchen mindestens 90 Minuten oder so lange schmoren, bis das Fleisch weich ist. Als Beilage Reis servieren.

HUHN MIT SESAMSAMEN
– für 4 bis 8 Portionen –

sehr bekömmlich	–	neutral	0, A	zu vermeiden	B, AB

8 Hühnerteile oder -brüstchen am Knochen
2 EL Sojasauce oder Tamari (dunkle Sojasauce)
1 bis 2 Knoblauchzehen, leicht zerdrückt und geschält
40 g Sesamsamen

Den Backofen auf 190 °C vorheizen. Die Hühnerteile in eine Auflaufform geben, einzeln mit Sojasauce beträufeln und mit dem zerdrückten Knoblauch einreiben. Die Sesamsamen darüber verteilen, die Form in den Backofen stellen und die Hühnerteile 50 Minuten beziehungsweise so lange backen, bis das Fleisch weich ist.

Stellen Sie zu diesem einfach und rasch zubereiteten Huhn Reis oder Dinkelnudeln und grünen Salat auf den Tisch.

CURRY-LAMMKEULE VOM GRILL
– für 4 Portionen –

sehr bekömmlich	0, B, AB	neutral	–	zu vermeiden	A

2 EL Currypulver
2 EL gemahlener Kreuzkümmel
1 EL Salz
2 EL Kombualgenpulver
1 EL 5-Gewürze-Mischung
1 Lammkeule, ausgelöst, an den dicken Stellen der Innenseite 1 bis 2 cm tief eingeschnitten

Die Gewürze miteinander vermengen, die Lammkeule rundum damit einreiben und 1 Stunde ruhen lassen. Den Grill anheizen und das Fleisch von beiden Seiten jeweils entweder 20 Minuten (medium rare = blutig) oder 25 bis 30 Minuten (well done = durchgebraten) grillen. Die Lammkeule vom Grill nehmen, 10 Minuten ruhen lassen und dann in dünne Scheiben aufschneiden.

Lammfleisch ist ungemein schmackhaft und zudem sehr mager.

Für eine vierköpfige Familie ergibt eine Lammkeule ohne weiteres zwei Mahlzeiten. Als Beilage für dieses Gericht eignen sich Gemüsesorten wie Sommerkürbis, Paprikaschoten, Auberginen, Süßkartoffeln, Zwiebeln usw. – je nachdem, was die individuelle Blutgruppendiät erlaubt. Grillen Sie das Gemüse ebenfalls, sparen Sie dabei nicht an Olivenöl und achten Sie darauf, daß nichts verbrennt.

GEGRILLTE LAMMKOTELETTS
– für 1 Portion –

sehr bekömmlich	0, B, AB	neutral	–	zu vermeiden	A

2 bis 3 Lammkoteletts pro Person
1 große Knoblauchzehe, geschält und auseinandergeschnitten
Pro Portion: 1 EL frischer Rosmarin mit Salz vermischt
Olivenöl

Den Backofengrill vorheizen und für das Einschubgitter eine Höhe wählen, daß die Koteletts etwa 8 bis 12 cm von der Wärmequelle entfernt sind. Die Koteletts von überschüssigem Fett befreien und in eine feuerfeste Form legen. Das Fleisch zunächst mit Knoblauch, dann mit der Rosmarin-Salz-Mischung einreiben und einige TL Olivenöl darüber verteilen. Die Lammkoteletts einmal wenden, damit sie beidseitig mit Öl überzogen sind, unter den Grill schieben und von beiden Seiten jeweils 5 bis 7 Minuten grillen beziehungsweise so lange, bis das Fleisch gut gebräunt ist. Als Beilage Süßkartoffelpüree und gedünstetes Blattgemüse reichen.
Lammkoteletts sind sehr schnell und einfach zuzubereiten. Rippenkoteletts haben etwas mehr Fett und weniger Fleisch, sind aber sehr schmackhaft. Lendenkoteletts sind meist kleiner, dafür aber fleischiger und weniger fett.

LAMMKOTELETTS IN TAMARI-SENF-MARINADE
– für 6 bis 8 Portionen –

sehr bekömmlich	0, B, AB	neutral	–	zu vermeiden	A

6 bis 8 Lammkoteletts aus der Lende, doppelt geschnitten, oder
1 Lammkeule, ausgelöst, an den dicken Stellen der Innenseite 1 bis 2 cm tief eingeschnitten
Tamari-Senf-Marinade

Das Lammfleisch mit der Tamari-Senf-Marinade bestreichen und 1 bis 2 Stunden einziehen lassen. Den Grill anheizen und die Lammkoteletts bei Mittelhitze von beiden Seiten jeweils 15 Minuten grillen. Die Lammkeule von beiden Seiten jeweils 30 bis 35 Minuten grillen und vor dem Servieren 10 Minuten ruhen lassen.
Die Marinade eignet sich auch für eine Lammkeule.

TAMARI-SENF-MARINADE
– ergibt ca 185 ml Marinade –

60 ml Tamari (dunkle Sojasauce)
2 EL Dijon-Senf oder Senfpulver
1 EL Honig
2 Knoblauchzehen, gehackt
Saft und Schale von 1 Zitrone
1 EL Ingwer, gemahlen
1 EL Kreuzkümmel, gemahlen
2 EL Olivenöl (0-Typ: nach Belieben auch Sesamöl)

Sämtliche Zutaten miteinander vermengen und luftdicht verschlossen im Kühlschrank aufbewahren.
Mit dieser Marinade können Sie auch Geflügelteile vor dem Grillen oder Garen im Backofen bestreichen. Ebensogut paßt sie auch zu Thunfischsteaks.

HÜHNERBRUST-STICKS IN ERDNUSS- ODER MANDELPANADE
– für 6 bis 8 Portionen –

sehr bekömmlich	–	neutral	0, A	zu vermeiden	B, AB

900 g Hühnerbrust ohne Knochen
280 g Erdnüsse oder Mandeln, geröstet und ungesalzen
Ananas-Chutney-Joghurt-Sauce (siehe Seite 253)
Kopfsalat, in feine Streifen geschnitten (nach Belieben)

Die Hühnerbrüstchen pochieren, nach dem Auskühlen und Abtropfen in fingerlange Streifen schneiden und beiseite stellen. Die Erdnüsse beziehungsweise Mandeln ohne Fett in eine Pfanne geben, bei Mittelhitze unter ständigem Rühren einige Minuten rösten und dabei sorgsam darauf achten, daß sie nicht anbrennen. Nach dem Auskühlen die Erdnüsse (oder Mandeln) in einer Küchenmaschine oder einem Mixer durch wechselweises Ein- und Ausschalten fein hacken. Die Hühnerbruststreifen einzeln in die Sauce tauchen, in den gehackten Erdnüssen (oder Mandeln) wälzen und auf einer mit Kopfsalatblättern belegten Platte gefällig anrichten.
0-Typen sollten Mandeln, A-Typen hingegen Erdnüsse nehmen.

RINDERTOPF NACH YANKEE-ART
– für 4 bis 6 Portionen –

sehr bekömmlich	0	neutral	B	zu vermeiden	A, AB

60 ml Rapsöl oder Olivenöl zum Anbraten
1,3 bis 1,8 kg Rinderkamm
1 l Hühner-, Fleisch- oder Gemüsebrühe oder Wasser
je 1 Zweiglein frischen Rosmarin, Majoran und Thymian
1 Lorbeerblatt
2 Möhren
2 Stangen Staudensellerie
1 große Zwiebel
1 Süßkartoffel

In einem großen Topf das Öl bei mittlerer bis hoher Temperatur 1 Minute lang erhitzen, das Fleisch hineingeben und rundum kräftig anbraten. Die Brühe samt Kräutern und Salz zugeben und zum Kochen bringen. Die Wärmezufuhr drosseln und das Fleisch 1 bis 1½ Stunden sieden. Das mittlerweile geputzte und in kleinere Stücke geschnittene Gemüse in den Topf geben und nach weiteren 45 bis 60 Minuten durch Einstechen mit einer Gabel testen, ob das Fleisch weich ist. Falls erforderlich, das Fleisch nochmals 20 bis 30 Minuten beziehungsweise so lange köcheln lassen, bis es weich ist. Vor dem Auftragen die Garflüssigkeit abgießen und den Rindertopf mit Dinkelnudeln servieren.

Die optimale Zubereitungsmethode für Rinderkamm ist langes, langsames Sieden. Im übrigen läßt sich dieses Gericht sehr gut einen Tag im voraus zubereiten und über Nacht in den Kühlschrank stellen. In dieser Zeit verfestigt sich zudem das Fett an der Oberfläche und kann mühelos entfernt werden.

Meiden Sie bei Verwendung von Bouillonwürfeln Produkte, die Natriumglutamat (Geschmacksverstärker) enthalten und lesen Sie deshalb die Packungsaufschrift aufmerksam durch. Und nehmen Sie zum Garen Wasser, geben Sie einfach etwas mehr Gemüse hinein, z. B. Zucchini oder Kürbis, dazu Porree und Knoblauch.

HACKBRATEN
– für 4 Portionen –

sehr bekömmlich	0	neutral	–	zu vermeiden	A, B, AB

1 Ei
250 ml Sojamilch oder Hühnerbrühe
3 Scheiben altbackenes Brot (Essener oder Dinkelbrot)
450 g Rinderhackfleisch
450 g Putenhackfleisch
2 EL Kombualgenpulver
1 EL Kreuzkümmel, gemahlen
2 EL Tamari-Sauce
3 EL Tomatenmark

In einer großen Schüssel das Ei verschlagen, mit der Sojamilch oder Hühnerbrühe vermengen und das in Würfel geschnittene, altbackene Brot darin einweichen. Die restlichen Zutaten hineingeben und miteinander vermengen. Den Backofen auf 190 °C vorheizen. Aus dem Fleischteig einen länglichen Laib formen und auf einem Backblech mit höherem Rand 1¼ Stunden beziehungsweise so lange backen, bis der austretende Fleischsaft klar bleibt. Den fertigen Hackbraten 10 Minuten ruhen lassen, in 2 bis 3 cm dicke Scheiben schneiden und mit Dinkelnudeln servieren.

LAMM-SPIESSE
– für 4 bis 6 Portionen –

sehr bekömmlich	0, B, AB	neutral	–	zu vermeiden	A

900 g Lammfleisch aus der Keule, gewürfelt
Tamari-Limetten-Marinade (siehe nächste Seite)

Das Lammfleisch in die Marinade einlegen und einige Stunden bis mehrere Tage in den Kühlschrank stellen. Vor dem Grillen den Blutgruppen entsprechend folgende Gemüsesorten vorbereiten:

0- und B-Typ
2 rote Paprikaschoten, in 5 cm-Quadrate geschnitten
1 große Zwiebel, geviertelt
1 Zucchini, in 2-3 cm dicke Scheiben geschnitten

AB-Typ
1 Aubergine, in 5 cm-Quadrate geschnitten
1 große Zwiebel, geviertelt
12 kleine, ganze Pilze

Den Grill anheizen. Fleisch und Gemüse abwechselnd auf lange Edelstahlspieße aufstecken. Pro Spieß rechnet man etwa 4 Fleischstücke und Gemüse nach Belieben; je mehr, desto besser. Die Spieße bei mittlerer bis starker Hitze unter häufigem Wenden etwa 20 Minuten grillen, mit Reis oder einer Dinkelpita servieren und für Typ B und AB Gurken-Joghurt-Sauce (siehe Seite 252) oder Ananas-Chutney-Joghurt-Sauce (siehe Seite 253) auf den Tisch stellen.

TAMARI-LIMETTEN-MARINADE

3 EL Knoblauch-Schalotten-Mischung (siehe Seite 257)
60 ml Olivenöl
2 EL Tamari-Sauce
Saft von 1 Limette
1 EL Kreuzkümmel, gemahlen

Sämtliche Zutaten miteinander vermengen. Die Marinade ist allen Blutgruppen zuträglich.

LEBER MIT ZWIEBELN
– für 4 bis 5 Portionen –

sehr bekömmlich	0	neutral	B, AB	zu vermeiden	A

2 EL + 60 ml geklärte Butter oder Olivenöl (je nach Typ)
1 große Zwiebel, geschält und in dünne Scheiben geschnitten
3 EL Madeira oder Sherry
450 g Leber, in Scheiben geschnitten
60 g Dinkelmehl (je zur Hälfte helles und Vollkorn)
Salz

In einer mittelgroßen Kasserolle 2 EL Butter (oder Öl) erhitzen und die Zwiebel darin goldbraun anbraten. Madeira oder Sherry zugeben, 1 Minute schmoren und beiseite stellen.
Die restliche Butter (oder Öl) in einer großen Bratpfanne bei mittlerer Temperatur stark, aber nicht bis zum Rauchpunkt erhitzen. Die Leberscheiben einzeln in Mehl wenden, überschüssiges Mehl abschütteln und unter einmaligem Wenden von beiden Seiten jeweils 4 bis 5 Minuten braten. Nur so viele Scheiben in die Pfanne legen, wie nebeneinander Platz haben. Die gebratene Leber mit etwas Salz bestreuen, die Zwiebel darüber verteilen und sofort auftragen.
Leber ist reich an Eiweiß und Vitaminen sowie Eisen und anderen Spurenelementen.

HÜFTSTEAK
– für 4 bis 6 Portionen –

| sehr bekömmlich | 0 | neutral | B | zu vermeiden | A, AB |

½ EL Knoblauch, gehackt
2 EL Kreuzkümmel, gemahlen
1 EL Cayennepfeffer
1 EL Koriander, gemahlen
½ TL Gewürznelken, gemahlen
½ TL getrocknete rote Chilis
1 EL Salz
450 bis 700 g Steakfleisch vom Rind, aus der Hüfte

Den Grill anheizen. Knoblauch, Gewürze und Salz miteinander vermengen, das Fleisch damit rundum großzügig einreiben und bei mäßiger Hitze von beiden Seiten jeweils 8 bis 10 Minuten grillen. Vor dem Aufschneiden das Fleisch 5 Minuten ruhen lassen. Mit Frischer Minze-Sauce (siehe Seite 256) servieren, deren erfrischender Geschmack ein angenehmes Gegengewicht zur Würzmischung bildet.

Hüftsteak schmeckt gegrillt am besten und sollte vor dem Auftragen sehr dünn aufgeschnitten werden.

8 Fisch und Meeresfrüchte

An den Reichtümern der Flüsse, Seen und Meere können sich alle Blutgruppen gütlich tun. Fisch und Meeresfrüchte, zu denen Krustentiere wie Garnelen und Hummer sowie Weichtiere wie beispielsweise Jakobsmuscheln, Venusmuscheln und Austern zählen, sind reich an Eiweiß und anderen Nährstoffen, aber im Hinblick auf ihre Bekömmlichkeit blutgruppenspezifisch unterschiedlich. Halten Sie sich deshalb an die einschlägigen Angaben in den Nahrungsmitteltabellen.

Viele Fischsorten gibt es nur zu bestimmten Jahreszeiten und schmecken weit besser, wenn sie gerade »Saison« haben. Importfisch ist in der Regel tiefgekühlt und unterscheidet sich in Qualität und Beschaffenheit von frischer Ware ganz merklich. Überdies siedeln sich in manchen Fischsorten Parasiten an, und deshalb sollte man Fisch grundsätzlich völlig durchgaren.

Durch kurze, einfache Zubereitungsmethoden kommen die Qualitäten eines Fisches optimal zur Geltung. Allzu langes Garen hingegen macht sein Fleisch zäh und trocken. Im übrigen kann Fisch sehr schnell an Frische und Nährwert einbüßen.

GARNELEN-SPIESSE
– für 4 bis 6 Portionen –

sehr bekömmlich	–	neutral	0	zu vermeiden	A, B, AB

Saft von 1 Zitrone
60 ml Olivenöl
2 Knoblauchzehen, leicht zerdrückt und geschält
2 EL frische Petersilie, gehackt
1 Stengel Zitronengras, fein gehackt (nur das untere Drittel)
1 Stück (2–3 cm) frische Ingwerwurzel, geschält und gehackt oder gerieben
450 g Garnelen, geputzt, die dunkle Darmvene entfernt

Sämtliche Zutaten mit Ausnahme der Garnelen in einer mittelgroßen Schüssel miteinander vermengen. Die Garnelen hineingeben, gut durchmischen und mindestens 4 Stunden in der Marinade liegenlassen; je länger, desto besser – am besten über Nacht.

Den Grill anheizen. Jeweils 4 bis 6 Garnelen auf einen Spieß stecken und bei starker Hitze von beiden Seiten jeweils 3 Minuten grillen.

GEGRILLTER LACHS MIT ZITRONENGRAS
– für 4 bis 6 Portionen –

sehr bekömmlich	0, A	neutral	AB	zu vermeiden	B

3 Stengel Zitronengras, fein gehackt (nur das untere Drittel)
3 EL Sojasauce
2 EL frische Ingwerwurzel, geschält und grob gerieben
2 Flaschentomaten (nur 0-Typ)
2 EL frisches Basilikum, fein gehackt
Saft von 1 Zitrone
2 Frühlingszwiebeln, in dünne Röllchen geschnitten
4 bis 6 Lachsfilets oder -steaks (450 bis 700 g)

Sämtliche Zutaten mit Ausnahme der Lachsfilets miteinander vermengen. Die Lachsscheiben auf eine große Platte legen, die Marinade darüber verteilen und etwa 2 Stunden einziehen lassen.

Den Backofengrill vorheizen. Die Lachsfilets aus der Marinade nehmen und von beiden Seiten 15 bis 20 Minuten grillen.

SAUTIERTER ZACKENBARSCH
– für 4 bis 6 Portionen –

sehr bekömmlich	A, B, AB	neutral	0	zu vermeiden	–

3 EL Olivenöl
450 bis 700 g Zackenbarsch ohne Gräten, in fingerlange Stücke geschnitten
30 g Quinoamehl
Salz

In einer großen gußeisernen Pfanne Öl bei mittlerer Temperatur erhitzen. Den Fisch in Mehl wälzen, überschüssiges Mehl abschütteln und so viele Stücke in das sehr heiße Öl legen, wie in der Pfanne nebeneinander Platz haben. Bei Bedarf den Fisch in mehreren Partien braten; in diesem Fall noch etwas Öl in die Pfanne geben und stark erhitzen. Die Fischscheiben von einer Seite kräftig bräunen, wenden und weitere 3 bis 4 Minuten braten. Mit einer Gabel testen, ob der Fisch gar ist, überschüssiges Öl mit Küchenkrepp abtupfen und sofort servieren.

SCHWERTFISCH MIT KIRSCHTOMATEN, ROTEN ZWIEBELN UND BASILIKUM
– für 2 Portionen –

sehr bekömmlich	0	neutral	AB	zu vermeiden	A, B

2 EL Olivenöl
1 Knoblauchzehe, leicht zerdrückt und geschält
450 g Schwertfisch
Wasser
1 kleine rote Zwiebel, gehackt
200 g gelbe oder rote Kirschtomaten, halbiert
3 EL frisches Basilikum, gehackt
1 Spritzer Weißwein (nach Belieben)

Das Öl bei niedriger Temperatur erhitzen, den Knoblauch hineingeben und vorsichtig anbraten. Den Schwertfisch in die Pfanne geben, den Knoblauch rundherum verteilen und ⅛ l Wasser angießen. Den Deckel auflegen, den Fisch 7 bis 10 Minuten dünsten, wenden und weitere 2 bis 3 Minuten garen. Zwiebel und die halbierten Tomaten hinzufügen und in etwa 5 Minuten weichdünsten. Abschließend das Basilikum dazugeben. Den Schwertfisch auf einer Platte anrichten und das Gemüse darüber verteilen. Nach Belieben den Rückstand in der Pfanne mit einem Spritzer Wein ablöschen, über Fisch und Gemüse gießen und servieren.
Diese Zubereitungsart eignet sich auch für Heilbutt, Haifisch und anderen festfleischigen Fisch.

GEGRILLTE LACHSSTEAKS
– für 4 Portionen –

sehr bekömmlich	0, A	neutral	B, AB	zu vermeiden	–

4 Lachssteaks
1 EL Knoblauch-Schalotten-Mischung (siehe Seite 257)
2 EL Olivenöl
Saft von 1 Zitrone
Salz
3 EL frischer Dill, gehackt (nach Belieben)
Zitronenspalten (nach Belieben)

Den Backofengrill vorheizen. Die Lachsscheiben mit Knoblauch-Schalotten-Mischung, Öl, Zitronensaft und Salz einreiben und so dicht wie möglich an der Wärmequelle jeweils 4 bis 8 Minuten von beiden Seiten grillen. Sie sind fertig, wenn sich beim Einstechen mit einer Gabel das Fleisch leicht teilen läßt. Lachssteaks kann man – nach Belieben mit frischem, gehackten Dill und 1 bis 2 Zitronenspalten garniert – heiß oder kalt servieren.

GEDÄMPFTER ROTER SCHNAPPER
– für 3 bis 4 Portionen –

sehr bekömmlich	0, A, AB	neutral	B	zu vermeiden	–

1 ganzer Roter Schnapper von ca. 700 bis 900 g mit Kopf und Schwanz, gewaschen, geputzt und geschuppt
3 EL Olivenöl
2 Knoblauchzehen
5 Frühlingszwiebeln, in dünne Röllchen geschnitten
1 Stück (2–3 cm) frische Ingwerwurzel, geschält und in hauchdünne Scheibchen geschnitten
2 EL Tamari-Sauce
1 Frühlingszwiebel, der Länge nach geschnitten
3 EL frisches Basilikum, gehackt

Den Fisch 10 bis 15 Minuten dämpfen. Mittlerweile die Sauce zubereiten: Das Öl in einer gußeisernen Pfanne bei niedriger bis mittlerer Temperatur erhitzen. Knoblauch, Frühlingszwiebelröllchen und Ingwer hineingeben und sachte weichgaren, aber nicht braun werden lassen. Die Pfanne von der Herdplatte nehmen und die Tamari-Sauce unterrühren. Den gedämpften Fisch auf eine Platte legen, die Sauce darübergießen und mit Frühlingszwiebelstreifen und Basilikum garnieren.

Dämpfen als Garmethode eignet sich für jeden kleineren, weißfleischigen Fisch. Anstelle eines länglichen Fischtopfes mit Dämpfeinsatz tut es auch ein großer Kochtopf, Wok oder konventioneller Dämpfer, in dem der Fisch auf einer Porzellanplatte über dem Wasserspiegel in Dampf gegart wird. Stellen Sie dazu auf die jeweiligen Blutgruppen abgestimmte Saucen und Würzbeilagen auf den Tisch.

BLAUFISCH MIT KNOBLAUCH UND PETERSILIE
– für 4 bis 6 Portionen –

sehr bekömmlich	0	neutral	B, AB	zu vermeiden	A

3 EL Olivenöl
450 bis 700 g Blaufisch, in Scheiben geschnitten
4 Knoblauchzehen, leicht zerdrückt und geschält
1 Prise Salz
3 EL frische Petersilie, gehackt

Den Backofen auf 180 °C beziehungsweise den Backofengrill vorheizen. Eine feuerfeste Form mit 1 EL Öl ausstreichen und die Fischscheiben mit der Hautseite nach unten hineinlegen. Die restlichen 2 EL Olivenöl, den Knoblauch und etwas Salz darüber verteilen und den Fisch 10 bis 15 Minuten beziehungsweise so lange backen, bis er gar ist. Mit gehackter Petersilie garniert servieren.

Das an Omega-3-Fettsäuren reiche Öl des Blaufisches ist den Blutgruppen 0, B und AB gleichermaßen zuträglich, schmeckt aber etwas vor und bedarf deshalb einer gewissen Gewöhnung.

9 Pasta (Teigwaren)

Pasta wird zumeist aus Hartweizenmehl hergestellt, und viele Leute wissen gar nicht, daß es außer diesen gewohnten Teigwaren noch eine Fülle anderer wohlschmeckender Sorten gibt. Probieren Sie beispielsweise einmal Pasta aus Reis-, Buchweizen- oder Topinamburmehl, aus Dinkel- und Quinoamehl und grüne, mit Spinat hergestellte Teigwaren. In Konsistenz und Wohlgeschmack unterscheiden sich diese Sorten merklich von den gewohnten, überall erhältlichen Produkten. Eine wichtige Rolle spielen auch die Saucen. Pastasaucen lassen sich aus allem, was an Zutaten gerade verfügbar ist, zubereiten – und je einfacher, desto besser.
Was Geschmack und Konsistenz angeht, ist Dinkelmehlpasta der traditionellen Pasta am ähnlichsten. Dinkelspaghetti gibt es in zwei Varianten – aus hellem Dinkelmehl und aus Dinkelvollkornmehl. Reicher an Nährstoffen und damit bekömmlicher ist immer das volle Korn. Helle Dinkelpasta kommt den Produkten aus Hartweizenmehl am nächsten. Am kernigsten sind Nudeln aus Dinkelvollkornmehl und die aus Buchweizenmehl hergestellten Sobanudeln.
Viele Leute streuen gerne etwas geriebenen Käse wie Pecorino Romano oder Parmesan über ihre Pasta. Ob Sie dies tun oder nicht, bleibt Ihnen überlassen. Aber auch wenn Sie Ihrer Blutgruppe entsprechend Milchprodukte meiden sollen, richtet ein Löffelchen geriebener Käse gewiß keinen Schaden an.

GEFÜLLTE PASTAMUSCHELN
– für 4 bis 6 Portionen –

sehr bekömmlich	B, AB	neutral	A	zu vermeiden	0

450 g Pastamuscheln (Dinkel-, Hartweizen- oder Reismehl)
450 g Ricotta
230 g Mozzarella, zerzupft
125 ml Gemüsebrühe
Basilikum-Pesto (siehe Seite 249)

Die Pasta nicht ganz bißfest kochen, weil sie später im Backofen noch etwas nachgart, abtropfen lassen und beiseite stellen. Den Backofen auf 190 °C vorheizen. In einer Schüssel Ricotta und Mozzarella miteinander vermengen, in jede Muschel etwa 1 EL dieser Mischung füllen und die Muscheln in einer mit Öl ausgestrichenen feuerfesten Form in Reihen nebeneinander anordnen. Die Gemüsebrühe darüber verteilen, die Form mit Alufolie abdecken und die gefüllten Pastamuscheln 20 Minuten überbacken. Die Muscheln heiß servieren und als Beilage ein Schüsselchen Pesto auf den Tisch stellen.

GEMÜSE-PASTA
– für 4 Portionen –

sehr bekömmlich	–	neutral	0, A	zu vermeiden	B, AB

60 ml Olivenöl extra vergine + zusätzlich etwas Öl für die Pasta
2 Frühlingszwiebeln, in dünne Röllchen geschnitten
450 g grüner Spargel, geputzt und schräg in 2–3 cm lange Stücke geschnitten
2 Zucchini, schräg in Scheiben geschnitten
4 Artischockenherzen, geviertelt
450 g Topinamburpasta
Salz
1 EL frisches Basilikum, gehackt
Pecorino Romano, frisch gerieben

In einem großen Topf Wasser zum Kochen bringen und die Pasta hineingeben. Mittlerweile in einer großen Kasserolle das Olivenöl bei mittlerer Temperatur erhitzen. Die Frühlingszwiebeln im heißen Öl 3 Minuten beziehungsweise so lange sachte garen, bis sie zusammenfallen. Spargel, Zucchini und Artischockenherzen dazugeben und 3 Minuten garen. Die inzwischen gekochte Pasta abgießen, mit warmem Wasser gründlich abspülen und abtropfen lassen. Etwas Öl und Salz unter die Nudeln mischen, die Pasta zudecken und warmhalten. Das Gemüse bißfest garen, mit der Pasta vermengen und mit Basilikum bestreuen. Mit geriebenem Käse servieren.

GLASNUDELN MIT GEGRILLTEM LENDENSTEAK UND GRÜNGEMÜSE
– für 4 Portionen –

sehr bekömmlich	0	neutral	B	zu vermeiden	A, AB

Marinade

125 ml Tamari-Sauce
85 ml Reiswein
2 Knoblauchzehen, gehackt oder ausgepreßt
1 EL Zucker
2 Frühlingszwiebeln, in dünne Röllchen geschnitten
2 EL Olivenöl oder Rapsöl
900 g Lendensteak am Stück

Sämtliche Zutaten für die Marinade miteinander vermengen. Das Fleisch auf eine große Platte legen, die Marinade darüber verteilen und 1 Stunde – besser noch länger – einziehen lassen. Das Fleisch hin und wieder wenden.

300 g Glasnudeln (aus Mungbohnenmehl)
1 Knoblauchzehe, leicht zerdrückt und geschält
450 g Zuckererbsen, Wachsbohnen oder grüne Bohnen, abgeknipst
1 große Handvoll frischer Spinat
Dip-Sauce (siehe Seite 259)
1 EL frisches Basilikum, gehackt
1 Stück (2–3 cm) frische Ingwerwurzel, geschält und gerieben

Während das Fleisch in der Marinade liegt, den Grill anheizen. Das Fleisch abtropfen lassen, von beiden Seiten jeweils etwa 8 Minuten medium rare (= innen noch blutig) grillen und beiseite stellen.

In einem großen Topf Wasser zum Garen der Nudeln und in einem kleineren Topf Wasser zum Dämpfen des Gemüses zum Kochen bringen. Die Glasnudeln den Angaben auf der Packung folgend weichgaren; danach mit warmem Wasser abspülen, gut abtropfen lassen und auf eine Platte häufen. Knoblauch und Zuckererbsen (oder Bohnen) etwa 1 Minute dämpfen, den Spinat hinzufügen und weitere 2 Minuten dämpfen. Das Gemüse rund um die Nudeln anrichten. Das Fleisch in Scheiben schneiden, auf die Nudeln legen und mit Dipsauce beträufeln. Zum Schluß Basilikum und Ingwer darüberstreuen.

PENNE MIT PUTENWÜRSTCHEN UND PAPRIKASCHOTEN
– für 4 Portionen –

sehr bekömmlich	–	neutral	0, B	zu vermeiden	A, AB

8 Putenwürstchen
60 ml Olivenöl
1 große Zwiebel, in dünne Scheiben geschnitten
1 EL Knoblauch-Schalotten-Mischung (siehe Seite 257), oder 4 Knoblauchzehen, gehackt
2 rote Paprikaschoten, in dünne Streifen geschnitten
1 EL frische Petersilie, gehackt
2 EL Sherry
½ l fertige Tomatensauce (nicht für Typ B)
Salz
450 g Penne (Reis- oder Dinkelmehl)

In einer schweren Pfanne die Würstchen kräftig bräunen und auf eine Platte legen. In derselben Pfanne das Öl bei mittlerer Temperatur erhitzen, Zwiebel und Knoblauch-Schalotten-Mischung (oder gehackten Knoblauch) hineingeben und glasig anschwitzen. Paprikaschoten und Petersilie zugeben und nach einigen Minuten den Sherry angießen. Die Tomatensauce hinzufügen und mit Salz abschmecken. Die Würstchen wieder in die Pfanne geben und 20 Minuten ziehen lassen. Inzwischen die Pasta garen, abgießen und auf eine große Platte häufen. Die Würstchen auf den Nudeln anrichten und das Paprikagemüse samt Sauce darüber verteilen.
Penne sind schräg geschnittene Röhrennudeln. Bei dieser Variante eines süditalienischen Klassikers muß Typ B die Tomatensauce weglassen.

GEDÜNSTETES GEMÜSE MIT QUINOAPASTA
– für 4 Portionen –

| sehr bekömmlich | A | neutral | 0, AB | zu vermeiden | B |

60 ml Olivenöl + etwas Öl zusätzlich für die Pasta
2 Knoblauchzehen, leicht zerdrückt und geschält
1 EL frische Petersilie, gehackt
2 große Champignons, in dünne Scheibchen geschnitten
60 ml Sherry
450 g fester Tofu (nach Belieben)
1 kleiner Kopf Radicchio, gewaschen und in Streifen geschnitten
1 Handvoll Löwenzahnblätter, Brokkoliblätter oder Spinat, sorgfältig gewaschen, die harten Stiele entfernt
Salz
450 g Quinoapasta
Pecorino Romano (nach Belieben; je nach Blutgruppe)

In einem Topf Wasser für die Pasta zum Kochen bringen. Mittlerweile das Öl in einer sehr großen Kasserolle bei niedriger Temperatur erhitzen und den Knoblauch darin anschwitzen, aber nicht dunkel werden lassen, weil er sonst bitterlich schmeckt. Die Petersilie zugeben, 2 Minuten braten, dann die Champignons hinzufügen und etwa 5 Minuten garen beziehungsweise so lange, bis sie weich sind. Den Sherry angießen und brodeln lassen, bis der Alkohol verdunstet ist. Tofu, Radicchio und Grüngemüse zugeben und immer wieder umrühren, bis die Blätter zusammengefallen sind. Den Deckel auflegen, das Gemüse 10 Minuten dünsten und mit Salz abschmecken. Mittlerweile die Pasta in das kochende Wasser geben und nach Herstellerangaben garen. Die Nudeln abgießen, mit warmem Wasser abspülen und mit etwas Öl vermischen, damit sie nicht zusammenkleben. Die Pasta auf einer Platte anrichten, das Gemüse darüber verteilen und mit geriebenem Pecorino Romano bestreuen.

Quinoapasta ist für alle Blutgruppen neutral – allerdings nur, solange kein Maismehl beigemischt ist. Lesen Sie also die Angaben auf der Packung aufmerksam durch. Mit Maismehl gemischte

Quinoapasta ist schmackhaft und von appetitlich gelbem Aussehen, aber nur für den A-Typ geeignet. Ist von Maismehl freie Quinoapasta nicht erhältlich, sollten die übrigen Blutgruppen auf Produkte aus Dinkel-, Buchweizen- oder Reismehl ausweichen.

SPAGHETTI MIT FLEISCHSAUCE
– für 4 Portionen –

sehr bekömmlich	–	neutral	0	zu vermeiden	A, B, AB

450 g Rinderhackfleisch
4 EL Olivenöl
1 mittelgroße Zwiebel, gewürfelt
1 rote Paprikaschote, gewürfelt
½ l fertige Tomatensauce
1 Zweiglein Rosmarin
1 Paket Reismehlspaghetti
Salz
Pecorino Romano

In einem Topf Wasser für die Pasta zum Kochen bringen. Das Rinderhackfleisch in einer großen Kasserolle braun anbraten, abtropfen lassen und beiseite stellen. In derselben Kasserolle 3 EL Öl bei mittlerer Temperatur erhitzen, Zwiebel und Paprikaschote hineingeben und weichdünsten. Das Hackfleisch wieder in die Kasserolle geben, Tomatensauce und Rosmarin hinzufügen und die Fleischsauce bei schwacher Hitze köcheln lassen, bis die Pasta gar ist. Die Spaghetti während des Kochens häufig umrühren. Sobald sie weich sind, abgießen, mit warmem Wasser abspülen und mit dem restlichen EL Olivenöl und 1 Prise Salz vermischen. Die Sauce über die Nudeln verteilen und etwas geriebenen Pecorino Romano darüberstreuen.

Mit einer fertigen Tomatensauce ist dieses Gericht im Handumdrehen zubereitet.

10 Pizza 🍴

In mancher Familie ist Pizza nicht nur ein Gericht, sondern gewissermaßen fester Bestandteil der Lebensart. Und für den Belag einer selbstgemachten Pizza kann man so ziemlich alles verwenden, was sich in Speisekammer und Kühlschrank findet. Zugegeben – eine Pizza selbst zuzubereiten macht weit mehr Arbeit, als sich eine ins Haus kommen zu lassen, aber bedauerlicherweise steht Pizza aus Dinkelmehl bislang noch nicht auf der Speisekarte der Pizzabäcker. Der Pizzateig auf der folgenden Seite ist mühelos herzustellen und kann mit allen möglichen Zutaten belegt werden; hinzu kommen noch Tomaten beziehungsweise Tomatensauce und Mozzarella. Für den A- und B-Typ bedarf die traditionelle Pizza insofern einer Abwandlung, als die Tomatensauce wegfällt. Genauso lecker schmeckt aber auch eine »weiße« Pizza ohne Tomaten, für deren Belag man Sojakäse und andere, dem A- und B-Typ zuträgliche Zutaten verwenden kann. Vor wenigen Jahren kam beispielsweise jemand auf die Idee, Pizza mit Salat zu belegen – eine Variante, die mittlerweile unzählige Freunde gefunden hat.

PIZZA-TEIG (Grundrezept)

sehr bekömmlich	–	neutral	0, A, B, AB	zu vermeiden	–

1 EL Trockenhefe
250 ml lauwarmes Wasser
320 bis 375 g Dinkelmehl (je zur Hälfte helles und Vollkornmehl)
2 EL Olivenöl
1 knapper TL Salz
Olivenöl zum Ausstreichen der Schüssel

In einer Teigschüssel die Hefe in warmem Wasser auflösen. 180 g Mehl zugeben und alles mit einem Kochlöffel gut durchmischen. Olivenöl, Salz und das restliche Mehl hinzufügen und zu einem geschmeidigen Teig verarbeiten. Den Teig aus der Schüssel nehmen und auf einer bemehlten Arbeitsfläche 5 Minuten lang durchkneten; sollte er kleben, noch etwas Mehl untermischen. Die Teigschüssel auswaschen und mit Olivenöl ausstreichen. Den Teig hineinlegen, wenden, so daß er rundum mit Öl überzogen ist, mit einem sauberen Geschirrtuch zudecken und 1 Stunde lang gehen lassen. Sobald er sein Volumen verdoppelt hat, den Teig zusammendrücken und in 2 Portionen teilen. Den Teig auf der Arbeitsfläche 1 Minute lang wälzen, zu einer Kugel formen und in einer Schüssel oder auf einem Backblech 15 Minuten ruhen lassen.

Den Backofen auf 220 °C vorheizen. Ein Backblech oder eine traditionelle runde Pizzaform mit etwas Maismehl bestäuben, damit der Pizzateig nicht hängenbleibt. (Die Anschaffung einer Pizzaform lohnt sich. Sie kostet nicht viel, ist handlich und läßt sich auch anderweitig verwenden.) Eine Teigkugel in die Pizzaform legen, mit den Fingern bis zum Rand der Form plattdrücken und mit Olivenöl bestreichen. Dann den gewünschten Belag darüber verteilen. (Siehe auch folgende Rezepte.)

Dieser leichtverdauliche Vollkornteig ergibt zwei dünne Pizzen von 30 cm Durchmesser. Bevorzugen Sie eine eher klassische Pizza, können Sie das Dinkelvollkornmehl durch helles Dinkelmehl ersetzen.

PIZZA CALIFORNIA
– für 2 bis 3 Portionen –

sehr bekömmlich	–	neutral	0, AB	zu vermeiden	A, B

Pizza-Teig (Grundrezept Seite 173), halbe Menge
3 EL Tomatensauce
230 g Mozzarella, in Scheiben geschnitten
2 TL Pecorino Romano, frisch gerieben
2 EL Ziegenkäse, zerkrümelt
2 EL frisches Basilikum, gehackt
Olivenöl

Den Pizzateig wie auf Seite 173 angegeben zubereiten und den Backofen auf 220 °C vorheizen. Den Teig mit Tomatensauce bestreichen und Mozzarella, Pecorino Romano und Ziegenkäse darüber verteilen. Die Pizza mit Basilikum bestreuen, mit Olivenöl beträufeln und auf der mittleren Schiene des vorgeheizten Backofens mindestens 10 Minuten lang backen. Dazwischen hin und wieder einen Blick in den Backofen werfen. Vor dem Servieren die Pizza 5 bis 8 Minuten auskühlen lassen.

»WEISSE« PIZZA (Pizza bianca)

sehr bekömmlich	–	neutral	0, A, B, AB	zu vermeiden	–

Als »weiß« bezeichnet man eine Pizza ohne Tomaten. Sie schmeckt ebenso köstlich wie die traditionelle Pizza und läßt sich mit phantasievoll zusammengestellten Belägen für jede Blutgruppe abwandeln. *Pizza bianca* ist nicht so dick und saftig wie jene von der Pizzeria an der Ecke und erinnert in Geschmack und Beschaffenheit der norditalienischen Variante. Italiener bevorzugen in der Regel einen dünnen, krustigen Boden, wenig Belag und eher sparsamen Umgang mit Käse. Weiße Pizza wird immer mit etwas Olivenöl extra vergine beträufelt. Probieren Sie eines der folgenden Rezepte aus und sehen Sie selbst, wie köstlich eine selbstgemachte *Pizza bianca* schmecken kann.

PIZZA MIT ARTISCHOCKENHERZEN UND ZWIEBELN
– für 2 bis 4 Portionen –

sehr bekömmlich	–	neutral	0, A	zu vermeiden	B, AB

Pizza-Teig (Grundrezept Seite 173), halbe Menge
3 EL Olivenöl extra vergine
1 mittelgroße Zwiebel, in dünne Scheiben geschnitten
4 Artischockenherzen aus dem Glas, gekocht, in dünne Scheiben geschnitten
120 g Mozzarella, zerzupft
60 g Ziegenkäse, zerkrümelt
2 EL frische, glatte Petersilie, gehackt

Den Pizzateig wie auf Seite 173 angegeben zubereiten und den Backofen auf 220 °C vorheizen. In einer Pfanne 2 EL Öl bei mittlerer Temperatur erhitzen und die Zwiebel darin etwa 5 Minuten lang glasig anschwitzen. Die Zwiebel kurz auskühlen lassen und über den Pizzaboden verteilen. Die geschnittenen Artischockenherzen auf die Zwiebel legen und dann die Mozzarella und den zerkrümelten Ziegenkäse darüber verteilen. Die Pizza mit gehackter Petersilie bestreuen, dem restlichen Öl beträufeln und 10 bis 15 Minuten backen. Sobald die Kruste goldbraun ist, die Pizza aus dem Backofen nehmen und vor dem Servieren 5 Minuten auskühlen lassen.

PIZZA MIT SPINAT UND RICOTTA
– für 2 bis 4 Portionen –

sehr bekömmlich	–	neutral	A, B, AB	zu vermeiden	0

Pizza-Teig (Grundrezept Seite 173), halbe Menge
2 Handvoll frischer Spinat, gewaschen, trockengetupft und gehackt
250 g Ricotta
1 EL frischer Knoblauch, ausgepreßt
1 bis 1½ TL Salz
2 EL frische Petersilie oder Basilikum, gehackt
50 g Pecorino Romano, frisch gerieben
250 g Mozzarella, zerzupft
1 EL Olivenöl

Den Pizzateig wie auf Seite 173 angegeben zubereiten und den Backofen auf 220 °C vorheizen. Den Spinat sorgfältig waschen, bis keine Sandkörnchen mehr herausgespült werden, und kurz dämpfen, bis die Blätter zusammengefallen sind. Spinat, Ricotta, Knoblauch, Salz und Petersilie oder Basilikum miteinander vermengen und die Mischung gleichmäßig auf dem Pizzaboden verteilen. Den Käse darüberstreuen, die Pizza mit Olivenöl beträufeln und auf einer der unteren Schienen des Backofens 10 bis 15 Minuten backen beziehungsweise so lange, bis sich eine goldbraune Kruste gebildet hat.

KARTOFFEL-ZWIEBEL-PIZZA
– für 2 bis 4 Portionen –

| sehr bekömmlich | – | neutral | B, AB | zu vermeiden | 0, A |

Pizza-Teig (Grundrezept Seite 173), halbe Menge
2 EL Olivenöl
6 bis 8 kleine Kartoffeln, gedämpft und ausgekühlt
1 kleine rote Zwiebel, in dünne Scheiben geschnitten
Rosmarin
120 bis 180 g Gruyère, frisch gerieben
Salz

Den Pizzateig wie auf Seite 173 angegeben zubereiten und den Backofen auf 220 °C vorheizen. Die gekochten Kartoffeln in dünne Scheibchen schneiden, den Pizzaboden damit belegen und die Zwiebelscheiben darüber verteilen. Die Pizza mit Rosmarin, Salz und dem geriebenen Käse bestreuen, in den Backofen schieben und 10 bis 15 Minuten backen beziehungsweise so lange, bis sich eine goldbraune Kruste gebildet hat.

11 Bohnen und Getreidegerichte

Bohnenkerne und Hülsenfrüchte sind die eßbaren Samenkerne schotentragender Pflanzen. Zur riesigen Familie dieser als Leguminosen bezeichneten Pflanzen mit unzähligen Gattungen und Spezies zählen unter anderem grüne Bohnen, Puff- oder Saubohnen und Sojabohnen, Erbsen, Linsen und auch Erdnüsse. Sie sind reich an Eiweiß und komplexen Kohlenhydraten. Anders als tierisches Protein ist das pflanzliche, in Bohnen und Hülsenfrüchten vorkommende Eiweiß unvollständig und enthält nicht alle essentiellen Aminosäuren. In Regionen, wo Bohnen und Hülsenfrüchte die wichtigsten Eiweißlieferanten sind, ergänzen die Menschen aber ganz instinktiv ihre Kost durch Getreide und Milchprodukte und decken damit ihren für die Bildung von vollständigem Protein notwendigen Bedarf an essentiellen Aminosäuren.

Viele Menschen haben mit der Verdauung von Bohnen Probleme und leiden unter Blähungen und Darmbeschwerden. Soweit Bohnen bislang nicht fester Bestandteil Ihres Speiseplanes sind, ist es ratsam, mit dem Verzehr langsam und vorsichtig zu beginnen. Wichtig bei Bohnen ist die sachkundige Vor- und Zubereitung. Bei Bohnenkernen, die eingeweicht werden, sollte man das Wasser alle paar Stunden wechseln, damit die für die unangenehmen Begleiterscheinungen verantwortlichen Enzyme ausgeschwemmt werden. Verwenden Sie zum Garen von Bohnen immer frisches Wasser und spülen Sie Bohnen aus der Dose sorgfältig unter fließendem Wasser ab. Außerdem müssen Bohnen ausreichend lange gegart werden und sollten ganz weich sein. Besser ist es, sie ein wenig länger zu kochen als üblicherweise angegeben. Überdies beeinflussen noch andere Faktoren die Kochzeiten von Bohnen, zum Beispiel Anbaugebiet, Alter der Bohnenkerne, Wasserqualität und sogar die geographische Höhe. Essen Sie Bohnen in kleinen Portionen und beginnen Sie mit einem bis zwei Eßlöffeln in Verbindung mit einer Getreidebeilage wie beispielsweise Reis.

LIMABOHNEN MIT ZIEGENKÄSE UND FRÜHLINGSZWIEBELN
– für 4 Portionen –

sehr bekömmlich	B	neutral	0	zu vermeiden	A, AB

1 Paket tiefgekühlte Baby-Limabohnen oder 160 g getrocknete Limabohnenkerne oder 350 g frische Limabohnen
1 EL Olivenöl
2 Frühlingszwiebeln, in dünne Röllchen geschnitten
1 Knoblauchzehe, leicht zerdrückt und geschält
Dressing nach Wahl
120 g Ziegenkäse
3 EL frische Petersilie, gehackt

Die Limabohnen kochen und in eine Servierschale geben. In einer Kasserolle das Öl bei mittlerer bis hoher Temperatur erhitzen, die Frühlingszwiebeln hineingeben und 1 bis 2 Minuten anbraten, bis das Aroma aufsteigt. Den Knoblauch hinzufügen und hellgelb anschwitzen. Die Frühlingszwiebel-Knoblauch-Mischung über die Bohnen verteilen, 2 bis 3 EL Dressing dazugeben und alles behutsam miteinander vermengen. Die Limabohnen mit Ziegenkäse und der gehackten Petersilie bestreuen und zimmerwarm servieren.

Limabohnen besitzen einen milden Geschmack und sind von cremiger Konsistenz. Garen Sie sie aber nicht übermäßig lange, weil sie sehr schnell zu Brei verkochen.

AUGENBOHNEN MIT PORREE
– für 4 Portionen –

sehr bekömmlich	0, A	neutral	–	zu vermeiden	B, AB

350 g gekochte Augenbohnen
1 EL Olivenöl
1 kleine Stange Porree, in dünne Röllchen geschnitten
1 Knoblauchzehe, leicht zerdrückt und geschält
60 ml Wasser
1 Prise Salz
1 EL frisches Basilikum, gehackt

Die Augenbohnen in einem Topf erwärmen. In einer gußeisernen Pfanne das Öl bei niedriger Temperatur erhitzen, Porree und Knoblauch hinzufügen und sorgfältig umrühren. Das Wasser angießen, den Deckel auflegen und den Porree weichdünsten. Bei Bedarf eßlöffelweise noch etwas Wasser zugeben. Sobald der Porree weich ist, zu den Bohnen in den Topf geben und das Gemüse vollständig durchwärmen. Mit Salz abschmecken und zum Schluß das Basilikum untermischen.

Stellen Sie dieses Gericht heiß zusammen mit Reis zum Abendessen auf den Tisch oder servieren Sie es kalt oder zimmerwarm mit einem Dressing aus Olivenöl und Zitronensaft als Mittagsimbiß.

LINSEN-SALAT
– für 4 bis 6 Portionen –

sehr bekömmlich	A, AB	neutral	–	zu vermeiden	0, B

320 g Linsen
2 l Wasser
80 g getrocknete Kirschen
80 g Rosinen
60 g Walnußkerne, in Stückchen gebrochen
2 EL Olivenöl
Saft von ½ Zitrone
1 Prise Salz

Die Linsen ins Wasser geben und etwa 30 bis 40 Minuten lang sachte köchelnd garen. Nach 30 Minuten testen, weil Linsen sehr schnell zu weich werden können. Die Linsen abtropfen und auskühlen lassen, und dann die Kirschen, Rosinen und Walnüsse dazugeben. Öl, Zitronensaft und Salz mit dem Schneebesen zu einem Dressing schlagen, über die Linsen gießen und den Salat behutsam und gründlich durchmischen.

PINTOBOHNEN-PÜREE MIT KNOBLAUCH
– für 4 Portionen –

sehr bekömmlich	0, A, AB	neutral	–	zu vermeiden	B

2 EL Olivenöl
1 mittelgroße Zwiebel, gewürfelt
2 Knoblauchzehen, leicht zerdrückt und geschält
1 Dose Pintobohnen, abgetropft und unter fließendem Wasser abgespült, oder 160 g getrocknete Pintobohnenkerne, eingeweicht und gekocht
1 TL Kreuzkümmel, gemahlen (beziehungsweise nach Geschmack)
1 reichliche Prise Salz
3 EL frisches Basilikum, gehackt

In einer gußeisernen Kasserolle 2 EL Öl bei sehr niedriger Temperatur erwärmen, die Zwiebel hineingeben und etwa 10 Minuten lang unter häufigem Umrühren goldbraun anbraten. Den Knoblauch hinzufügen und einige Minuten mitbraten. Bohnen und Gewürze dazugeben und mehrere Minuten garen. Die Mischung im Mixer zu einer sämigen Masse pürieren und mit gehacktem Basilikum garniert auftragen.

Getreide

Auf der breitgefächerten Palette lebenswichtiger Getreide finden sich Sorten, die längst in Vergessenheit geraten waren oder keine Beachtung mehr fanden und nun – nachdem man sie neu entdeckt hat – wieder angebaut werden. Zu ihnen zählen beispielsweise Dinkel und Quinoa. Für Menschen mit Weizenunverträglichkeit sind alternative Getreidesorten ein wahrer Segen, einerlei, ob in Form von Mehl für Brot und Pasta, als Müsli oder als Vollkornbeilage wie Buchweizen oder Reis. Viele dieser wiederentdeckten Getreidesorten unterscheiden sich in Beschaffenheit und Geschmack von den bislang gewohnten Produkten, und es lohnt sich ganz gewiß, in dieser Hinsicht auf »Entdeckungsreise« zu gehen.

REIS

| sehr bekömmlich | AB | neutral | 0, A, B | zu vermeiden | – |

Von Reis – in puncto Anbau und Verbrauch hinter Weizen weltweit an zweiter Stelle stehend – gibt es nahezu 8000 Sorten. Wilder Reis zählt zu einer gänzlich anderen Spezies. Außerordentlich gut verträglich, ist Reis ein Getreide, das allen Blutgruppen zuträglich ist. Reis gibt es in einer Fülle von Varianten – beispielsweise Basmatireis, Arborioreis, weißer und brauner Sushi-Reis, weißer (polierter) und brauner Kurz- und Mittelkornreis, Rund- und Langkornreis usw. (Brauner Reis wird zumeist als Naturreis bezeichnet.)

Scharen sich Angehörige mehrerer Blutgruppen um den Tisch, liegen Sie mit Reis als Beilage oder Hauptgericht immer richtig. Und was das Garen angeht, gilt folgende Faustregel: zwei- bis dreimal soviel Wasser wie Reis. Die Garzeiten liegen bei etwa 25 bis 30 Minuten für weißen und 35 bis 40 Minuten für Naturreis.

WILDREIS

| sehr bekömmlich | AB | neutral | 0, A | zu vermeiden | B |

Keine Reissorte im eigentlichen Sinn, ist Wildreis vielmehr ein in Feuchtgebieten an Seen und Flüssen wildwachsendes Sumpfgras. Die dunklen Wildreiskörner sind von kerniger Beschaffenheit und einem vollen, aromatischen Geschmack. In manchen Regionen wird Wildreis neuerdings kommerziell angebaut, doch Liebhaber dieser Reissorte ziehen das nicht kultivierte, von Hand geerntete Korn vor.

Aufgrund der für Wildreis typischen Unterschiede in der Beschaffenheit ist die für das Garen erforderliche Wassermenge schwer abschätzbar. Nehmen Sie für 180 g Wildreis zunächst 500 bis 600 ml Wasser und behalten Sie ihn während des Garens im Auge. Das Wasser zum Kochen bringen und dann den Reis bei schwacher Hitze köcheln lassen. Fertig ist er in der Regel, sobald einige

Körnchen aufgeplatzt sind. Geben Sie bei Bedarf eßlöffelweise noch etwas Wasser zu, oder garen Sie ihn so lange, bis er das Kochwasser vollständig aufgesogen hat.

AMARANTH

| sehr bekömmlich | A | neutral | 0, AB | zu vermeiden | B |

Die winzigen Samenkörnchen einer imposanten Pflanze mit kastanienbraunen Blätterbüscheln waren bereits ein Hauptnahrungsmittel der Azteken. Dieses Getreide ist reich an Eiweiß, Calcium, Phosphor und Eisen sowie an den beiden essentiellen Aminosäuren Lysin und Methionin und liefert zudem reichlich Ballaststoffe. Rösten Sie die Amaranthsamen vor dem Kochen ganz leicht in einer vorgeheizten gußeisernen Pfanne bei mittlerer bis niedriger Temperatur, und rechnen Sie für die Zubereitung Wasser und Getreide in etwa zu gleichen Teilen.

BUCHWEIZEN

| sehr bekömmlich | A | neutral | 0 | zu vermeiden | B, AB |

Ursprünglich aus Asien stammend, ist Buchweizen eigentlich kein echtes Getreide, sondern ein Samenkorn mit einem hohen Gehalt an Protein, Vitaminen des B-Komplexes, Vitamin E, Eisen und Calcium. Gerösteter Buchweizen – unter der Bezeichnung Kascha bekannt – eignet sich für herzhafte Müslis und wohlschmeckende Pfannkuchen. Überdies kann man Buchweizenmehl auch anstelle von Maismehl verwenden und eine ausgezeichnete Polenta daraus zubereiten.

KAMUT

| sehr bekömmlich | – | neutral | 0, A | zu vermeiden | B, AB |

Kamut, eine uraltes ägyptisches Getreidekorn, ist mit den modernen Hybridweizensorten entfernt verwandt. Kamut enthält wesentlich mehr Protein und besitzt ein weit geringeres Allergiepotential als Weizen. Die Körner dieser Getreidesorte sind größer und glatter als Weizenkörner und haben einen nußartigen Geschmack. Von der Form der Körner her dem Reis ähnlich, eignet sich Kamut hervorragend für die Zubereitung von Salaten und Pilaws.

HIRSE

sehr bekömmlich	B, AB	neutral	0, A	zu vermeiden	–

Hirse, eine der ältesten Kulturgetreidesorten der Welt, wird in China, Indien und Rußland sowie in Südeuropa und Teilen Nordamerikas angebaut. Kolbenhirse zählt zu den fünf heiligen Körnern Chinas. Als Hirse bezeichnet man vielerlei Getreidesorten, die nicht einmal zur selben Gattung zählen. Mohrenhirse wird in Indien, Afrika und China angebaut, und eine andere Varietät auf den Philippinen sowie in Äthiopien, wo sie als *Teff* bezeichnet die Hauptzutat des äthiopischen Fladenbrotes *Injera* ist. Seit Jahrtausenden verzehrt man Hirse gleich welcher Sorte in Form von Brei. Widerstandsfähig und robust, gedeiht sie selbst in unwirtlicher Umgebung und bewahrte die Menschen schon oftmals vor dem Hungertod. Hirse ist reich an Phosphor, Eisen und Calcium, an Riboflavin und Niacin und enthält zudem die essentielle Aminosäure Lysin, die in Maismehl nicht vorkommt. In Kombination mit Tofu oder Bohnen liefert Hirse vollständiges Protein.

QUINOA

sehr bekömmlich	–	neutral	0, A, B, AB	zu vermeiden	–

Die winzigen Quinoakörner enthalten weit mehr und qualitativ hochwertigeres Eiweiß als jedes andere Getreide. Im Vergleich zu anderen Getreidesorten weist Quinoa einen ausgewogeneren Anteil an Aminosäuren auf, vor allem einen hohen Gehalt an Lysin und Methionin, zwei essentiellen Aminosäuren, und an Cystein, einer durch Biosynthese aus Methionin hervorgehenden Aminosäure. Genau genommen ist Quinoa kein Getreide, sondern zählt zur Familie der Kräuter und war jahrhundertelang ein heiliges Hauptnahrungsmittel der Inka. Quinoa und Bohnen ergänzen einander auf ideale Weise als Lieferanten für vollständiges Protein. Zu den vielen Vorzügen von Quinoa zählt zudem der bemerkenswerte Gehalt an Eisen, Magnesium und Zink, Kupfer, Kalium und Phosphor sowie Riboflavin, Thiamin und Niacin. In Vergessenheit geraten und nun wiederentdeckt, gewinnt Quinoa zunehmend an Beliebtheit. Mit ihrem hohen Anteil an hochwertigem Eiweiß und niedrigem Glutengehalt, dem nußartigen Geschmack und ihrer kernigen Konsistenz stellt diese Körnerfrucht eine wertvolle Bereicherung des Speisezettels dar – und dies umso mehr, als sich Quinoa anstelle der meisten anderen Getreidesorten verwenden läßt und sich sämtlichen Blutgruppen gegenüber neutral verhält.

DINKEL

sehr bekömmlich	–	neutral	0, A, B, AB	zu vermeiden	–

Bereits zu biblischer Zeit ein Hauptnahrungsmittel, ist Dinkel – eine Wildform des Weizens – im Begriff, ein wichtiger Bestandteil moderner Ernährung zu werden. Grund hierfür ist sein geringes Allergiepotential sowie sein beachtlicher Gehalt an Nährstoffen. Dinkel enthält mehr Protein, Aminosäuren, Vitamine des B-Komplexes und Mineralstoffe als Weizen, sein entfernter Verwandter, und ist in vielerlei Form erhältlich. Dinkelvollkornmehl und helles Dinkelmehl können in praktisch jedem Rezept anstelle von Weizen genommen werden, und Dinkelpasta ist ein ausgezeichneter Ersatz für Teigwaren aus Hartweizenmehl und -grieß. Allerdings sind Dinkelprodukte derzeit etwa dreimal so teuer wie entsprechende Weizenerzeugnisse. Mit hellem Dinkelmehl zubereiteter Teig ist nicht ganz so kompakt wie einer aus Dinkelvollkornmehl, aber dennoch etwas fester als ein Teig aus handelsüblichem Weizenauszugsmehl. Dinkelkörner – groß, feucht und wohlschmeckend – ähneln in ihrer Beschaffenheit der Gerste und eignen sich hervorragend für Getreidekorn-Salate.

HIRSE-TABBOULEH
– für 3 bis 4 Portionen –

| sehr bekömmlich | B, AB | neutral | 0, A | zu vermeiden | – |

knapp ¾ l Wasser (Gemüsebrühe gibt einen volleren Geschmack)
180 g Hirse, ohne Öl leicht geröstet
3 Frühlingszwiebeln, in dünne Röllchen geschnitten
1 Gurke, geschält, entkernt und klein gewürfelt
3 Flaschentomaten, gehackt (nach Belieben, nicht für Typ A und B)
1 EL frische Petersilie, gehackt
1 EL frische Minze, gehackt
2 EL Olivenöl
Saft von 1 Zitrone
Salz

In einem Topf Wasser zum Kochen bringen, die Hirse einstreuen und umrühren. Sobald das Wasser wieder kocht, die Wärmezufuhr drosseln und die Hirse 15 bis 20 Minuten beziehungsweise so lange köcheln lassen, bis sie das ganze Wasser aufgenommen hat. Die Hirse 10 Minuten setzen lassen, in eine Schüssel füllen und auskühlen. Frühlingszwiebeln, Gurke, Tomaten sowie Petersilie und Minze zugeben und alles gut durchmischen. Den Hirse-Salat mit Öl und Zitronensaft beträufeln und mit Salz abschmecken.

DINKEL-BASMATIREIS-PILAW
– für 4 Portionen –

| sehr bekömmlich | – | neutral | 0, A, B, AB | zu vermeiden | – |

170 g Dinkelkörner, gekocht
180 g Basmatireis, gekocht (nach Belieben etwas mehr)
2 Frühlingszwiebeln, gewürfelt
2 EL Olivenöl
Salz

Sämtliche Zutaten miteinander vermengen, mindestens 15 Minuten durchziehen lassen und zimmerwarm servieren.

DINKEL-REIS-SALAT
– für 4 bis 5 Portionen –

| sehr bekömmlich | AB | neutral | 0, B | zu vermeiden | A |

170 g Dinkelkörner, gekocht
180 bis 360 g Reis, gekocht (beliebige Sorte)
1 gelbe Paprikaschote, klein gewürfelt (AB-Typ: 90 g gedünstete Maitakepilze)
3 EL frische Petersilie, gehackt
1 EL Chilischote, gewürfelt (AB-Typ: weglassen)
3 EL Olivenöl
Salz

Sämtliche Zutaten miteinander vermengen und den Salat zimmerwarm servieren. Nach Belieben in dünne Röllchen geschnittene Frühlingszwiebeln und Knoblauch hinzufügen sowie Gewürze wie beispielsweise Koriander und eine Prise gemahlenen Kreuzkümmel. Dinkel-Reis-Salat hält sich im Kühlschrank bis zu 4 Tage.

WILDREIS-SALAT
– für 3 bis 4 Portionen –

| sehr bekömmlich | AB | neutral | 0, A | zu vermeiden | B |

180 g Wildreis, von Hand geerntet
100 g getrocknete Aprikosen, gewürfelt
120 g Walnußkerne, gehackt
100 g getrocknete Kirschen
60 ml Olivenöl
Saft von 1 Zitrone
1 EL Ahornsirup
Salz

In einem Topf ¾ l Wasser zum Kochen bringen, den Wildreis einstreuen und umrühren. Den Deckel auflegen, die Wärmezufuhr drosseln und den Reis etwa 45 Minuten beziehungsweise so lange garen, bis er weich ist. Das überschüssige Kochwasser abgießen und den Reis mit einer Gabel behutsam auflockern. Die getrockneten Aprikosen mit kochendem Wasser übergießen und aufquellen lassen. Sobald der Reis etwas ausgekühlt ist, Walnüsse, Kirschen und Aprikosen dazugeben und alles gut durchmischen.

Olivenöl, Zitronensaft, Ahornsirup und 1 Prise Salz mit dem Schneebesen zu einem Dressing schlagen, über den Reis gießen und sorgsam untermischen und den Salat nochmals abschmecken. Am besten schmeckt Wildreis-Salat, wenn er zimmerwarm serviert wird.

DINKEL-SALAT
– für 4 Portionen –

sehr bekömmlich	–	neutral	0, A, B, AB	zu vermeiden	–

170 g Dinkelkörner
1 Gurke, geschält und gewürfelt
2 Frühlingszwiebeln, in dünne Röllchen geschnitten
1 kleine rote Zwiebel, fein gehackt
1 EL frisches Basilikum, gehackt
2 EL Olivenöl
Saft von 1 Zitrone
Salz
2 EL Ziegenkäse, zerkrümelt

Die Dinkelkörner in 1 l Wasser in etwa 45 Minuten bißfest garen. Das restliche Kochwasser abgießen, den Dinkel auskühlen lassen und Gurke, Frühlingszwiebeln und rote Zwiebel sowie das Basilikum hinzufügen und behutsam untermischen. Den Salat mit Olivenöl, Zitronensaft und Salz abschmecken und mit Ziegenkäse bestreuen.
Stellen Sie diesen Salat als Mittagsimbiß auf den Tisch oder servieren Sie ihn mit Fisch oder Tofu zum Abendessen.

Bohnen mit Getreide
Bohnen und Getreide vertragen sich ausgezeichnet miteinander und ergeben – mit rohem oder gekochtem Gemüse, frischen Kräutern, Olivenöl, Käse und Gewürzen zubereitet – leckere Salate. Lassen Sie beim Zusammenstellen der Zutaten getrost Ihrer Phantasie freien Lauf.

SOJABOHNEN-GETREIDE-SALAT
– für 6 Portionen –

| sehr bekömmlich | – | neutral | 0, A | zu vermeiden | B, AB |

170 g Kamutkörner, gekocht
170 g Sojabohnen, gekocht
180 g Basmatireis, gekocht
½ gelber Melonenkürbis, gekocht
3 EL Olivenöl extra vergine
3 EL frisches Basilikum, gehackt
½ TL rote Chilischote, gehackt (nur 0-Typ)
Salz

Die gekochten Getreidekörner und Bohnenkerne miteinander vermengen. Melonenkürbis, Öl, Kräuter und Chilischote hinzufügen, den Salat sorgsam durchmischen und mit Salz und Pfeffer abschmecken.

GERSTE-SCHWARZBOHNEN-SALAT
– für 4 Portionen –

| sehr bekömmlich | – | neutral | 0, A | zu vermeiden | B, AB |

80 g getrocknete schwarze Bohnenkerne
1 EL Kreuzkümmel, gemahlen
90 g Gerstenkörner
3 frische Maiskolben (0-Typ: Mais weglassen)
3 EL frischer Koriander, gehackt
½ rote Zwiebel, gehackt
60 ml Olivenöl
Zitronensaft
Salz

Die schwarzen Bohnen über Nacht in Wasser einweichen, abgießen und mit frischem Wasser bedecken. Den Kreuzkümmel hinzufügen und die Bohnen bei schwacher Hitze in etwa 40 Minuten weichgaren. Die Bohnen abgießen, sorgfältig unter fließendem Wasser abspülen und in eine Schüssel geben. Die Gerste ca. 15 bis 20 Minuten beziehungsweise so lange kochen, bis sie weich ist, abgießen, unter fließendem Wasser abspülen und zu den schwarzen Bohnen geben. Die Maiskörner vom Kolben schneiden,

weichdämpfen und zu den Bohnen und Gerstenkörnern geben. Koriander und rote Zwiebel hinzufügen, alles gut miteinander vermengen und die Schüssel zugedeckt in den Kühlschrank stellen.
Olivenöl, Zitronensaft und Salz mit dem Schneebesen zu einem Dressing schlagen, über den Salat gießen und alles sorgsam durchmischen. Den Gerste-Schwarzbohnen-Salat zimmerwarm oder gekühlt servieren.
Am besten schmeckt er zimmerwarm. Servieren Sie ihn mit etwas Käse oder Sojakäse und selbstgebackenem Dinkelbrot.

12 Tofu und Tempeh

Tofu ist die japanische Bezeichnung für den aus der sogenannten Sojamilch hergestellten Sojaquark oder Sojakäse. Ursprünglich aus China kommend, ist Tofu mittlerweile ein Hauptnahrungsmittel in ganz Asien und der bedeutendste Eiweißlieferant für Millionen Menschen. Die Konsistenz von Tofu reicht von grobkörnig und fest über glatt und weich bis hin zu cremig-zart. Dank seines unauffälligen, milden Geschmacks ist Tofu vielfältig verwendbar, verträgt sich mit Gewürzen und Kräutern und eignet sich für nahezu jede Garmethode.

Vor allem der A- und AB-Typ sollte es mit Tofu versuchen und ihn beispielsweise anstelle von Fleisch oder Huhn in Suppen und Eintöpfen verwenden. Ausgesprochen preiswert und fast überall erhältlich, kann man Tofu mehrere Tage im Kühlschrank aufbewahren und morgens, mittags und abends auf den Tisch stellen.

Tempeh, eine indonesische Spezialität und seit über 2000 Jahren bekannt, ist heute in den Kühlregalen vieler Supermärkte, Reformhäuser und Naturkostläden zu finden. Wie Tofu ist auch Tempeh ein Sojaprodukt und kommt in viereckige Blöcke gepreßt in den Handel, wird aber bei der Herstellung mit dem Schimmelpilz *Rhizopus oligosporus* fermentiert, dessen feiner weißer Schimmel die Tempehmasse durchzieht und den Block – ähnlich einem Weißschimmelkäse – mit einer dünnen Schicht umhüllt. Tempeh besitzt einen ausgeprägt nußartigen Geschmack und eine feste, fast fleischähnliche Konsistenz mit »Biß«. Diese indonesische Spezialität läßt sich sehr gut in Kombination mit Reis, Quinoa und Kidneybohnen, mit Weizen, Hafer und Gerste sowie mit Erd- und Kokosnüssen verwenden und ist in der vegetarischen Küche weltweit ungemein beliebt.

Als hervorragender Eiweißlieferant ist Tempeh gehaltvoll, sättigend und läßt sich auf vielerlei Weise zubereiten, zum Beispiel grillen, fritieren, backen oder braten. Ungeöffnet hält sich Tempeh im Kühlschrank etwa 2 Wochen, sollte aber nach dem Anbrechen der Packung innerhalb weniger Tage verbraucht werden. Ratsam ist es, Tempeh vor der eigentlichen Zubereitung am Stück zu dämpfen – ein Schritt, der wegfallen kann, wenn Tempeh ausreichend lange in Marinade eingelegt wird. Kleine schwarze Flecken an der Oberfläche sind ohne Bedeutung; verfärbten oder säuerlich riechenden Tempeh sollte man aber nicht mehr verwenden, sondern wegwerfen.

TOFU MIT CURRY-GEMÜSEEINTOPF
– für 6 bis 8 Portionen –

sehr bekömmlich	A, AB	neutral	0	zu vermeiden	B

2 EL Olivenöl
2 Knoblauchzehen, gehackt
1 mittelgroße Zwiebel, gewürfelt
1 bis 2 EL Currypulver
½ l Wasser
2 kleine weiße Rüben, halbiert und in dünne Scheiben geschnitten
1 kleiner Sommerkürbis, in 2–3 cm große Würfel geschnitten
1 kleiner Melonenkürbis, in 2–3 cm große Stücke geschnitten
1 Möhre, in dünne Scheiben geschnitten
1 Pastinake, in dünne Scheiben geschnitten
1 Kartoffel, gewürfelt (AB-Typ)
1 Süßkartoffel, gewürfelt (0- und AB-Typ)
½ Blumenkohl, in Röschen zerteilt (A- und AB-Typ)
½ Kopf Brokkoli, in Röschen zerteilt
12 Okra, Stielansätze und äußere Spitzen entfernt
1 großer Block Tofu, gewürfelt
3 EL Basilikum, gehackt

Das Öl in einer großen, schweren Kasserolle bei mittlerer Temperatur erhitzen, Knoblauch und Zwiebel hineingeben und unter ständigem Rühren blaßgelb anschwitzen. Currypulver nach Geschmack darüberstreuen, etwa 5 Minuten behutsam mitbraten und darauf achten, daß Knoblauch und Curry nicht anbrennen. Das Wasser zugießen und zum Kochen bringen. Nach und nach sämtliche Gemüse hineingeben, und dabei mit den Sorten beginnen, die die längste Garzeit benötigen. Sobald das Wasser erneut kocht, den Deckel auflegen, die Wärmezufuhr drosseln und das Gemüse etwa 15 Minuten köcheln lassen. Wenn es fast weich ist, Blumenkohl- und Brokkoliröschen und die Okra dazugeben und den Eintopf weitere 10 bis 15 Minuten garen. Während der letzten 5 Minuten den Tofu hineingeben und durchwärmen. Den Tofu-Gemüse-Eintopf über Naturreis anrichten und mit Basilikum bestreuen.

Curry-Gemüse mit Tofu und Naturreis ergeben eine eiweißreiche Mahlzeit. Ist das Gemüse etwas suppig, kochen Sie zum Eindicken der Garflüssigkeit einfach eine Kartoffel oder Okra (Gumbofrucht) mit.

TOFU-GEMÜSE-PFANNE
– für 4 bis 6 Portionen –

sehr bekömmlich	A, AB	neutral	0	zu vermeiden	B

2 EL Olivenöl
1 mittelgroße Zwiebel, gewürfelt
1 Kopf Brokkoli, in Röschen zerteilt, die Stengel in Scheiben geschnitten
1 kleine Staude Pak-Choi, in 2–3 cm lange Stücke geschnitten
2 Knoblauchzehen, leicht zerdrückt und geschält
125 ml Gemüsebrühe oder Wasser
230 g Zuckererbsen
1 Block Tofu, in 1–2 cm große Würfel geschnitten
1 EL Tamari-Sauce
Pfeilwurzmehl (nach Belieben)

In einem Wok oder einer großen, schweren Kasserolle das Öl bei ziemlich hoher Temperatur erhitzen, die Zwiebel hineingeben und unter ständigem Rühren glasig anschwitzen. Brokkoliröschen und -stengel zugeben, kurz umrühren, den Pak-Choi hinzufügen, nochmals umrühren und dann den Knoblauch hineingeben. Gemüsebrühe oder Wasser zugießen und zum Kochen bringen. Den Deckel auflegen, die Wärmezufuhr drosseln und das Gemüse mehrere Minuten beziehungsweise so lange dünsten, bis der Brokkoli weich, aber noch bißfest ist. Die Zuckererbsen und dann den

Tofu hineingeben, auf schwache Hitze herunterschalten und die Tofu-Gemüse-Mischung einige Minuten lang dünsten. Die Tamari-Sauce behutsam unterrühren und die Tofu-Gemüse-Pfanne mit Naturreis servieren. Soll die Sauce dickflüssiger sein, das Gemüse an den Rand schieben, ca. 1 TL Pfeilwurzmehl in die Garflüssigkeit einrühren und abwarten, bis sie eingedickt ist.

GEGRILLTER TOFU MIT REISNUDELN UND GEMÜSE
– für 4 Portionen –

sehr bekömmlich	A, AB	neutral	0	zu vermeiden	B

Marinade

125 ml Tamari-Sauce
85 ml Reiswein
1 EL Zucker
5 Knoblauchzehen, leicht zerdrückt und geschält oder ausgepreßt
5 Frühlingszwiebeln, in dünne Röllchen geschnitten
1 Stück (2–3 cm) frische Ingwerwurzel, geschält und gerieben
2 EL Rapsöl

2 Blöcke fester Tofu, abgetropft

Sämtliche Zutaten für die Marinade in einer mittelgroßen Schüssel miteinander vermengen. Den Tofu hineingeben und mindestens 1 Stunde in der Marinade liegenlassen. Den Grill oder Backofengrill vorheizen, den Tofu von beiden Seiten jeweils 5 Minuten grillen und beiseite stellen.

1 Paket Reisnudeln
1 große Handvoll frischer Spinat, gewaschen, die Stengel entfernt
450 g grüne Bohnen oder Zuckerschoten, gewaschen, die Blüten- und Stengelansätze entfernt
1 EL frisches Basilikum, gehackt

Die Reisnudeln nach Herstellerangaben weichgaren, nach dem Abtropfen mit warmem Wasser abspülen, nochmals gut abtropfen lassen und auf eine Servierschale häufen. Das mittlerweile gedämpfte Gemüse rund um die Nudeln anrichten, den Tofu in Scheiben schneiden und auf die Nudeln legen. Die Marinade darübergießen, mit gehacktem Basilikum bestreuen und servieren. Für dieses Rezept eignen sich viele Gemüsesorten. Nehmen Sie, was der Markt gerade bietet oder Sie besonders gern mögen.

TEMPEH-SPIESSE
– für 4 Portionen –

sehr bekömmlich	neutral	zu vermeiden
A, AB	0	B

1 Block Tempeh (beliebige Sorte)

Grillsauce

180 g Pflaumenkonfitüre
60 ml Ananassaft
3 EL Tamari-Sauce
2 Knoblauchzehen, ausgepreßt
2 Frühlingszwiebeln, in dünne Röllchen geschnitten
1 Stück (ca. 5 cm) frische Ingwerwurzel, geschält und gerieben

Für die Spieße

1 große Zwiebel, geviertelt und in Lagen geteilt (2 Lagen je Stück)
2 große Champignons, in 2 cm große Stücke geschnitten
2 mittelgroße Zucchini, in 2 cm dicke Scheiben geschnitten
300 g Ananas, in 2 cm große Stücke geschnitten

Den Tempeh im Grill 10 bis 15 Minuten dämpfen. Mittlerweile die Zutaten für die Grillsauce vermengen und das Gemüse vorrichten. Nach dem Auskühlen den Tempeh in ebenso große Stücke schneiden wie das Gemüse. Gemüse, Tempeh und Ananasstücke abwechselnd auf die Spieße aufstecken. Die Zucchini durch die Schale aufspießen, weil ihr Fleisch beim Garen breiig wird und die Stücke herunterrutschen. Die Spieße mit Grillsauce bestreichen und bei Mittelhitze grillen, bis sie rundum schön gebräunt sind. Auf Wildreis oder Basmatireis angerichtet servieren.

TOFU-SCHWARZBOHNEN-CHILI
– für 4 bis 6 Portionen –

sehr bekömmlich	A	neutral	0	zu vermeiden	B, AB

60 ml Rapsöl oder Olivenöl
2 Zwiebeln, gewürfelt
1 rote Paprikaschote, gewürfelt (nur 0-Typ)
½ EL Chilipulver (nur 0-Typ)
½ EL Cayennepfeffer
1 EL Koriander, gemahlen
1 EL frischer Thymian
1 TL Gewürznelken, gemahlen
2 EL Dinkelmehl
1 EL Sherry
1 Block fester Tofu, abgetropft und gewürfelt
2 Dosen schwarze Bohnen, abgetropft und unter fließendem Wasser abgespült, oder 160 g getrocknete schwarze Bohnenkerne, über Nacht eingeweicht und bißfest gegart
250 bis 375 ml Hühnerbrühe
1 Lorbeerblatt
6 Knoblauchzehen, geschält und gehackt

In einem großen Topf das Öl bei mittlerer Temperatur erhitzen, Zwiebeln und Chilipulver hineingeben und 2 Minuten braten, bis die Zwiebeln glasig sind. Die übrigen Gewürze dazugeben, sorgsam umrühren und mitrösten, bis das Aroma aufsteigt. Das Mehl darüberstäuben, 2 Minuten mitrösten und darauf achten, daß die pastenartige Gewürzmischung nicht anbrennt. Mit Sherry ablöschen, die schwarzen Bohnen hineingeben und sorgsam mit den Gewürzen verrühren. 250 ml Hühnerbrühe angießen, das Lorbeerblatt hinzufügen und den gehackten Knoblauch unterrühren. Die Bohnen 30 Minuten köcheln lassen und bei Bedarf noch etwas Hühnerbrühe angießen. Während der letzten 10 Minuten die Tofuwürfel mitgaren. Tofu kann leicht zerfallen und sollte deshalb sehr behutsam mit einem Holzlöffel untergehoben werden. Zum Schluß das Lorbeerblatt herausfischen und das Tofu-Schwarzbohnen-Chili mit Reis oder selbstgebackenen Tortillas servieren.

KRÜMEL-TOFU
– für 2 Portionen –

sehr bekömmlich	A, AB	neutral	0	zu vermeiden	B

1 EL Olivenöl
1 TL Knoblauch-Schalotten-Mischung (siehe dazu Seite 257)
1 kleine Möhre, geraspelt
1 kleine Zucchini, geraspelt
150 g cremiger Tofu
Salz
1 EL frische Petersilie oder Basilikum, gehackt

In einer kleinen Pfanne das Öl bei niedriger Temperatur erhitzen. Die Knoblauch-Schalotten-Mischung hineingeben und 2 Minuten braten. Die geraspelte Möhre dazugeben, 3 bis 4 Minuten braten und dann die Zucchini und den Tofu hinzufügen. Den Tofu während des Erwärmens mit einer Löffelkante zerkleinern und unter ständigem Rühren braten. Mit Salz abschmecken und frisch gehackten Kräutern bestreuen.
Cremiger Tofu ist ein wohlschmeckender Ersatz für Eier, Ricotta und sogar Joghurt.

GEBACKENE TOFU-STICKS
– für 2 Portionen –

sehr bekömmlich	A, AB	neutral	0	zu vermeiden	B

40 g Roggencracker, fein zerkrümelt
2 EL Quinoamehl
2 EL Gewürze (gemahlener Kreuzkümmel oder Cayennepfeffer, oder getrockneter Oregano und Knoblauchpulver)
1 TL Salz
1 Block fester Tofu, abgetropft und in fingerdicke Stücke geschnitten

Den Backofen auf 180 °C vorheizen. Roggencrackerkrümel, Quinoamehl, Gewürze und Salz miteinander vermengen und die Tofu-Sticks so in dieser Panade wälzen, daß sie ringsum damit bedeckt sind. Ein Backblech mit etwas Öl bestreichen, die Sticks in einer Lage nebeneinander auf das Blech legen und 35 Minuten backen. Sind sie danach noch nicht knusprig, die Sticks wenden und die Backzeit gegebenenfalls um 10 Minuten verlängern.

Gebackene Tofu-Sticks sind ein köstlicher Imbiß. Stellen Sie dazu Dip-Sauce (siehe Seite 259) oder selbstgemachtes Ketchup (siehe Seite 253) auf den Tisch.

13 Gemüse

Geschmack und Beschaffenheit von Gemüse kommen durch einfache Zubereitung zumeist am besten zur Geltung. Gemüse sollte bei keiner Mahlzeit fehlen – einerlei ob roh, gedämpft, gebacken oder gedünstet, und je reichlicher die Portionen, umso gesünder. Die Rezepte auf den folgenden Seiten sind einfallsreich und regen Sie hoffentlich dazu an, Gemüse einmal anders als gewohnt zuzubereiten; aber immer nach der Devise »je einfacher, desto besser«.

GEDÜNSTETE WEISSE RÜBEN MIT ZWIEBELN
– für 4 Portionen –

sehr bekömmlich	0, A	neutral	B, AB	zu vermeiden	–

2 EL Butter (für A-Typ: Olivenöl)
2 EL Olivenöl
1 Gemüsezwiebel, geviertelt
4 weiße Rüben, in Spalten geschnitten
2 Knoblauchzehen, leicht zerdrückt und geschält
⅛ bis ¾ l Hühnerbrühe (für AB-Typ: Wasser)
Salz
3 bis 4 EL frische Petersilie, gehackt

In einer schweren Kasserolle die Butter im Öl bei niedriger Temperatur erhitzen. Die Zwiebel zugeben, umrühren und etwa 20 Minuten lang bei sehr schwacher Hitze weich und goldbraun dünsten. Rüben und Knoblauch hineingeben und gut umrühren. Hühnerbrühe oder Wasser angießen, etwas Salz hinzufügen und zum Kochen bringen. Die Wärmezufuhr drosseln, den Deckel auflegen und die Rüben etwa 20 Minuten beziehungsweise so lange köcheln lassen, bis sie gar sind. Dazwischen hin und wieder nachsehen, ob noch genügend Garflüssigkeit im Topf ist, und bei Bedarf einige EL Hühnerbrühe oder Wasser angießen. Am Schluß sollte nur noch sehr wenig Flüssigkeit im Topf sein. Den Deckel abnehmen und die restliche Flüssigkeit unter ständigem Rühren verdampfen lassen. Die Rüben in eine Servierschale geben, die Sauce darüber verteilen und mit Petersilie bestreut sofort servieren.

Kleine, frische, unbehandelte Rüben brauchen nicht geschält zu werden. Ansonsten aber sollte man Rüben schälen und 10 Minuten lang in heißes Wasser legen. Dadurch werden sie leichter verdaulich und verlieren etwas von ihrem scharfen, stechenden Geruch. Weiße Rüben sind reich an Vitamin C, Kalium und Folsäure, und die Rübenblätter, die man wie Spinat zubereiten kann, enthalten die Vitamine A, B und C sowie Kalium und Magnesium.

SÜSSKARTOFFELPUFFER
– ergibt 6 große oder 15 Mini-Puffer –

sehr bekömmlich	0, B, AB	neutral	–	zu vermeiden	A

1 große Süßkartoffel, geraspelt
¼ rote Zwiebel, geraspelt
2 EL frisches Basilikum, gehackt
1 großes Ei
30 g Dinkelmehl
¼ TL Salz
60 ml Olivenöl oder Rapsöl zum Braten

Die Süßkartoffel gründlich waschen, aber nicht schälen und in eine große Schüssel raspeln. Zwiebel, Basilikum, Ei und Mehl zugeben, alles gut miteinander vermengen und dann etwas Salz darüberstreuen. Die Mischung ist locker, läßt sich aber zu Puffern formen. In einer großen Pfanne das Öl erhitzen und die Süßkartoffelpuffer von beiden Seiten jeweils 4 bis 5 Minuten braten. Im Backofen, der auf 120 °C vorgeheizt ist, lassen sie sich ungefähr eine Stunde warmhalten.
Süßkartoffelpuffer passen ausgezeichnet zu gegrilltem und gebratenem Fleisch sowie zu Geflügel und Fisch.

BLUMENKOHL MIT KNOBLAUCH UND PETERSILIE
– für 4 Portionen –

sehr bekömmlich	B, AB	neutral	A	zu vermeiden	0

1 Kopf Blumenkohl
2 EL Olivenöl
1 bis 2 Knoblauchzehen, leicht zerdrückt und geschält
Wasser
3 bis 4 EL frische Petersilie, gehackt
Salz

Den Blumenkohl in halbwegs gleichmäßige Stücke schneiden. In einem großen, schweren Topf 2 EL Öl erhitzen und den Knoblauch darin anbraten, bis das Aroma aufsteigt. Die Blumenkohlstücke hineingeben und im Öl wenden, etwa ¼ l Wasser zugießen und zum Kochen bringen. Den Deckel auflegen und den Blumenkohl so lange garen, bis er weich, aber noch bißfest ist. In diesem Stadium sollte das Wasser fast gänzlich verkocht sein. Wenn nicht, den Deckel abnehmen und die restliche Flüssigkeit soweit verkochen lassen, daß nur noch eine dicke Sauce übrigbleibt. Mit einem Holzlöffel den Blumenkohl grob zerdrücken, die Petersilie hinzufügen und mit Salz abschmecken. Mit Brathuhn oder gebratenem Fisch als Beilage läßt sich dieses Blumenkohlgemüse auch gut über Teigwaren anrichten.

Der milde Geschmack von Blumenkohl bildet einen idealen Hintergrund für pikante Geschmacksnoten, allen voran für Knoblauch, Curry und Muskat.

GESCHMORTE GRÜNE BOHNEN MIT TOMATEN UND KNOBLAUCH
– für 4 bis 6 Portionen –

sehr bekömmlich	–	neutral	0, AB	zu vermeiden	A, B

2 EL Olivenöl
2 Knoblauchzehen, gehackt
450 bis 700 g grüne Bohnen, gewaschen, geputzt
1 große Dose Flaschentomaten mit Saft
1 TL getrockneter Oregano
Salz

Das Öl in einer Kasserolle bei mittlerer Temperatur erhitzen. Den Knoblauch darin kurz anbraten, die Bohnen hineingeben und umrühren. Die Tomaten grob zerkleinern oder von Hand zerdrücken, zu den Bohnen geben und zum Kochen bringen. Die Wärmezufuhr drosseln, den Oregano und eine reichliche Prise Salz unterrühren, den Deckel auflegen und die Bohnen 45 Minuten bis 1 Stunde köcheln lassen. Sie sollten sehr weich und der Tomatensaft fast verkocht sein. Während der letzten Minuten den Deckel etwas beiseite schieben, so daß der Dampf weitgehend entweichen kann und eine gehaltvolle dicke Sauce im Topf zurückbleibt.

BLUMENKOHLPÜREE MIT PESTO
– für 4 Portionen –

sehr bekömmlich	B, AB	neutral	A	zu vermeiden	0

1 Kopf Blumenkohl
1 Knoblauchzehe, leicht zerdrückt und geschält
Salz
Basilikum-Pesto (siehe Seite 249)

Den Blumenkohl vierteln, in den Einsatz eines Dampftopfes legen und mit Knoblauch bestreuen. Kochendes Wasser darübergießen und den Blumenkohl 15 bis 20 Minuten beziehungsweise so lange dämpfen, bis er sich beim Einstechen mit einer Gabel sehr weich anfühlt, und dann im Mixer oder in der Küchenmaschine pürieren. Das Blumenkohlpüree mit Salz abschmecken und als Würzbeilage Pesto auf den Tisch stellen.

GEBRATENE SÜSSKARTOFFELN ODER YAMSWURZELN
– Menge nach Anzahl der Personen –

sehr bekömmlich	0, B, AB	neutral	–	zu vermeiden	A

Yamswurzeln oder Süßkartoffeln nach Anzahl der Personen
2 bis 3 EL Olivenöl pro Knolle
Salz

Den Backofen auf 120 °C vorheizen. Die Yamswurzeln oder Süßkartoffeln entweder schälen oder – was völlig ausreicht – unter fließendem Wasser gründlich abbürsten und in maximal 2 bis 3 mm dicke Scheiben schneiden. In einer großen, vorzugsweise gußeisernen Pfanne das Öl bei mittlerer Temperatur erhitzen. So viele Kartoffelscheiben, wie dicht an dicht nebeneinander Platz haben, in die Pfanne geben, einige Minuten lang braten und darauf achten, daß sie nicht anbrennen. Sobald die Kartoffelscheiben an der Unterseite stellenweise schön braun sind, wenden und von der anderen Seite 1 bis 2 Minuten braten. Die einzelnen Scheiben sollten sich beim Einstechen mit einer Gabel weich anfühlen. Die fertig gebratenen Scheiben auf eine Platte legen, mit ein paar Körnchen Salz bestreuen und im vorgeheizten Backofen warmhalten. Mit den übrigen Süßkartoffelscheiben ebenso verfahren und dabei auch auf die richtige Temperatur des Öls achten. (Nach Belieben kann man die gebratenen Scheiben vor dem Warmhalten im Backofen zuerst für einige Sekunden auf Küchenkrepp legen, der überschüssiges Öl aufnimmt.)
Yamswurzeln besitzen im Vergleich zu Süßkartoffeln einen eher erdigen Geschmack. Süßkartoffeln enthalten reichlich Kalium, Vitamin A und C und sind – in der Schale gebacken und mit einem Klacks Butter serviert – ungemein schmackhaft. Gebackene Yamswurzeln und Süßkartoffeln kann man im Kühlschrank aufbewahren und kalt als gesunden Imbiß verzehren. Je nach Größe rechnet man pro Person 1 Yamswurzel beziehungsweise Süßkartoffel.

GEDÄMPFTE ARTISCHOCKEN
– Menge nach Anzahl der Personen –

sehr bekömmlich	0, A	neutral	–	zu vermeiden	B, AB

1 Stengel Zitronengras, grob geschnitten
1 Stück (2–3 cm) frische Ingwerwurzel, geschält und in feine Streifen geschnitten
1 TL Olivenöl
2 Knoblauchzehen, geschält und leicht zerdrückt
1 Artischocke pro Person

Alle Zutaten mit ausreichend Wasser in den Dampftopf geben, die Artischocken in den Einsatz legen und in 45 bis 55 Minuten weichdämpfen. Darauf achten, daß sich im Topf immer genügend Wasser befindet, den Topf zumeist zugedeckt lassen. Die Artischocken mit Zitronenspalten oder einer Dip-Sauce servieren.
Artischockenherzen sind wertvolle Lieferanten für Kalium, Magnesium und Folsäure.

MANGOLD MIT SARDINEN
– für 4 Portionen –

sehr bekömmlich	0, A	neutral	B, AB	zu vermeiden	–

900 g Mangold
2 EL Olivenöl
2 Knoblauchzehen, gehackt
1 kleine Zwiebel, in dünne Scheiben geschnitten
6 in Wasser eingelegte Sardinen, abgetropft und gehackt
1 Tomate, gehackt (nur 0- und AB-Typ)
Salz

Den Mangold sorgfältig waschen, in 2 bis 3 cm breite Streifen schneiden und rasch dämpfen. Danach das Gemüse aus dem Topf nehmen und beiseite stellen. In einer großen Kasserolle das Öl bei mittlerer Temperatur erhitzen und Knoblauch und Zwiebel darin goldbraun anschwitzen. Sardinen, Tomate und Mangold hineingeben, das Gemüse behutsam durchmischen und noch einige Minuten lang schmoren. Mit Salz abschmecken und servieren.

GEDÜNSTETES RÜBENGRÜN
– für 4 Portionen –

sehr bekömmlich	0, A, B, AB	neutral	–	zu vermeiden	–

3 EL Olivenöl
1 große Zwiebel, in dünne Scheiben geschnitten
1 großes Bund frisches Rübengrün mit Stengeln, sorgfältig gewaschen, die Stengelenden abgeschnitten
2 EL Sojasauce oder Tamari-Sauce
etwas Wasser nach Bedarf

Das Öl in einer großen Pfanne oder Kasserolle erhitzen, die Zwiebel hineingeben und 5 Minuten braten. Die Rübenblätter aufeinanderlegen, zusammenrollen und in 2 bis 3 cm breite Streifen schneiden. Das Rübengrün waschen, naß sofort in den Topf geben, den Deckel auflegen und die Wärmezufuhr drosseln. Nach 5 Minuten umrühren, Soja- beziehungsweise Tamari-Sauce hinzufügen und den Deckel wieder auflegen. Das Rübengrün etwa 40 Minuten lang dünsten; dazwischen hin und wieder durchheben, damit alle Blätter gleichmäßig garen, und bei Bedarf 1 bis 2 EL Wasser angießen. Anders als andere Blattgemüse gewinnt Rübengrün durch längers Garen an Wohlgeschmack.

Rübengrün und -stiele sind nährstoffreich und wohlschmeckend. Übriggebliebenes gedünstetes Rübengrün eignet sich zum Füllen von Frittate und Omelettes.

GEGRILLTE CHAMPIGNONS
– für 4 Portionen –

sehr bekömmlich	–	neutral	0, A, B, AB	zu vermeiden	–

4 große Zuchtchampignons, die Stiele entfernt (die Stiele für Suppe oder Eintopf verwenden)
4 TL Knoblauch-Schalotten-Mischung (siehe dazu Seite 257)
4 Scheiben Tofu (nach Belieben)
1 EL Olivenöl
Salz
frische Petersilie oder Basilikum, gehackt
4 selbstgebackene Dinkelbrötchen

Den Grill anheizen. Die Champignons reichlich mit Knoblauch-Schalotten-Mischung und Olivenöl bestreichen, mit Kräutern bestreuen und bei Mittelhitze 5 bis 8 Minuten grillen. Die Pilze wenden und von der zweiten Seite gleichfalls 5 bis 8 Minuten grillen. (Wenn Sie Cheeseburger zubereiten wollen, zuvor die Tofuscheiben auf die gegrillte Oberseite der Champignons legen.) Die Champignons mit etwas Salz und den frischen Kräutern bestreuen und auf selbstgebackenen Dinkelbrötchen servieren. Ebensogut passen gegrillte Champignons aber auch zu gegrilltem Fleisch, Geflügel, Fisch oder Tempeh sowie zu nußartig schmeckendem Naturreis.

GEDÜNSTETER PORREE
– für 3 bis 4 Portionen –

sehr bekömmlich	0, A	neutral	B, AB	zu vermeiden	–

1 große Stange Porree
1 Knoblauchzehe, in Scheibchen geschnitten
2 EL Olivenöl
Salz
⅛ l Wasser oder Gemüsebrühe

Vom Porree das Wurzelende und die dunkelgrünen Teile abschneiden; den Porree sorgfältig waschen und in dünne Röllchen schneiden. Das Öl in einer gußeisernen Kasserolle bei mittlerer Temperatur erhitzen, die Knoblauchscheibchen hineingeben und einige Augenblicke anbraten. Die Porreeröllchen dazugeben und gut umrühren. Den Deckel auflegen und den Porree sachte weichdünsten; bei Bedarf jeweils 1 EL Wasser oder Gemüsebrühe angießen. Mit Salz abschmecken und servieren.

BUNTES PAPRIKAGEMÜSE
– für 4 Portionen –

sehr bekömmlich	B	neutral	0	zu vermeiden	A, AB

3 Paprikaschoten (rot, grün und gelb)
1 große Zwiebel
1 Knoblauchzehe
2 EL Olivenöl
2 EL frische Petersilie, gehackt
Salz

Die Paprikaschoten auseinanderschneiden, Samen und Scheidewände entfernen und in dünne Streifen schneiden. Die Zwiebel grob hacken und die Knoblauchzehen zerdrücken. Das Öl in einer gußeisernen Kasserolle bei mittlerer Temperatur erhitzen, Knoblauch und Zwiebel hineingeben und glasig anschwitzen. Die Paprikaschoten hinzufügen, sorgsam umrühren und weichdünsten. Zum Schluß die gehackte Petersilie untermischen und das Paprikagemüse mit Salz abschmecken.

14 Salate

Allen Blutgruppen steht eine breitgefächerte Palette von Gemüsesorten zur Verfügung. Mit Ausnahme der in den blutgruppenspezifischen Nahrungsmitteltabellen unter der Rubrik »zu vermeiden« angeführten Sorten können Sie alle unter »sehr bekömmlich« und »neutral« aufgelisteten Gemüse auf Ihren Speisezettel setzen und sich deren wertvolle Nährstoffe zunutze machen.

PILZ-SALAT
– für 4 Portionen –

sehr bekömmlich	–	neutral	0, A, B, AB	zu vermeiden	–

300 bis 350 g Pilze, blättrig geschnitten (Sorte je nach Blutgruppe)
250 ml Dressing, z. B. Zwiebel-Dressing (siehe dazu Seite 251) oder Olivenöl-Zitronen-Dressing (siehe Seite 251)
2 EL frische Petersilie, gehackt
2 EL frischer Schnittlauch, gehackt
1 große Handvoll Romanasalat, in feine Streifen geschnitten

Die Pilze in das Dressing legen, 1 bis 2 Stunden durchziehen lassen und dann die frischen Kräuter untermischen. Die in Streifen geschnittenen Salatblätter auf 4 Teller verteilen, die Pilze mit einem Schaumlöffel aus dem Dressing nehmen, abtropfen lassen und auf dem Salatbett anrichten.
Servieren Sie diesen Salat als Zwischengericht oder Imbiß auf einem Bett aus feingeschnittenem Romanasalat.

SALAT AUS GEGRILLTEN SÜSSKARTOFFELN
– für 4 bis 6 Portionen –

sehr bekömmlich	0, B, AB	neutral	–	zu vermeiden	A

900 g Süßkartoffeln, roh in dicke Scheiben geschnitten und gegrillt
3 EL Olivenöl
1 Frühlingszwiebel, in Röllchen geschnitten
2 EL frische Petersilie, gehackt
2 EL frisches Basilikum, gehackt
Saft von 1 Zitrone

Die Süßkartoffelscheiben nach dem Auskühlen würfeln und in eine große Schüssel geben. Die übrigen Zutaten dazugeben, alles gut miteinander vermengen und den Salat servieren. (Noch besser schmeckt der Salat, wenn man die gewürfelten Süßkartoffeln vor dem Anmachen eine Weile in den Kühlschrank stellt.)

RÄUCHERMAKRELEN-SALAT
– ergibt 1 kleines Schälchen –

sehr bekömmlich	–	neutral	0, A, B, AB	zu vermeiden	–

4 Makrelenfilets, geräuchert, ohne Haut und Gräten
½ rote Zwiebel, klein gewürfelt
85 bis 125 ml Olivenöl-Mayonnaise (siehe dazu Seite 246)
Saft von 1 Zitrone

Die Makrelenfilets hacken, mit den übrigen Zutaten in einer kleinen Schüssel behutsam vermengen und mit Crackern servieren.

GRILLHÄHNCHEN-SALAT
– für 2 bis 4 Portionen –

sehr bekömmlich	–	neutral	0, A	zu vermeiden	B, AB

250 bis 300 g Hähnchenfleisch, gewürfelt
3 EL Olivenöl-Mayonnaise (siehe Seite 246)
Saft von 1 Limette
3 EL frisches Basilikum, gehackt
2 Frühlingszwiebeln, in Röllchen geschnitten
1 rote Paprikaschote, entweder geröstet oder gegrillt und enthäutet, oder roh halbiert und in Streifen geschnitten (nur 0-Typ)
Salz

Zunächst mehrere Hähnchenteile unter mehrmaligem Wenden etwa 40 Minuten lang grillen, danach beiseite stellen und auskühlen lassen. Die Haut abziehen, das Fleisch vom Knochen lösen und in kleine Stückchen schneiden. Weißes Hühnerbrustfleisch hat den geringsten Fettanteil.

Das gewürfelte Hähnchenfleisch in eine Schüssel geben, die Mayonnaise mit etwas Limettensaft verdünnen und über das Fleisch verteilen. Die übrigen Zutaten hineingeben, den Salat gut durchmischen und auf Essener Brot angerichtet oder in ein Salatblatt gehüllt oder mit Crackern als Beilage servieren.

SALAT »GROSSER CÄSAR«
– für 4 Portionen –

sehr bekömmlich	–	neutral	0, A, B, AB	zu vermeiden	–

Für den Salat

1 Romanasalat, gewaschen und trockengetupft
4 Anchovisfilets, abgetropft (nur 0-Typ)

Für das Dressing

1½ EL Olivenöl-Mayonnaise (siehe Seite 246)
Saft von 2 Zitronen
250 ml Olivenöl extra vergine
2 EL Kombualgenpulver
2 große Knoblauchzehen, geschält
20 g Pecorino Romano, frisch gerieben

Das Dressing zubereiten: Die Mayonnaise in eine Schüssel geben. Zitronensaft, Olivenöl, Kombualgenpulver, Knoblauch und Käse in der Küchenmaschine zu einer Paste pürieren. Bilden sich Klümpchen, 2 EL Mayonnaise zum Verdünnen hinzufügen und die Paste zu einer glatten Masse pürieren. Die Gewürzpaste zur Mayonnaise in die Schüssel geben und beides zu einem pikanten Dressing verrühren.

Für die Croutons

60 ml Olivenöl oder Rapsöl
2 Knoblauchzehen, ausgepreßt
1 EL Salz
3 Scheiben altbackenes Brot (Sorte je nach Blutgruppe), gewürfelt

Die Croutons zubereiten: Den Backofen auf 220 °C vorheizen. In einer kleinen Schüssel Öl, Knoblauch und Salz mit dem Schneebesen schlagen. Die Brotwürfel hineingeben und die Schüssel hin- und herrütteln, bis alle Würfel mit der Würzmischung überzogen sind. Die Brotwürfel mit reichlich Zwischenraum auf einem Backblech verteilen, 5 Minuten backen, wenden und weitere 2 bis 4 Minuten beziehungsweise so lange backen, bis sie goldbraun sind. Die fertigen Croutons völlig auskühlen lassen. Am besten schmecken sie frisch zubereitet. Ebensogut kann man Croutons aber auch in einem luftdicht verschlossenen Behälter mehrere Tage aufbewahren.

Den Salat zubereiten: Die Salatblätter in Stückchen zerzupfen oder schneiden, in eine große Schüssel geben und behutsam mit dem Dressing vermengen. Die Croutons darüber verteilen und den Salat mit den Anchovisfilets (nur 0-Typ) garniert gekühlt servieren.

Der besondere Charakter dieses Salates bleibt auch dann erhalten, wenn Sie anstelle von Anchovis lieber aromatische, nährstoffreiche Kombualgen verwenden. Für die Croutons sollte man altbackenes Dinkelbrot verwenden; aus Baguette zubereitet schmecken sie am besten.

15 Sandwiches, Omeletts und Pasteten, Frittate und Crêpes

Im folgenden finden Sie Rezepte für eine Fülle einfacher, preiswerter Gerichte der Kategorie »Resteverwertung«. Zusammen mit einigen Hauptzutaten, die im Haushalt immer vorrätig sein sollten, können Sie im Handumdrehen eine sättigende Mahlzeit zaubern, wenn die Zeit einmal knapp ist oder ganz unverhofft Besuch vor der Tür steht. Zu den Nahrungsmitteln und Zutaten, die man immer parat haben sollte, zählen unter anderem frisches oder eingefrorenes Brot und Teigwaren, Eier, etwas Käse, Olivenöl, Nußbutter und einige Gläser Konfitüre sowie Sardinen und Thunfisch; dazu frisches Gemüse und ein, zwei Blumentöpfe mit frischen Kräutern auf dem Fensterbrett. Im Notfall tun es aber auch getrocknete Kräuter.

Überbleibsel und Reste spielen bei vielen Rezepten dieses Kapitels die Hauptrolle. Und wenn gerade Grill oder Backofen heiß sind, kann man auch etwas vorausplanen. Nehmen Sie einfach, was sich gerade im Gemüsefach oder Kühlschrank findet – Möhren, Zwiebeln oder Süßkartoffeln, Pilze, Porree und Äpfel, oder Tempeh und Tofu – schneiden Sie das Gemüse in Stücke und grillen oder backen Sie es – mit Olivenöl bestrichen und ein paar Körnchen Salz bestreut – von beiden Seiten jeweils 5 Minuten. Stellen Sie diesen kleinen Vorrat nach dem Auskühlen in den Kühlschrank und verwenden Sie ihn am nächsten oder übernächsten Tag für irgendein Gericht.

Sandwiches
Für viele Menschen sind Sandwiches, wenngleich nicht das tägliche Brot, so doch zumindest das tägliche Mittagsmahl. Im Rahmen der Blutgruppendiät ist es jedoch ratsam, nur hin und wieder ein Sandwich zu essen, und auch hier ist für Abwechslung gesorgt. Auf dieser und der nächsten Seite finden Sie eine Auswahl blutgruppenverträglicher Zusammenstellungen, die allesamt Zutaten der Rubriken »sehr bekömmlich« oder »neutral« enthalten.

Nehmen Sie als Unterlage für den Belag handelsübliches Essener Brot oder selbstgebackenes Brot. Für Gemüse- und Käse-Sandwiches empfiehlt sich vor allem Dinkel-Baguette. Und für »Sandwich-Rollen« können Sie selbst Tortillas backen oder Crêpes zubereiten. Überdies gibt es ein vielfältiges Angebot an Pita- und Fladenbroten. Setzen Sie Ihren Gästen und Ihrer Familie getrost diese wohlschmeckenden, sättigenden Sandwiches vor, wenn die Zeit einmal knapp ist. Mit einem Teller Suppe vorweg und einem einfachen Salat als Beilage stellen sie eine vollwertige Mahlzeit dar.

Belag	Blutgruppe
Gegrillte Paprikaschoten (alle Sorten) mit Ziegenkäse	0, B
Gegrillte Auberginen mit Feta	A, AB
Tomatenscheiben, frische Mozzarella und Basilikum	0, AB
Gedünstete rote Paprikaschoten und Zwiebeln mit Feta	0, B
Gegrillte Auberginen, gedünstete Shiitakepilze und Ziegenkäse	B
Mandelmus mit Bananenscheiben	0, B
Erdnußbutter, Rosinen und Honig	A, AB
Tofu, Avokado und Alfalfasprossen mit Limetten-Dressing	A
Tofu, Tomaten und gehackte grüne Oliven mit Limetten-Dressing	AB
Sonnenblumenmus mit Pflaumenkonfitüre	0, A
Persimonen (Kakis) mit Tahini (Sesampaste) und Sprossen	0, A
Gegrillte Hühnerbrust	0, A
Lammfleischscheiben mit Mango-Ingwer-Chutney	0, B

Für alle Blutgruppen verträgliche Sandwich-Beläge:
Frische Mozzarella und sautierte Zucchini mit Knoblauch
Ricotta (außer Typ 0), gehackte Walnüsse und Rosinen mit Honig
Ziegenweichkäse mit Konfitüre
Zerdrückte Sardinen mit gehacktem Knoblauch
Thunfisch-Salat (siehe Seite 215)
Curry-Eier-Belag (siehe Seite 215)
*Putenfleisch-Burger auf Dinkelbrötchen

Im Handumdrehen zubereitet

GEGRILLTE ODER GERÖSTETE PAPRIKASCHOTEN UND ZIEGENKÄSE AUF ROGGENKNÄCKEBROT
– für 2 Portionen –

sehr bekömmlich	–	neutral	0, B	zu vermeiden	A, AB

2 rote oder gelbe Paprikaschoten, mit Olivenöl gegrillt oder geröstet
4 Scheiben Roggenknäckebrot (0-Typ) oder Reiscracker (B-Typ)
60 g Ziegenkäse, zerkrümelt

Die Paprikaschoten auf Knäckebrotgröße zurechtschneiden, auf die Brotscheiben verteilen und mit dem zerkrümelten Ziegenkäse bestreuen.

GEGRILLTER ZIEGEN-CHEDDAR AUF ESSENER BROT ODER DINKELBROT
– für 1 Portion –

sehr bekömmlich	B, AB	neutral	0, A	zu vermeiden	–

2 Scheiben Essener Brot
2 bis 3 Scheiben Ziegen-Cheddar
1 EL Butter oder Rapsöl-Margarine

1 Scheibe Brot mit Butter oder Margarine bestreichen, den Ziegenkäse und die zweite Brotscheibe darauflegen und das Sandwich diagonal durchschneiden.

CURRY-EIER-BELAG
– für 3 Portionen –

sehr bekömmlich	0	neutral	A, B, AB	zu vermeiden	–

4 hartgekochte Eier, geschält und zerdrückt
2 EL Olivenöl-Mayonnaise (siehe Seite 246)
1 TL Salz oder nach Geschmack
1 TL erstklassiges Curry-Pulver

Sämtliche Zutaten miteinander vermengen und den Belag auf Essener Brot oder Reiscrackern servieren.

THUNFISCH-SALAT
– für 2 Portionen –

sehr bekömmlich	AB	neutral	0, A, B	zu vermeiden	–

1 Dose heller Thunfisch, in Wasser eingelegt
1 Dose Weißer Thun, in Wasser eingelegt
2 EL Olivenöl-Mayonnaise (siehe Seite 246)
1 Frühlingszwiebel, in dünne Röllchen geschnitten oder ¼ rote Zwiebel, gewürfelt

Den Thunfisch bis auf einen kleinen Rest Flüssigkeit abtropfen lassen. Sämtliche Zutaten gut miteinander vermengen und auf Dinkel-Toast anrichten. Sollen die Sandwiches überbacken werden, einige Scheiben Käse einer blutgruppenverträglichen Sorte oder Tofu über den Belag verteilen.

Eier
Eier sind im Laufe der letzten Jahre ziemlich in Verruf geraten, und viele Leute haben sie mittlerweile von ihrem Speisezettel verbannt. Und all dies wegen des Cholesterins! Neueren wissenschaftlichen Erkenntnissen zufolge ist jedoch nicht das in Eiern enthaltene Cholesterin der Übeltäter. Ausschlaggebend für die Konzentrationen an »schlechtem« Cholesterin (LDL) und »gutem« Cholesterin (HDL) im Blut ist vielmehr die individuelle, körpereigene Cholesterin-Regulierung. Angesichts dieser jüngsten Befunde machen viele Ernährungsfachleute nun einen Rückzie-

her, und mittlerweile zählen Eier wieder zu den bekömmlichen Nahrungsmitteln, die wir – wenn auch in sehr begrenzter Menge – essen sollten.

Einerlei, ob gebraten, pochiert oder als Rührei, weich- oder hartgekocht oder als Zutat in Omeletts und Frittate – Eier sind ergiebige Eiweißlieferanten. Lassen Sie sich also Ihre Eier schmecken – aber immer unter Berücksichtigung der für Ihre Blutgruppe empfohlenen Menge und Ihrer individuellen gesundheitlichen Bedürfnisse.

OMELETT VON 1 EI
– für 1 Portion –

sehr bekömmlich	–	neutral	0, A, B, AB	zu vermeiden	–

1 EL Olivenöl
1 kleine Zucchini, gewaschen und geraspelt
1 großes Ei
2 frische Basilikum-Blättchen
2 EL Pecorino Romano, frisch gerieben
Salz

In einer mittelgroßen Pfanne das Öl bei mittlerer Temperatur erhitzen. Die Zucchini darin 2 bis 3 Minuten braten, auf einen Teller geben und beiseite stellen. Das Ei kräftig schlagen, 1 EL Wasser zugeben und nochmals schlagen. Die Eimasse soll so flaumig wie möglich sein. Noch etwas Olivenöl in die Pfanne geben und erhitzen. Das Ei hineingeben, über den Pfannenboden verlaufen lassen und rasch Zucchini, Basilikum und Pecorino Romano darüber verteilen. Mit einem Spatel das Omelett am Rand anheben, behutsam zu einem Halbmond umschlagen und von der Pfanne auf den Teller gleiten lassen. Nach Geschmack mit Salz bestreuen.

Füllungen für Omeletts und Frittate
Mit etwas Phantasie läßt sich aus jedem Gemüseüberbleibsel vom Vortag eine Omelett- oder Frittata-Füllung zaubern.
Fehlt es an Ideen, dann denken Sie daran, daß sich nahezu alles für eine solche Füllung verwerten läßt. Hier einige Anregungen:

Spargel
Gedünstetes Rübengrün
Brokkoli
Gedämpfte Möhren
Frisch geraspelte Möhren mit zerkrümeltem Ziegenkäse und frischem Dill
Gebratene Zwiebeln
Tomaten und Basilikum
Tofu, Frühlingszwiebel und Basilikum
Tempeh mit Basmatireis
Alle Reste sollten vor dem Füllen eines Omeletts erwärmt werden.

Pasteten
Pasteten lassen sich auch noch im letzten Augenblick zubereiten – vorausgesetzt, Pastetenböden oder -hüllen sind vorgebacken oder der Teig dazu ist eingefroren. Mit einem fertig zubereiteten Teig im Gefrierschrank können Sie innerhalb kürzester Zeit eine schmackhafte Mahlzeit, ein leckeres Dessert oder pikantes Hors d'œuvre zubereiten.

PASTETENTEIG AUS DINKELMEHL (Grundrezept)

sehr bekömmlich	–	neutral	0, A, B, AB	zu vermeiden	–

180 g helles Dinkelmehl
60 g Dinkelvollkornmehl
½ TL Salz
125 g ungesalzene Butter, kalt und in kleine Stückchen geschnitten + 3 EL Margarine (A- und AB-Typ: nur Margarine nehmen)
4 bis 5 EL kaltes Wasser
Für Dessertpasteten: zusätzlich 2 EL Zucker in den Teig geben

In einer großen Teigschüssel Mehl und Salz miteinander vermengen. (Bei süßem Teig den Zucker zugeben.) Die in Stückchen geschnittene Butter oder Margarine dazugeben und mit den Fingerspitzen in das Mehl einarbeiten. Sobald das Gemisch krümelig ist, eßlöffelweise soviel Wasser zugeben, daß sich der Teig zu einer

Kugel formen läßt, aber nicht zu weich ist. Den Teig in Frischhaltefolie hüllen und im Kühlschrank mindestens 2 Stunden ruhen lassen. In diesem Stadium hält er sich bis zu 5 Tagen.
Vor dem Backen aus dem Kühlschrank nehmen und bei Raumtemperatur 45 Minuten liegen lassen. Die Teigkugel in zwei Hälften schneiden, auf einem bemehlten Backbrett 3 mm dick ausrollen und die beiden Teigplatten kreisrund ausschneiden. Beide Pastetenböden mit Olivenöl bestreichen, mit einer Gabel mehrmals einstechen und auf dem Backblech bei 180 °C 5 bis 8 Minuten backen. Die Pastetenböden nach dem Backen auskühlen lassen.

Ebenso gut kann man kreisrund ausgeschnittene Teigplatten in Pastetenförmchen von 8 bis 10 cm Durchmesser legen und zu Pastetenhüllen formen. Die Teighülle mit Mehl bestäuben und mit Frischhaltefolie abdecken. Mit dem restlichen Teig ebenso verfahren, die Pastetenhüllen aufeinanderstapeln und in den Kühlschrank stellen oder einfrieren. In einem luftdicht verschlossenen Behälter aufbewahrt, halten sich vorgebackene Pastetenböden oder noch nicht gebackene Pastetenhüllen im Kühlschrank mehrere Tage.

ARTISCHOCKEN-ZWIEBEL-PASTETE
– für 2 Portionen –

sehr bekömmlich	0, A	neutral	–	zu vermeiden	B, AB

1 Pastetenboden, vorgebacken
1 große Zwiebel, in dünne Scheiben geschnitten
1 EL Olivenöl
2 gekochte Artischockenherzen, in Scheiben geschnitten
2 EL Ziegenkäse, zerkrümelt
Salz
Pfeffer

Die Zwiebel im Öl goldbraun braten und auskühlen lassen. Zwiebel, Artischockenscheiben und Ziegenkäse über den Pastetenboden verteilen und die Pastete nach Geschmack mit Salz und Pfeffer bestreuen.

AUBERGINEN-PAPRIKA-PASTETE
– für 2 Portionen –

sehr bekömmlich	neutral	zu vermeiden
B	–	0, A, AB

1 Pastetenboden, vorgebacken
1 TL Knoblauch-Schalotten-Mischung (siehe dazu Seite 257), oder 1 Knoblauchzehe, geschält und ausgepreßt
1 kleine Aubergine, gegrillt und in Scheiben geschnitten
1 rote Paprikaschote, gebraten und in Streifen geschnitten
1 EL frische Petersilie, gehackt
1 EL Olivenöl

Den Pastetenboden mit der Knoblauch-Schalotten-Mischung bestreichen. Die Auberginenscheiben und Paprikastreifen darüber verteilen, die Pastete mit Petersilie bestreuen und mit Olivenöl beträufeln.

CHAMPIGNON-ZWIEBEL-PASTETE
– für 2 Portionen –

sehr bekömmlich	neutral	zu vermeiden
–	0, A, B, AB	–

1 Pastetenboden, vorgebacken
2 EL Olivenöl
1 Zwiebel, geschält und in Scheiben geschnitten
1 großer Champignon ohne Stiel, in Scheiben geschnitten
1 EL frische Petersilie, gehackt
Salz

Das Öl in einer Pfanne bei mittlerer Temperatur erhitzen und die Zwiebel behutsam braten, bis sie zusammengefallen ist. Die Champignonscheibchen zugeben, 5 bis 8 Minuten dünsten und dann auskühlen lassen. Die Zwiebel-Champignon-Mischung über den Pastetenboden verteilen und die Pastete mit Petersilie und einer Prise Salz bestreuen.

Frittate
Unter Frittata versteht man eine wohlschmeckende Abwandlung des herkömmlichen Omeletts. Obwohl zum Großteil aus denselben Zutaten zubereitet, unterscheiden sich Frittata und Omelett ganz wesentlich voneinander. Frittate sind in der Regel gehaltvoller und können – anders als Omeletts – gebacken, in der Pfanne gebraten und unter dem Backofengrill gebräunt werden. Einerlei, für welche Methode Sie sich entscheiden – Frittate weisen allesamt dieselben Pluspunkte auf: Sie sind rasch zubereitet, sehen appetitlich aus und – was am meisten zählt – sind eine wahre Gaumenfreude.

SPAGHETTI-ZWIEBEL-FRITTATA
– für 4 bis 6 Portionen –

sehr bekömmlich	–	neutral	0, A, B, AB	zu vermeiden	–

60 ml Olivenöl
1 faustgroße Zwiebel, fein gehackt
200 bis 300 g gekochte Spaghetti (aus Buchweizen, Dinkel oder Reis)
4 Eier
Salz
2 EL Butter, Rapsöl-Margarine oder Olivenöl
1 Handvoll frische Petersilie, gehackt

Das Öl in einer gußeisernen Pfanne bei niedriger Temperatur erhitzen. Die Zwiebel hineingeben, unter häufigem Umrühren bei schwacher Hitze goldbraun braten und dann in eine große Schüssel geben. Die kleingeschnittenen Spaghetti hinzufügen und mit den Zwiebeln vermengen. In einer kleinen Schüssel die Eier schaumig schlagen. 1 Prise Salz hinzufügen, die Eimasse über Spaghetti und Zwiebel gießen und alles gut durchmischen. Die Pfanne mit Küchenkrepp ausreiben, so daß keine Zwiebel- und Ölreste mehr vorhanden sind, auf Mittelhitze schalten und die Butter beziehungsweise Margarine erhitzen. Sobald das Fett heiß ist, die Eier-Spaghetti-Mischung hineingeben, gleichmäßig verteilen und die Frittata etwa 5 Minuten braten. Die Frittata zwischendurch ein- bis zweimal am Rand anheben und nachsehen, ob die Eier stocken und sich am Boden eine goldbraune Kruste bildet. Wenn es soweit ist, die Frittata entweder wie einen Pfannkuchen wenden oder einen Augenblick unter den Backofengrill schieben, bis die Eimasse an der Oberfläche gestockt ist. Darauf achten, daß die Frittata an der Oberseite nicht verbrennt. Die Frittata in Tortenstücke schneiden, mit Petersilie bestreuen und heiß oder etwas ausgekühlt servieren.

ZUCCHINI-PILZ-FRITTATA
– für 4 bis 6 Portionen –

sehr bekömmlich	–	neutral	0, A, B, AB	zu vermeiden	–

3 EL Olivenöl
2 Schalotten oder ½ kleine Zwiebel, gehackt
2 mittelgroße Zucchini, der Länge nach und dann schräg geschnitten
1 großer Champignon, in Scheiben geschnitten
5 Eier
20 g Pecorino Romano, frisch gerieben
Salz

Den Backofen auf 180 °C vorheizen. In einer großen, schweren Pfanne 1 EL Öl bei mittlerer Temperatur erhitzen und die Schalotten darin anschwitzen. Zucchini und Champignonscheibchen zugeben und weichdünsten. Mittlerweile die Eier mit 1 EL Wasser verschlagen. Den Käse und das gedünstete Gemüse zu den Eiern geben und alles gut miteinander vermengen. Die restlichen 2 EL Öl in der Pfanne erhitzen, die Eier-Gemüse-Mischung in das heiße Öl geben und die Frittata auf schwacher Hitze langsam braten, bis nur noch die Oberfläche flüssig ist. Die Frittata unter den Backofengrill schieben und zum Schluß nach Geschmack mit Salz bestreuen.

SPINAT-FRITTATA
– für 4 bis 6 Portionen –

sehr bekömmlich	0, A	neutral	B, AB	zu vermeiden	–

5 Eier
1 EL Wasser
2 Handvoll Spinat, gewaschen, trockengetupft und fein gehackt
2 EL Olivenöl
1 EL Knoblauch-Schalotten-Mischung (siehe Seite 257)
40 g Feta, zerkrümelt, oder 20 g Pecorino Romano, frisch gerieben
1 Spritzer Zitronensaft (nach Belieben)
Salz

Den Backofengrill vorheizen. Die Eier mit Wasser verschlagen und den Spinat dazugeben. In einer großen Pfanne das Öl bei mittlerer Temperatur erhitzen und die Knoblauch-Schalotten-Mischung darin glasig anschwitzen. Die Spinat-Eier-Mischung hineingeben und bei Mittelhitze so lange braten, bis nur noch die Oberfläche etwas flüssig ist. Die Frittata mit Käse bestreuen und in etwa 2 bis 3 Minuten unter dem Backofengrill fertigbraten. Mit einem Spritzer Zitronensaft und ein paar Körnchen Salz würzen.

Crêpes (Französische Pfannkuchen)
Das folgende Rezept ist eine Abwandlung des klassischen französischen Crêpe. Anstelle von Weizenmehl und Kuhmilch wird für die Zubereitung des blutgruppenverträglichen Crêpe helles Dinkelmehl und Sojamilch verwendet. Crêpes sind überaus vielseitig. Man kann sie mit Konfitüre bestrichen oder Puderzucker bestreut verzehren, ebensogut aber auch mit gedünstetem Gemüse, Geflügel, Tofu und vielerlei anderen Dingen füllen und zusammenrollen. Crêpes lassen sich sehr gut im voraus zubereiten und unmittelbar vor dem Füllen und Servieren aufwärmen. Das folgende Rezept eignet sich für alle Blutgruppen, und was Belag oder Füllung der Crêpes angeht, sollten Sie natürlich auch nur blutgruppenverträgliche Zutaten verarbeiten.

CRÊPES
– ergibt ca. 8 Crêpes –

| sehr bekömmlich | – | neutral | 0, A, B, AB | zu vermeiden | – |

2 Eier
250 ml Sojamilch (B-Typ: Kuhmilch)
½ TL Salz
2 EL zerlassene Butter, ausgekühlt, oder Margarine
120 g helles Dinkelmehl
1 bis 2 EL Wasser zum Verdünnen des Teiges (falls erforderlich)
Olivenöl (B-Typ) oder Rapsöl zum Braten

In einer Schüssel die Eier kräftig schlagen. Sojamilch, Salz, zerlassene Butter oder Margarine und Mehl zugeben, alles sorgsam miteinander vermengen und den Teig 20 Minuten quellen lassen. Ist keine spezielle Crêpes-Pfanne vorhanden, eine normale Bratpfanne von 20 bis 25 cm Durchmesser mäßig erhitzen, mit ganz wenig Öl bepinseln und überschüssiges Öl mit Küchenkrepp entfernen. Mit einem Schöpflöffel etwas Teig in die Pfanne geben und die Pfanne dabei rasch kreisförmig so bewegen, daß sich der Teig gleichmäßig verteilt. Den Crêpe so lange braten, bis er sich mit der Kante vom Pfannenrand löst. Mit einem langen Spatel behutsam wenden, von der anderen Seite 1 Minute braten und den fertigen Crêpe auf einen Teller gleiten lassen. Mit dem restlichen Teig ebenso verfahren und dabei die Pfanne für jeden Crêpe mit dem öldurchtränkten Küchenkrepp neu einfetten. Die fertigen Crêpes mit Konfitüre bestreichen oder mit frischem Obst, sautierten Beeren oder Gemüseüberbleibseln vom Vortag füllen und servieren.

16 Brot, Gebäck und Pfannkuchen

Brotbacken ist eine Wissenschaft für sich und eine Kunst, die sich aber erlernen läßt und durchaus lohnt. Die vielen Schritte traditionellen Brotbackens sind ziemlich einfach, aber zeitaufwendig, und erfordern Sorgfalt und Geduld. Andererseits fehlt es nicht selten an der notwendigen Zeit, und deshalb finden Sie auf den folgenden Seiten auch Rezepte für Brot aus der Brotbackmaschine. Ein solches Brot reicht zwar an die Qualität eines Produktes aus handgeknetetem Teig nicht heran, schmeckt aber dennoch gut und eignet sich vor allem für die Zubereitung von Sandwiches.
Im übrigen ist auch das Angebot an handelsüblichen, wohlschmeckenden Brotsorten vielfältig; hinzu kommen die Bio-Produkte aus dem Naturkostladen. Trotzdem sollte man die Zutatenliste aufmerksam durchlesen. Brotfabriken gehen nämlich in zunehmendem Maße dazu über, durch clevere Aufmachung ihre Erzeugnisse bekömmlicher erscheinen zu lassen, als sie in Wirklichkeit sind; aber Weizenauszugsmehl ist nach wie vor oftmals die Hauptzutat. Durchaus zu empfehlen ist handelsübliches Essener Brot, und mittlerweile ist auch Dinkel-, Reismehl- und Roggenbrot fast überall erhältlich.
Wer sein Brot selbst backen will, sollte unbedingt ein paar wichtige Punkte beachten: Lesen Sie vor dem Backen das Rezept aufmerksam durch. Verwenden Sie nur zimmerwarme Zutaten und halten Sie sich so genau wie möglich an die Mengenangaben. Und vergewissern Sie sich auch, ob der Backofenthermostat einwandfrei funktioniert. Schon eine Abweichung von +/– 10 bis 13 °C kann den Backvorgang wesentlich beeinträchtigen. Eines ist jedoch gewiß – mit jedem Laib Brot, den Sie aus dem Backofen holen, beherrschen Sie Ihr Handwerk besser.

BROT AUS HANDGEKNETETEM TEIG
QUINOA-TORTILLAS
– ergibt 14 Tortillas –

sehr bekömmlich	–	neutral	0, A, B, AB	zu vermeiden	–

300 g Quinoamehl
180 g helles Dinkelmehl
1 TL Salz
1½ TL Backpulver
4 EL Rapsöl (B-Typ: Olivenöl)
375 ml warmes Wasser

In einer großen Teigschüssel die trockenen Zutaten miteinander vermengen. Öl und Wasser zugeben und die Zutaten mit einem Holzlöffel zu einem Teig verarbeiten. Den Teig auf eine dick bemehlte Arbeitsfläche geben und 10 Minuten kneten, lose mit Frischhaltefolie einschlagen und 10 Minuten ruhen lassen. Anschließend den Teig in 14 Stücke teilen, diese zu Kugeln formen und mit dem Nudelholz zu Tortillas von 25 cm Durchmesser ausrollen. In einer trockenen Pfanne (∅ 30 cm) oder auf einem runden Backblech jede Tortilla von beiden Seiten jeweils 1 Minute backen und die Backzeit möglichst nicht überschreiten, weil die Tortillas sonst hart und spröde werden. Die fertigen Tortillas in ein großes, sauberes Geschirrtuch wickeln.

Tortillas – kleine, ungesäuerte Fladenbrote – sind rasch zubereitet und passen zu fast jeder Mahlzeit. Quinoamehl ist so grobkörnig wie Maismehl, deshalb sind Quinoa-Tortillas in Geschmack und Konsistenz den kleinen Fladenbroten aus Maismehl sehr ähnlich.

Stellen Sie Quinoa-Tortillas beispielsweise mit Bohnen und knackigem Romanasalat auf den Tisch. Übriggebliebene Tortillas kann man in Dreiecke schneiden, mit Olivenöl bestreichen und im vorgeheizten Backofen bei 180 °C von beiden Seiten 10 Minuten überbacken. Diese knusprigen Quinoahappen eignen sich als gesundes Knabberzeug für Kinder. Tortillas lassen sich auch einfrieren und auf dem Toaster, in einer vorgeheizten Pfanne, im Backofen oder in der Mikrowelle im Handumdrehen aufbacken.

HAMBURGER-BRÖTCHEN
– ergibt 16 Brötchen –

sehr bekömmlich	–	neutral	0, A, B, AB	zu vermeiden	–

1 EL Trockenhefe
½ l warmes Wasser
2½ TL Salz
600 bis 660 g helles Dinkelmehl
30 g Maismehl (nicht 0-, B- und AB-Typ), Roggencrackerbrösel (nicht B-Typ) oder Reismehl zum Bestäuben des Backbleches
1 Ei, verschlagen, zum Bestreichen
1 bis 2 EL blutgruppenverträgliche Samenkörner (nach Belieben)

Die Hefe in warmem Wasser auflösen und 5 Minuten stehen lassen. Salz und bis auf 60 g das gesamte Mehl hinzufügen und von Hand oder mit einem Knethaken zu einem Teig verarbeiten. Den Teig auf eine dick bemehlte Arbeitsfläche legen, 8 bis 10 Minuten kneten und dabei die letzten 60 g Mehl einarbeiten. Eine große Schüssel mit Öl ausstreichen, den Teig hineinlegen und darin wenden, so daß er ringsum mit Öl überzogen ist. Die Schüssel mit einem sauberen Geschirrtuch zudecken, an einen warmen Ort in der Küche stellen und den Teig gehen lassen, bis er sein Volumen verdoppelt hat. Den Teig auf eine mit Mehl bestäubte Arbeitsfläche legen und 16 Kugeln formen. Die Kugeln etwas plattdrücken und den Teig mit den Fingern, ähnlich wie bei einer Pizza, von der Mitte zum Rand hin ziehen. Die Brötchen mit reichlich Abstand voneinander auf ein mit Mais- oder Reismehl oder mit Roggencrackerkrümeln bestreutes Backblech legen, mit dem verschlagenen Ei bestreichen und nach Belieben mit Samenkörnchen bestreuen. Die meisten Samen sollte man zuvor kurz rösten. Den Backofen auf 190 °C vorheizen. Die mit dem Geschirrtuch zugedeckten Brötchen nochmals 30 Minuten gehen lassen, 12 bis 15 Minuten backen und auf dem Backblech auskühlen lassen.

Die kleinen Brötchen, die Sie nach Belieben mit Mohn, Sesamsamen oder Kümmel bestreuen können, sind vielseitig verwendbar, beispielsweise für Hamburger oder als Beilage für Suppen. Und was nicht verzehrt wird, läßt sich ohne weiteres einfrieren.

DINKELVOLLKORN-BRÖTCHEN
– ergibt 14 bis 16 Brötchen –

sehr bekömmlich	AB	neutral	0, A, B	zu vermeiden	–

375 ml warmes Wasser
30 g Sojamehl
85 ml Rapsöl (B-Typ: Olivenöl)
1½ TL Salz
1 EL Zucker
2 EL Trockenhefe
360 g helles Dinkelmehl
240 g Dinkelvollkornmehl
1 Ei, verschlagen, zum Bestreichen
Mohn- oder Sesamsamen

Wasser, Sojamehl, Öl, Salz und Zucker in eine Schüssel geben und gut miteinander vermengen. Die Trockenhefe darüberstreuen und einige Minuten abwarten, bis sie sich aufgelöst hat. 4 Fünftel des Mehls darübergeben, die Mischung mit einem Holzlöffel oder Knethaken zu einem Teig verarbeiten und 1 Minute ruhen lassen. Den Teig auf eine bemehlte Arbeitsfläche legen und 10 Minuten kneten; dabei das restliche Mehl einarbeiten. Eine große Schüssel mit Öl ausstreichen, den Teig hineinlegen und darin wenden, so daß er ringsum mit Öl überzogen ist. Die Schüssel mit einem sauberen Geschirrtuch zudecken, an einen warmen Ort in der Küche stellen und den Teig etwa 45 bis 55 Minuten beziehungsweise so lange gehen lassen, bis er sein Volumen verdoppelt hat.
Ein Backblech mit Öl bestreichen. Den Teig zusammendrücken und in zwei Hälften teilen. Eine Teighälfte in 8 Stücke teilen und diese zu runden, glatten Brötchen und die zweite Teighälfte zu 6 bis 8 länglichen Hotdog-Brötchen formen. Die Brötchen mit dem geschlagenen Ei bestreichen, mit Mohn- oder Sesamsamen (je nach Blutgruppe) bestreuen und zugedeckt nochmals 45 Minuten beziehungsweise so lange gehen lassen, bis sie ihr Volumen verdoppelt haben. Den Backofen auf 220 °C vorheizen, die Brötchen 20 Minuten backen und zum Auskühlen auf ein Drahtgitter legen. Sie lassen sich gut einfrieren.

Brotbackmaschinen
Brotbackmaschinen sind seit Jahren auf dem Vormarsch. Sie übernehmen nicht nur die kraftraubende Arbeit des Teigknetens, sondern der Teig geht auch in demselben Behälter, in dem die Zutaten gemischt werden, und das Brot wird auch darin gebacken. Messen Sie die Zutaten genau ab – ein Zuviel oder Zuwenig an Mehl oder Wasser kann sich auf Geschmack und Beschaffenheit des Brotes unmittelbar auswirken. Brotbackmaschinen sind auf die Verarbeitung spezieller Mehlsorten ausgelegt – in der Regel auf die Verarbeitung von Weizenauszugs- oder Weizenvollkornmehl. Diese Mehle besitzen einen höheren Anteil an Gluten als Dinkelmehl, und deshalb müssen Sie beim Umgang mit einer Brotbackmaschine einige Punkte beachten. Bei den Einstellungen »Mischen« und »Kneten« wird glutenärmeres Dinkelmehl übermäßig »bearbeitet«, und deshalb sollten Sie die Hefe in Wasser auflösen und nicht als letzte Zutat über das Mehl streuen. Stellen Sie den kürzesten Backzyklus ein. Und machen Sie sich keine Gedanken, wenn Sie das erste oder zweite Brot aus der Brotbackmaschine an die Enten verfüttern oder zu Brotpudding verarbeiten müssen. Mit der Zeit bekommen Sie, was Geschmack und Konsistenz Ihres Brotes angeht, den Bogen raus. Selbstgebackenes Brot ist – selbst unter Zuhilfenahme eines so praktischen Gerätes – ungemein wohlschmeckend, reich an Nährstoffen und – was am meisten zählt – von den Zutaten her auf die individuelle Blutgruppe abgestimmt.

Tip
Einen volleren Geschmack und eine schönere Kruste bekommt Ihr Brot, wenn Sie die Brotbackmaschine auf »Teig« einstellen und es dann nach dem Aufgehen des Teiges im Backofen backen. Sie sparen trotzdem eine Menge Zeit und Arbeit.

KRÄUTERBROT
– ergibt einen Laib von etwa 900 g –

| sehr bekömmlich | AB | neutral | 0, A, B | zu vermeiden | – |

375 ml Wasser
1¼ TL Hefe
3 EL Sojamehl
2 EL Rapsöl (B-Typ: Olivenöl)
1 TL Zucker
1½ TL Salz
480 g helles Dinkelmehl, oder 360 g helles Dinkelmehl + 120 g Dinkelvollkornmehl
1 bis 2 TL getrocknetes Basilikum
1 bis 2 TL getrockneten Thymian

Sämtliche Zutaten abmessen und in der angegebenen Reihenfolge in den Behälter der Brotbackmaschine geben. Den Behälter in die Kammer schieben, sichern und den Deckel schließen. Die Maschine starten und das fertige Brot vor dem Aufschneiden auskühlen lassen.
Beträufeln Sie das Brot vor dem Verzehr mit ein paar Tropfen Olivenöl und streuen Sie etwas Knoblauch darüber.

DINKELBROT
– ergibt einen Laib von etwa 900 g –

| sehr bekömmlich | – | neutral | 0, A, B, AB | zu vermeiden | – |

375 ml Wasser
1⅓ TL Hefe
2 EL Sojamilchpulver
2 EL Rapsöl (B-Typ: Olivenöl)
2 TL Zucker
1½ TL Salz
270 g Dinkelvollkornmehl
240 g helles Dinkelmehl

Sämtliche Zutaten abmessen und in der angegebenen Reihenfolge in den Behälter der Brotbackmaschine geben. Den Behälter in die Kammer schieben, sichern und den Deckel schließen. Die gewünschte Qualität der Kruste wählen, die Maschine starten und das fertige Brot vor dem Aufschneiden vollständig auskühlen lassen.

Dieses Brot eignet sich vor allem für Sandwiches. Soll es hell und locker werden, nimmt man nur helles Dinkelmehl. Kerniger und etwas reicher an Ballaststoffen wird es durch die Verwendung von Dinkelvollkornmehl und hellem Dinkelmehl zu gleichen Teilen.

ROSINENBROT MIT ZIMT
– ergibt einen Laib von etwa 900 g –

sehr bekömmlich	–	neutral	A, B, AB	zu vermeiden	0

335 ml Wasser
1¼ TL Hefe
2 EL Sojamehl
2 EL Rapsöl (B-Typ: Olivenöl)
1½ EL Zucker
1½ TL Salz
360 g helles Dinkelmehl
150 g Dinkelvollkornmehl
1½ TL Zimt (B-Typ: eine Prise geriebene Muskatnuß)
160 g Rosinen

Sämtliche Zutaten abmessen und mit Ausnahme der Rosinen in der angegebenen Reihenfolge in den Behälter der Brotbackmaschine geben. Den Behälter in die Kammer schieben, sichern und den Deckel schließen. Die Maschine starten und bei entsprechender Anzeige die Rosinen hinzufügen. Das Rosinenbrot vor dem Aufschneiden vollkommen auskühlen lassen.

Teegebäck
Teegebäck ist rasch gebacken, läßt sich gut einfrieren, und an abwechslungsreichen Rezepten herrscht kein Mangel. Aus bekömmlichen Zutaten zubereitet, schmeckt ein Stückchen Teegebäck sehr gut zum Frühstück, ist ein gesunder Happen für Kinder oder ergibt mit einer Tasse grünem Tee und etwas Obst eine sättigende Zwischenmahlzeit. Teegebäck wird aus Rührteig hergestellt. Er enthält Backpulver und/oder Natriumbikarbonat, muß im Gegensatz zu

Hefeteig vor dem Backen nicht gehen und sollte nicht übermäßig »bearbeitet« werden, weil dies die Konsistenz des Gebäcks beeinträchtigt.
Frisches Obst und Trockenfrüchte, Nüsse und Samenkerne ermöglichen eine Vielfalt an Abwandlungen. Experimentieren Sie also nach Lust und Laune – aber immer mit blutgruppenverträglichen Sorten.

SÜSSES MAISBROT
– ergibt 12 Stücke –

sehr bekömmlich	–	neutral	A	zu vermeiden	0, B, AB

Fett zum Ausstreichen der Backform
90 g helles Dinkelmehl
90 g Maismehl
60 g Buchweizenmehl
2 EL brauner Zucker
2½ TL Backpulver
1 Prise Salz
2 Eier
4 EL Rapsöl-Margarine, zerlassen
250 ml Sojamilch

Den Backofen auf 220 °C vorheizen und eine eingefettete, quadratische Backform (ca. 22 × 22 cm) darin vorwärmen. Dinkel-, Mais- und Buchweizenmehl, Zucker, Backpulver und Salz in einer Schüssel miteinander vermengen. In einer anderen Schüssel die Eier kräftig schlagen, dann die zerlassene Margarine und die Sojamilch unterrühren. Die flüssigen zu den trockenen Zutaten geben, rasch miteinander vermengen, aber nicht allzu kräftig rühren, und den Teig in die heiße Backform füllen. Das Brot 20 bis 25 Minuten backen und heiß servieren.
Maisbrot schmeckt gut zu Suppen und Eintöpfen, zu Fleisch- und Bohnengerichten.

ZITRONENKUCHEN

| sehr bekömmlich | – | neutral | 0, B | zu vermeiden | A, AB |

150 g zimmerwarme Butter
150 g Zucker
3 Eier, verschlagen
1 EL Zitronensaft
geriebene Schale von 1 Zitrone
180 g helles Dinkelmehl
¾ TL Backpulver
¼ TL Salz

Für die Zitronenglasur

250 ml Wasser
Saft von 2 Zitronen
3 EL Honig

Den Backofen auf 180 °C vorheizen und zwei Kastenformen (ca. 20 × 10 × 5 cm) mit Butter einfetten und Mehl bestäuben. In einer Schüssel Butter und Zucker schaumig rühren, Eier, Zitronensaft und -schale zugeben und dann nach und nach das mit Backpulver und Salz vermischte Mehl behutsam, aber nicht zu kräftig unterrühren. Die Kastenformen zu knapp Dreivierteln mit dem Teig füllen und den Kuchen 25 Minuten backen.

Mittlerweile die Glasur zubereiten. Sämtliche Zutaten in einer kleinen Kasserolle zusammenrühren und etwa 10 Minuten köcheln lassen. Die dickflüssige, aber noch gießfähige Glasur über die beiden noch warmen Kuchen gießen und seitlich herunterlaufen lassen. Den Kuchen erst nach dem Auskühlen aufschneiden.

Durch die Zitronenglasur bleibt der Kuchen mehrere Tage lang saftig. Noch besser ist es, ihn in den Kühlschrank zu stellen.

SÜSSES MANDEL-KÜRBIS-BROT
– ergibt einen Laib –

sehr bekömmlich	–	neutral	0, A, AB	zu vermeiden	B

Butter oder Öl zum Einfetten der Form
120 g helles Dinkelmehl
100 g gemahlene Mandeln
½ TL Backpulver
1 TL Natriumbikarbonat
½ TL Salz
½ TL Zimt (nur A- und AB-Typ)
⅛ TL Gewürznelken, gemahlen
⅛ TL Muskatnuß, gerieben (nicht für 0-Typ)
½ TL Ingwerpulver
150 g Zucker
50 g zimmerwarme Butter (A- und AB-Typ: Rapsöl-Margarine)
2 Eier
200 g Kürbis aus der Dose, gehackt
85 ml Sojamilch
80 g Rosinen oder getrocknete, gehackte Feigen

Den Backofen auf 180 °C vorheizen und eine feuerfeste Form (ca. 22 × 32 cm) mit Butter oder Öl einfetten. In einer großen Schüssel das mit dem Backpulver und Natriumbikarbonat gemischte Mehl, Salz und Gewürze miteinander vermengen. In einer zweiten Schüssel Zucker, Butter (oder Margarine) und Eier schaumig schlagen, den Kürbis zugeben und nochmals schlagen. Die trockenen Zutaten und die Sojamilch abwechselnd dazugeben und rasch unterrühren, die Rosinen oder Feigen unterheben und den Teig in die vorbereitete Form füllen. Das Mandel-Kürbis-Brot etwa 30 Minuten gar backen (Stäbchenprobe).

Teig für Pfannkuchen und Waffeln

Pfannkuchen und Waffeln schmecken jederzeit – nicht nur am Sonntag oder zum Frühstück. Halten Sie immer eine Mischung der trockenen Zutaten in einem luftdicht verschlossenen Behälter parat. Sie brauchen dann nur noch die feuchten Zutaten darunterzumischen, die Pfanne auf den Herd zu stellen oder das Waffeleisen anzuheizen und können im Handumdrehen leckere Pfannkuchen oder Waffeln auf den Tisch stellen.

GERSTE-DINKEL-PFANNKUCHEN
– ergibt 15 bis 20 kleine Pfannkuchen –

sehr bekömmlich	–	neutral	0, A, AB	zu vermeiden	B

120 g Gerstenmehl
120 g Dinkelmehl
2 TL Backpulver
1 Prise Salz
2 Eier
375 ml Sojamilch
Wasser nach Bedarf
Butter, Margarine oder Öl zum Backen

Mehl, Backpulver und Salz in einer großen Schüssel miteinander vermengen. In einer zweiten Schüssel die Eier kräftig schlagen und die Sojamilch unterrühren. Die flüssigen zu den festen Zutaten geben und alles gut miteinander verrühren. Nach Bedarf etwas Wasser zugießen – je nachdem, ob die Pfannkuchen dick oder eher etwas dünner sein sollen. Butter, Margarine oder Öl in einer schweren Pfanne erhitzen, mit dem Schöpflöffel etwas Teig in das heiße Fett geben und den Pfannkuchen bei schwacher Hitze so lange backen, bis sich an der Oberfläche Blasen gebildet haben. Den Pfannkuchen wenden und von der anderen Seite goldgelb backen. Die Pfannkuchen mit Ahornsirup, Honig oder Konfitüre servieren.

AMARANTH-PFANNKUCHEN
– ergibt 15 bis 20 kleine Pfannkuchen –

sehr bekömmlich	–	neutral	A, AB	zu vermeiden	0, B

120 g Amaranthmehl
120 g helles Dinkelmehl
1 TL Zucker
½ TL Salz
1 TL Backpulver
2 Eier, verschlagen
200 g fettarme Ricotta
250 ml Wasser
½ TL Mandelextrakt
Butter, Margarine oder Öl zum Backen

In einer mittelgroßen Schüssel Mehl, Zucker, Salz und Backpulver miteinander vermengen. In einer zweiten Schüssel Eier, Ricotta, Wasser und Mandelextrakt miteinander verrühren, zu den trockenen Zutaten geben und alles zu einem Teig rühren. Den zunächst etwas dünnflüssigen Teig 5 Minuten quellen lassen. Butter, Margarine oder Öl in einer schweren Pfanne erhitzen, mit dem Schöpflöffel etwas Teig in das heiße Fett geben und den Pfannkuchen bei Mittelhitze so lange backen, bis sich an der Oberfläche Blasen bilden. Den Pfannkuchen wenden und von der zweiten Seite hellgelb backen.

Amaranth ist ein hervorragender Eiweiß- und Vitaminlieferant und enthält neben anderen Mineralstoffen beispielsweise zweimal soviel Eisen und viermal soviel Calcium wie Weizen.

NATURREIS-DINKEL-PFANNKUCHEN
– ergibt 15 bis 20 kleine Pfannkuchen –

sehr bekömmlich	B, AB	neutral	0, A	zu vermeiden	–

120 g Naturreismehl
120 g Dinkelvollkornmehl
1 TL Backpulver
2 Eier
375 ml Reismilch
Butter, Margarine oder Öl zum Backen

In einer mittelgroßen Schüssel Mehl und Backpulver miteinander vermengen, Eier und Reismilch zugeben und die Mischung mit dem Schneebesen schlagen. Butter, Margarine oder Öl in einer schweren Pfanne erhitzen, mit dem Schöpflöffel etwas Teig in das heiße Fett geben und den Pfannkuchen bei mittlerer bis schwacher Hitze so lange backen, bis sich an der Oberfläche Blasen bilden. Den Pfannkuchen wenden und von der anderen Seite goldbraun backen. Die Pfannkuchen mit Ahornsirup, Honig oder Konfitüre servieren.

Angehörige der Blutgruppe B sollten darauf achten, daß die Reismilch – wie dies bei manchen Produkten der Fall ist – kein Rapsöl enthält.

17 Desserts, Käse und Obst

Süße Nachspeisen zählen mitunter zu den schönsten Kindheitserinnerungen. Viele Menschen können sich einen Speisezettel ohne Torten, Kuchen und Kekse, Süßspeisen und Eiscreme nicht so recht vorstellen und beenden keinen Tag, ohne irgend etwas Süßes genascht zu haben. Aber auch andere Dinge, wie beispielsweise Obst und Käse, sind als Dessert ungemein beliebt. Eine reife Birne oder ein leckerer Bratapfel ist als wohlschmeckender Nachtisch ebenso willkommen wie vielleicht ein Stückchen pikanter, vollreifer Käse.

Kinder sollten ihren Nachtisch als vollwertigen Teil der Mahlzeit und nicht nur als pure Nascherei betrachten. Kaufen Sie nur erstklassige Eiscreme und stellen Sie Kuchen, Kekse und Süßspeisen aus der eigenen Küche auf den Tisch. Auf diese Weise bestimmen Sie selbst die Zutaten, und mit der Zeit wird das eine oder andere Dessert gewiß zum Lieblingsnachtisch der ganzen Familie werden. Verzichten Sie so weit wie möglich auf Industriebackwaren. Sie sind zumeist aus Weizenmehl hergestellt; viele enthalten tropische Öle und fast alle chemische Zusätze, die gesundheitsbewußte Menschen davon abhalten dürften – oder zumindest sollten –, derlei Produkte zu kaufen.

Nichts geht über ein selbstzubereitetes Dessert. Das einzige wirkliche Problem besteht darin, daß man des Guten zuviel tut. Angesichts einer wohlgefüllten Keksdose in der Küche fühlt sich so mancher geradezu »verpflichtet«, derlei Köstlichkeiten möglichst rasch zu verspeisen, damit auch ja nichts alt wird und verkommt! Natürlich kann man so manchen Leckerbissen auch einfrieren, aber bedauerlicherweise ist er im Handumdrehen auch wieder aufgetaut. Am besten hält man es bei Nachspeisen wohl mit dem Grundsatz: »Mäßig, aber regelmäßig«.

MÖHREN-INGWER-KUCHEN
– ergibt 2 runde Kuchen –

| sehr bekömmlich | – | neutral | 0, A, AB | zu vermeiden | B |

Butter, Margarine oder Öl für die Formen
240 g Dinkelvollkornmehl
2 TL Natriumbikarbonat
2 TL Backpulver
1 TL Salz
335 ml Rapsöl
300 g brauner Zucker
4 Eier, leicht verschlagen
300 g Möhren, geraspelt
1 Stück (5 cm) Ingwerwurzel, geschält, gerieben
80 g Rosinen
120 g Walnußkerne, gehackt

Backofen auf 160 °C vorheizen. Zwei Springformen (∅ 20 cm) einfetten und mit Mehl bestäuben. In einer großen Schüssel die trockenen Zutaten und in einer anderen Schüssel Öl, Zucker, Eier, Möhren und Ingwer miteinander vermengen. Die Möhren-Mischung zu den trockenen Zutaten geben, alles locker miteinander vermengen und dann die Rosinen und Walnußkerne unterheben. Die vorbereiteten Springformen knapp bis zum Rand mit Teig füllen und den Kuchen 55 Minuten beziehungsweise so lange backen, bis bei der Stäbchenprobe kein Teig mehr am Zahnstocher klebt. Den Kuchen auskühlen lassen, aus der Form nehmen und – nach Belieben mit Puderzucker bestreut – servieren.

WALNUSSHÄPPCHEN
– ergibt 12 bis 15 Häppchen –

| sehr bekömmlich | – | neutral | 0, B | zu vermeiden | A, AB |

200 g zimmerwarme Butter
180 g Dinkelmehl (für B-Typ: nach Belieben 60 g Dinkelmehl durch 60 g Hafermehl ersetzen)
60 g Walnußkerne, gemahlen
50 g Puderzucker
1 Prise Salz

Den Backofen auf 180 °C vorheizen. In einer großen Schüssel die Butter schaumig schlagen, Mehl, Walnußkerne, Zucker und Salz zugeben und alles sorgsam zu einem ziemlich festen Teig verrühren. Den Teig mit den Fingern fest in eine nicht gefettete Backform (ca. 22 × 22 cm) drücken und in Abständen von gut 1 cm mit einer Gabel einstechen. Das Gebäck 25 Minuten beziehungsweise so lange backen, bis es eine goldgelbe Farbe angenommen hat. Einige Minuten auskühlen lassen und dann in kleine Quadrate oder schmale Rechtecke schneiden. Bei Verwendung einer runden Backform die Walnußhäppchen in Dreiecksform schneiden.

Stellen Sie diese leckeren Häppchen zusammen mit Obstsalat, Kompott oder einer Schale Weintrauben auf den Tisch.

ZITRONENECKEN
– ergibt 12 bis 16 Stücke –

sehr bekömmlich	–	neutral	0, B, AB	zu vermeiden	A

90 g Dinkelmehl
30 g Walnußkerne, gemahlen
25 g Puderzucker
100 g Butter, zerlassen und abgekühlt (AB-Typ: Rapsöl-Margarine)
150 g Zucker
½ TL Backpulver
2 Eier, verschlagen
3 EL Zitronensaft
3 TL abgeriebene Zitronenschale
1 Prise Salz

Den Backofen auf 180 °C vorheizen. In einer kleinen Schüssel Mehl, Walnußkerne und Puderzucker miteinander vermengen, die zerlassene Butter zugeben und sorgfältig unterrühren. Den Teig mit den Fingern fest in eine mit Butter eingefettete Backform (ca. 20 × 20 cm) drücken und etwa 20 Minuten beziehungsweise so lange backen, bis das Gebäck etwas Farbe angenommen hat.

Mittlerweile Zucker, Backpulver, Eier, Zitronensaft und -schale und Salz in eine Schüssel geben und einige Sekunden kräftig schlagen. Die Mischung über das noch warme, aber nicht mehr heiße Gebäck verteilen und die Backform nochmals 20 Minuten beziehungsweise so lange in den Backofen schieben, bis die Zitronenmischung etwas aufgegangen ist, sich verfestigt und ein kräftiges Goldgelb angenommen hat. Das Gebäck auskühlen lassen und in 4 bis 5 cm große Quadrate schneiden.

ERDNUSSBUTTERPLÄTZCHEN
– ergibt etwa 40 Plätzchen –

sehr bekömmlich	–	neutral	A, AB	zu vermeiden	0, B

Fett zum Einfetten des Backbleches oder Backpapier
100 g Margarine
100 g brauner Zucker
50 g weißer Zucker
2 Eier
250 g ungesalzene Erdnußbutter
1 reichliche Prise Salz
½ TL Natriumbikarbonat
1 TL Vanilleextrakt
120 g Dinkelmehl
60 g Hafermehl

Den Backofen auf 180 °C vorheizen und das Backblech einfetten. Die Margarine schaumig rühren, den braunen und weißen Zucker zugeben und zu einer cremigen Masse schlagen. Eier, Erdnußbutter, Salz, Natriumbikarbonat und Vanilleextrakt hineingeben und so lange schlagen, bis sich die Erdnußbutter mit allen Zutaten vollständig vermischt hat. Dinkel- und Hafermehl zugeben und sorgsam in den Teig einarbeiten. Vom Teig kleine Stückchen abnehmen, zwischen den Handflächen zu Kugeln von ca. 2 cm Durchmesser formen und diese auf das gefettete oder mit Backpapier belegte Backblech setzen. Die Kugeln mit den Zinken einer Gabel zu ca. 6 mm dicken Plätzchen flachdrücken, 7 bis 10 Minuten backen beziehungsweise so lange, bis sie anfangen, Farbe anzunehmen. Die fertigen Plätzchen auf ein Drahtgitter legen und auskühlen lassen.

APFELKUCHEN
– für 8 bis 10 Portionen –

sehr bekömmlich	–	neutral	0, A, B, AB	zu vermeiden	–

300 bis 400 g Äpfel, geschält, geviertelt und in dünne Scheiben geschnitten
150 g Zucker
Saft und geriebene Schale von 1 Zitrone
1 EL Dinkelmehl
5 EL Butter oder Margarine, zerlassen (für A- und AB-Typ: nach Belieben Rapsöl-Margarine)
60 g helles Dinkelmehl
60 g Dinkelvollkornmehl
1 TL Backpulver
1 Prise Salz
2 Eier
60 ml Sojamilch

Den Backofen auf 180 °C vorheizen. Den Boden einer runden Kuchen- oder Auflaufform ($\emptyset$ 20 bis 23 cm) mit hohem Rand mit Butter bestreichen und die Apfelscheiben in dekorativer Anordnung, beispielsweise spiralförmig, hineinlegen. Die Apfelscheiben mit 100 g Zucker und abgeriebener Zitronenschale bestreuen und mit Zitronensaft beträufeln. Nach Belieben noch etwas Zimt (für A- und AB-Typ) oder geriebene Muskatnuß (für B-Typ) darüberstreuen. Die Apfelscheiben mit 1 EL Mehl bestäuben und dann die zerlassene Butter oder Margarine darübergießen.
In einer Schüssel das gesamte Mehl, die restlichen 50 g Zucker, Backpulver und Salz miteinander vermengen. In einer zweiten Schüssel die Eier leicht schlagen und den restlichen EL zerlassene Butter und die Sojamilch rasch unterrühren. Die flüssigen zu den trockenen Zutaten geben und alles behutsam miteinander verrühren. Den Teig über die Apfelscheiben gießen und den Kuchen 30 bis 40 Minuten beziehungsweise so lange backen, bis er ein schönes Goldbraun angenommen hat und bei der Stäbchenprobe kein Teig mehr am Zahnstocher klebenbleibt. Eine große Platte auf die Backform legen und den Kuchen stürzen.

BASMATIREIS-AUFLAUF
– für 6 bis 8 Portionen –

| sehr bekömmlich | – | neutral | 0, A, B, AB | zu vermeiden | – |

Butter zum Ausfetten der Auflaufform
360 g Basmatireis, gekocht
4 Eier
½ l Sojamilch
100 g Zucker
2 EL Butter oder Rapsöl-Margarine, zerlassen
abgeriebene Schale von 1 Zitrone
Saft von ½ Zitrone
80 g Rosinen

Den Backofen auf 180 °C vorheizen. Eine Auflaufform mit Butter einfetten und den Reis hineingeben. In einer großen Schüssel die Eier mit dem Schneebesen schaumig schlagen, die übrigen Zutaten dazugeben und alles sorgfältig miteinander vermengen. Die Mischung über den Reis gießen und alles mit einer Gabel locker vermengen. Den Auflauf 40 bis 50 Minuten beziehungsweise so lange backen, bis er sich verfestigt hat.

Servieren Sie diesen gehaltvollen Auflauf, für den Sie übriggebliebenen Reis verwenden können, als Mittagsimbiß und stellen Sie dazu eine Schüssel Obstsalat auf den Tisch.

TOFU-KÜRBIS-PUDDING
– für 3 bis 4 Portionen –

| sehr bekömmlich | A, AB | neutral | 0 | zu vermeiden | B |

1 Block Tofu
250 g Kürbis aus der Dose
Honig nach Bedarf (mit 1 bis 2 EL beginnen)

Sämtliche Zutaten im Mixer zu einer glatten Masse pürieren, in Schälchen füllen und in den Kühlschrank stellen.
Für diese Puddingcreme können Sie nach Belieben jedes mit Ihrer Blutgruppe verträgliche Obst verwenden.

Käse

Seit eh und je steht Käse als klassischer Abschluß eines köstlichen Mahles hoch im Kurs, und die Auswahl ist schier unerschöpflich. Bedauerlicherweise ist aber der Genuß von Kuhmilchprodukten für bestimmte Blutgruppen mit allerlei Problemen verknüpft, insbesondere mit der vermehrten Bildung von Schleim. Angehörige der Blutgruppen 0 und A tun am besten daran – von einem Stückchen Schafs- oder Ziegenkäse einmal abgesehen –, Milchprodukte so gut wie gänzlich von ihrem Speisezettel zu streichen. Typ B und Typ AB hingegen können bei Käsesorten, die aus Kuhmilch hergestellt sind, aus einer wesentlich breiter gefächerten Palette wählen. Käse enthält jedoch einen hohen Anteil an gesättigten Fettsäuren, und deshalb sollte man des Guten nicht zuviel tun. Wirklich zuträglich ist Käse eigentlich nur der Blutgruppe B. Achten Sie beim Einkauf von Käse auf die Herstellerangaben. So wird beispielsweise Feta keineswegs immer aus Schafsmilch hergestellt, sondern mitunter auch aus Kuhmilch.

Im folgenden finden Sie eine kleine Sortenauswahl an Ziegen- und Schafskäse, aber werfen Sie vor dem Verzehr vorsichtshalber einen Blick auf Ihre blutgruppenspezifische Nahrungsmitteltabelle.

Ziegenkäse
Altenburger (Deutschland)
Beauceron (Frankreich)
Cabrales (Spanien)
Caprino (Italien)
Chèvrotin des Aravis (Frankreich)
Corleggy (Irland)
Crottin de Chavignol (Frankreich)
Kefalotiri (Griechenland)
Mothais (Frankreich)
Skyros (Griechenland)

Schafskäse
Brousse (Frankreich)
Cratloe (Irland)

Feta (Griechenland)
Manchego (Spanien)
Pecorino Romano (Italien)
Ricotta Romana (Italien)
Roquefort (Frankreich)
Salamana (Griechenland)

Obst

Obst zählt zu den köstlichsten Gaben der Natur, und Qualität und Geschmack von reifen Früchten sind mitunter etwas ganz Besonderes. In Kombination mit Käse gilt Obst als klassisches Dessert. Darüber hinaus eignet es sich ideal als Zwischenmahlzeit oder als Beilage zu verschiedenen Gerichten und kann sogar zur eigenständigen Mahlzeit werden. Und Kindern, die am Spätnachmittag hungrig sind, gibt man so kurz vor dem Abendessen am besten etwas Obst.

SAUTIERTE BANANEN
– für 2 Portionen –

sehr bekömmlich	B	neutral	0	zu vermeiden	A, AB

2 reife Bananen
2 EL Butter
1 EL Zitronensaft (nach Belieben)
abgeriebene Zitronenschale

Die Bananen vierteln; das heißt, zuerst in der Mitte auseinanderschneiden und die Hälften dann der Länge nach halbieren. In einer schweren Kasserolle die Butter zerlassen. Auf schwache Hitze herunterschalten, die Bananen in die Kasserolle geben und behutsam in der Butter wenden. Die Bananen 4 bis 6 Minuten beziehungsweise so lange sachte sautieren, bis sie braun und weich werden, und darauf achten, daß sie nicht anbrennen. Die sautierten Bananen nach Belieben mit Zitronensaft beträufeln und mit abgeriebener Zitronenschale bestreut sofort servieren.

FRISCHE FEIGEN MIT ZIEGENKÄSE

| sehr bekömmlich | 0, A, AB | neutral | B | zu vermeiden | – |

3 bis 4 frische Feigen pro Person
Ziegenkäse

Die Feigen der Länge nach in Scheiben schneiden, fächerförmig auf einem Teller anrichten und mit zerkrümeltem Ziegenkäse bestreuen.

Rechnen Sie bei diesem Dessert pro Person 3 bis 4 Feigen und 1 bis 2 Scheiben Käse.

OBSTSALAT AUS TROPENFRÜCHTEN

| sehr bekömmlich | 0, A, B, AB | neutral | – | zu vermeiden | – |

Papaya (Typ 0, B und AB)
Mango (Typ 0 und B)
Kiwi (Typ 0, A, B und AB)
Ananas (Typ 0, A, B und AB)
Sternfrucht (Karambola) (Typ 0 und A)
Banane (Typ 0 und B)
Guave (Typ 0, A und B)
Zitronen- oder Limettensaft

Sämtliche Früchte vorbereiten: Papaya und Mango schälen, entkernen und in Stückchen schneiden. Kiwi schälen und in Scheiben oder Spalten schneiden. Die Ananas schälen, den holzigen Mittelstrang entfernen und in kleine Stückchen schneiden. Sternfrucht (Karambola) und Banane in Scheiben schneiden und die Guaven schälen, entkernen und in Streifen oder Stückchen schneiden. Den Obstsalat entweder schichtweise nach Fruchtsorten getrennt in einer Glasschüssel anrichten oder die kleingeschnittenen Früchte sehr behutsam miteinander vermengen. Jede einzelne Schicht mit Zitronen- oder Limettensaft beträufeln oder den Saft vor dem Vermengen über die Früchte gießen.

Stellen Sie diese saftigen, aromatischen Früchte nach Geschmack und Blutgruppe zusammen und beträufeln Sie sie mit reichlich

Zitronen- oder Limettensaft, damit sie ihre Farbe behalten. Gehaltvoller wird der Tropenfruchtsalat mit einem Klecks Ricotta-Dressing (siehe Seite 247) auf jeder Portion. Rechnen Sie pro Person etwa 100 bis 150 g Früchte.

BRATÄPFEL

sehr bekömmlich	–	neutral	0, A, B, AB	zu vermeiden	–

4 Äpfel
60 g Walnußkerne, gehackt
80 g getrocknete gehackte Feigen und Aprikosen
Saft von ½ Zitrone
geriebene Schale von ½ Zitrone
Ahornsirup
2 EL Butter oder Margarine
250 ml kochendes Wasser

Den Backofen auf 180 °C vorheizen. Die Äpfel aushöhlen und darauf achten, daß der Boden nicht durchstochen wird. Walnußkerne und Dörrobst sowie Zitronensaft und -schale in eine Schüssel geben, etwa 2 EL Ahornsirup hinzufügen, alles gut miteinander vermischen und die Äpfel damit füllen. Die Füllung sollte nicht zu fest hineingestopft werden, darf aber ein Häubchen bilden. Auf jedes Häubchen einen großen Klecks Butter oder Margarine setzen und die Äpfel in eine feuerfeste Glasform stellen. Das kochende Wasser in die Form geben und die Äpfel 20 bis 30 Minuten beziehungsweise so lange backen, bis sie weich sind. Während des Backens die Äpfel nach Belieben hin und wieder mit etwas Garflüssigkeit begießen. Die fertigen Bratäpfel auf einer Servierschale anrichten und die Flüssigkeit in einer kleinen Kasserolle bei mittlerer bis starker Hitze zu einer dicken Sauce einkochen lassen. Die Sauce über die Äpfel verteilen und das Dessert servieren.
Nehmen Sie für Bratäpfel eine feste Sorte, die im Backofen nicht zerfällt und rechnen Sie pro Person beziehungsweise Portion einen Apfel.

18 Dressings, Saucen und Chutneys

Dressings und Würzbeilagen verleihen Speisen eine besondere geschmackliche Note, und das Angebot an Fertigprodukten ist ungemein reichhaltig. Dennoch – im Rahmen einer gesundheitsbewußten Blutgruppendiät ist es ratsam, Dressings, Saucen und Chutneys selbst zuzubereiten. Auf den folgenden Seiten finden Sie eine Fülle von Rezepten für derlei Würzbeilagen, die es Ihnen ermöglichen, ein einfaches, alltägliches und schnell zubereitetes Gericht in einen wahren Leckerbissen zu verwandeln. Mit Mango-Ingwer-Chutney als Beilage wird beispielsweise ein schlichtes Brathähnchen zur exotisch angehauchten Köstlichkeit. Und ein mit einem einfachen, aber nährstoffreichen Dressing angemachter Obst- oder Blattsalat ist Ihrem Organismus noch förderlicher. Die meisten Dressings und Saucen sind schnell zusammengerührt. Im voraus und in ausreichender Menge zubereitet, sind sie sofort zur Hand, wenn die Zeit einmal knapp ist und Sie rasch ein schmackhaftes Essen auf den Tisch stellen wollen.

OLIVENÖL-MAYONNAISE (Grundrezept)
– ergibt etwa 375 ml –

sehr bekömmlich	–	neutral	0, A, AB	zu vermeiden	B

1 bis 2 EL Rapsöl-Mayonnaise
¼ TL Salz
2 EL Limetten- oder Zitronensaft
250 ml Olivenöl oder Rapsöl

Mit einem Handrührgerät oder in einer Küchenmaschine die Rapsöl-Mayonnaise und den Limetten- oder Zitronensaft sämig rühren und das Öl unter ständigem Weiterrühren hineinträufeln lassen, bis die Masse steif wird. Die Mayonnaise im Kühlschrank aufbewahren.
Der Genuß von rohem Eigelb kann gesundheitliche Risiken in sich bergen. Aus diesem Grunde enthält diese Mayonnaise im Gegen-

satz zu anderen Rezepten und/oder Fertigprodukten kein rohes Eigelb, sondern 1 bis 2 EL Rapsöl-Mayonnaise aus dem Reformhaus.

RICOTTA-DRESSING
– ergibt etwa 375 ml –

sehr bekömmlich	B, AB	neutral	A	zu vermeiden	0

200 g Ricotta
2 EL Honig
1 EL Zitronensaft
2 EL Ananassaft (nach Belieben), zum Verdünnen
abgeriebene Schale von ½ Zitrone

Sämtliche Zutaten in eine kleine Schüssel geben und sorgfältig miteinander verrühren.
Verdünnte Ricotta ergibt ein cremiges Dressing für Obstsalat, der als sättigende Mahlzeit und nicht als Dessert auf den Tisch kommt.

MANDEL-DRESSING
– ergibt etwa 180 ml –

sehr bekömmlich	–	neutral	0, A, B, AB	zu vermeiden	–

150 g Mandelmus
1 EL Honig
60 ml Wasser

Sämtliche Zutaten in eine kleine Schüssel geben, sorgfältig miteinander verrühren und über das Obst träufeln. Dünnflüssiger und etwas weniger gehaltvoll wird das Dressing durch Zugabe von mehr Wasser.
Wie Tahini (Sesampaste) können Sie auch Mandelmus verdünnen und ein köstliches Dressing für Obstsalate daraus zubereiten.

ERDNUSS-DRESSING
– ergibt etwa 185 ml –

sehr bekömmlich	A, AB	neutral	–	zu vermeiden	0, B

100 g Erdnußbutter
1 EL Honig
60 ml Wasser
1 Prise Salz (bei ungesalzener Erdnußbutter)

Sämtliche Zutaten in eine Kasserolle geben und bei schwacher Hitze sorgfältig miteinander verrühren. Nach Belieben das Dressing durch die Zugabe von etwas mehr Wasser verdünnen. Das Erdnuß-Dressing warm zu Nudeln oder Huhn servieren.

TAHINI-DRESSING
– ergibt etwa 185 ml –

sehr bekömmlich	–	neutral	0, A	zu vermeiden	B, AB

125 ml Tahini (Sesampaste)
1 EL Honig
1 bis 2 EL Wasser (nach Bedarf auch mehr)

Sämtliche Zutaten in eine kleine Schüssel geben und sorgfältig miteinander verrühren. Das Dressing über Obstsalat verteilen.

TOFU-MISO-DRESSING
– ergibt etwa 375 ml –

sehr bekömmlich	A, AB	neutral	0	zu vermeiden	B

½ Block Tofu
1 EL Miso-Paste
2 bis 3 EL Gemüsebrühe
2 EL Sesamsamen (AB-Typ: Sesamsamen weglassen)

Sämtliche Zutaten in einen Mixer geben und zu einer glatten Masse pürieren.
Das pikante Dressing paßt gut zu Reis und Gemüse.

TOFU-PETERSILIEN-DRESSING
– ergibt etwa 375 ml –

sehr bekömmlich	A, AB	neutral	0	zu vermeiden	B

½ Block Tofu
2 bis 3 EL frische Petersilie
2 EL Zitronensaft
2 TL Miso-Paste

Sämtliche Zutaten in einen Mixer geben und einige Sekunden lang zu einer glatten Masse pürieren. Das Dressing wird dicker, wenn man es eine Zeitlang stehen läßt, und bleibt einige Tage lang frisch.
Stellen Sie das Dressing zu Naturreis mit pfannengerührtem Gemüse auf den Tisch oder probieren Sie es einmal anstelle von Mayonnaise auf einem Sandwich aus.

SESAM-DRESSING
– ergibt etwa 375 ml –

sehr bekömmlich	–	neutral	0, A	zu vermeiden	B, AB

4 EL Sesamsamen
2 EL Sojasauce
3 EL Gemüsebrühe
1 bis 2 EL Zucker

Die Sesamsamen kurz rösten und im Mörser zerstoßen, aber nicht zu Brei stampfen. Sojasauce, Gemüsebrühe und Zucker zugeben und im Mörser zu einem Dressing verrühren.

BASILIKUM-PESTO
– ergibt etwa 500 ml –

sehr bekömmlich	0, AB	neutral	A, B	zu vermeiden	–

1 TL grobes Salz
1 Handvoll frisches Basilikum
1 Handvoll frische Petersilie
1 bis 2 Knoblauchzehen, leicht zerdrückt und geschält
60 g Walnußkerne, in Stückchen gebrochen
Olivenöl nach Bedarf

Das Salz in den Mörser geben, dazu einige Blättchen Basilikum und Petersilie, und alles zerreiben. Etwas Knoblauch zugeben, zerstoßen und nach und nach die übrigen Zutaten hinzufügen und mit dem Stößel zu einer nicht allzu glatten Paste zerstampfen. Unter ständigem Rühren langsam soviel Olivenöl zugeben, bis die gewünschte Konsistenz erreicht ist.
Bereiten Sie den Pesto im Mörser zu, damit er nicht zu glatt wird. Eine etwas gröbere Konsistenz ist bei Pesto immer besser. Die Mengen der einzelnen Zutaten kann man nach Belieben und Geschmack variieren.

ZITRONEN-HONIG-DRESSING
– ergibt etwa 250 ml –

sehr bekömmlich	A, AB	neutral	0, B	zu vermeiden	–

Saft von 2 Zitronen
60 ml Olivenöl
1 bis 2 EL Honig
1 bis 2 EL Tamari-Sauce

Sämtliche Zutaten in ein Gurken- oder Marmeladenglas geben, den Deckel fest verschließen und kräftig schütteln. Nach Geschmack würzen.
Das Dressing eignet sich als Marinade für Fisch und zum Anmachen von Salaten.

ALGEN-DRESSING
– ergibt etwa 500 ml –

sehr bekömmlich	0	neutral	A, B, AB	zu vermeiden	–

250 ml Rotalgen-, Wakame- oder Noriflocken
125 ml Olivenöl
40 g Sesamsamen (für B- und AB-Typ: Walnußkerne)
1 EL Sesamöl (für A-, B- und AB-Typ: Olivenöl)
1 TL Reisessig (0- und A-Typ: den Reisessig weglassen)
1 TL Sojasauce
60 ml Wasser (in etwa)

Sämtliche Zutaten in einen Mixer geben, zu einer glatten Masse pürieren und bis zur gewünschten Konsistenz mit Wasser verdünnen.
Das Dressing ist vielseitig verwendbar. Es paßt zu grünem Salat, als Dip zu frischen grünen Bohnen und Möhrenstäbchen oder ergibt mit kalten Reisnudeln vermischt einen herzhaften Mittagsimbiß.

OLIVENÖL-ZITRONEN-DRESSING
– ergibt etwa 185 ml –

sehr bekömmlich	0, A, B, AB	neutral	–	zu vermeiden	–

125 ml Olivenöl extra vergine
Saft von 2 Zitronen
½ TL Senfpulver
½ TL Salz
¼ TL Honig

Sämtliche Zutaten in eine kleine Schüssel geben und mit dem Schneebesen schlagen. Das Dressing eignet sich für jeden beliebigen Salat.
Dieses vielseitige Dressing sollte in jedem Haushalt einen bevorzugten Platz einnehmen.

ZWIEBEL-DRESSING
– ergibt etwa 500 ml –

sehr bekömmlich	0, A, B, AB	neutral	–	zu vermeiden	–

½ kleine süßliche Zwiebel
Saft von 2 Zitronen
1 EL frische Petersilie, gehackt
1 TL Salz
½ TL Zucker
375 ml Olivenöl

Die Zwiebel reiben oder sehr fein hacken, zusammen mit den übrigen Zutaten mit Ausnahme des Olivenöls in eine kleine Schüssel geben und 1 Stunde durchziehen lassen. Nach 1 Stunde das Öl in die Zwiebel-Zitronen-Mischung träufeln und mit dem Schneebesen schlagen. Setzt sich das Öl ab, das Dressing nochmals durchrühren oder schlagen.

BALSAMICO-SENF-VINAIGRETTE
– ergibt etwa 500 ml –

sehr bekömmlich	–	neutral	B, AB	zu vermeiden	0, A

2 EL Honig
2 EL Dijon-Senf
125 ml Balsamico-Essig
250 ml Olivenöl

Honig, Senf und Essig in eine Küchenmaschine geben, bei laufender Maschine das Öl langsam hineintröpfeln lassen und mit den anderen Zutaten zu einer Sauce verrühren. Die Vinaigrette ist im Kühlschrank unbegrenzt haltbar.

GURKEN-JOGHURT-SAUCE
– ergibt etwa 750 ml –

sehr bekömmlich	B, AB	neutral	A	zu vermeiden	0

500 ml Joghurt
½ rote Zwiebel, klein gewürfelt
1 EL frische Minze, gehackt
1 EL frisches Basilikum, gehackt
1 kleine Gurke, geschält, entkernt und gewürfelt
2 TL Kreuzkümmel, gemahlen
1 Spritzer Zitronensaft

Sämtliche Zutaten in einen Mixer geben und zu einer glatten Sauce pürieren.
Die Sauce paßt ausgezeichnet zu Curry-Gerichten und kaltem Lammfleisch und eignet sich als Dip für frisches Gemüse.

ANANAS-CHUTNEY
– ergibt etwa 1 bis 1½ l –

sehr bekömmlich	A, B, AB	neutral	0	zu vermeiden	–

1 kleine Zwiebel, klein gewürfelt
2 EL Oliven- oder Rapsöl
1 reife Ananas, geschält, holziger Mittelstrang entfernt und klein gehackt
1 Stück (2 bis 3 cm) frische Ingwerwurzel, geschält und gerieben
Saft von 2 Zitronen
200 g brauner Zucker
60 ml Ananassaft
50 g Rosinen

Das Öl in einen Topf geben und die Zwiebel darin bei Mittelhitze glasig anschwitzen. Ananas und Ingwer hineingeben und einige Minuten schmoren. Die übrigen Zutaten hinzufügen und schmoren, bis das Chutney eingedickt ist. Das Chutney auskühlen lassen und zu gegrilltem Tempeh oder Curry-Tofu reichen.

ANANAS-CHUTNEY-JOGHURT-SAUCE
– ergibt etwa 375 ml –

sehr bekömmlich	A, B, AB	neutral	–	zu vermeiden	0

250 ml Ananas-Chutney
2 EL Joghurt
2 EL Rapsöl- oder andere Mayonnaise

Sämtliche Zutaten in einen Mixer oder eine Küchenmaschine geben und zu einer glatten Masse pürieren.

SELBSTGEMACHTES KETCHUP
– ergibt etwa 375 ml –

sehr bekömmlich	–	neutral	0, AB	zu vermeiden	A, B

185 ml Wasser
85 ml Tomatenmark
2 EL Zitronensaft
2 EL Honig
1 TL Tamari-Sauce

Sämtliche Zutaten in eine kleine Schüssel geben und sorgfältig miteinander verrühren.

Als interessante Abwandlung herkömmlichen Ketchups unterscheidet sich diese Variante geschmacklich ganz und gar von den handelsüblichen Produkten.

MANGO-MINZE-SAUCE
– ergibt etwa 335 ml –

sehr bekömmlich	–	neutral	0, B	zu vermeiden	A, AB

1 reife Mango, geschält und entsteint
1 Stück (1–2 cm) frische Ingwerwurzel, geschält
Saft von 1 Limette
2 EL Olivenöl extra vergine
1 TL Salz
abgeriebene Schale von 1 Limette
2 EL frische Minzeblättchen, zusammengerollt und in feine Streifchen geschnitten

Mango, Ingwer und Limettensaft in einer Küchenmaschine oder einem Mixer und zu einer glatten Masse pürieren. Bei laufender Maschine das Öl hineintropfen lassen. Die Sauce in eine Schüssel füllen und Salz, Limettenschale und Minze unterrühren.

Verteilen Sie diese Sauce über gedünsteten oder gebratenen Fisch und legen Sie als Garnierung in Streifchen geschnittene oder kleine ganze Minzeblättchen obenauf.

ERDNUSSBUTTER-SAUCE (GADO-GADO)
– ergibt etwa 500 ml –

sehr bekömmlich	A, AB	neutral	–	zu vermeiden	0, B

1 Knoblauchzehe, leicht zerdrückt und geschält
2 Frühlingszwiebeln
2 EL frisches Basilikum, grob gehackt
100 g Erdnußbutter
60 ml Tamari-Sauce
2 EL Zitronensaft
125 ml Wasser
1 TL frische Ingwerwurzel, geschält und gehackt

In einer Küchenmaschine Knoblauch, Frühlingszwiebeln, Ingwer und Basilikum hacken. Erdnußbutter, Tamari-Sauce und Zitronensaft hinzufügen und durch wechselweises Ein- und Ausschalten mit den gehackten Frühlingszwiebeln und Kräutern vermengen. Bei laufender Maschine langsam soviel Wasser in die dicke, pastenartige Mischung geben, bis die gewünschte Konsistenz erreicht ist.

Für all jene, die Erdnüsse vertragen, ist diese vielseitig verwendbare Sauce ein Top-Favorit. Erdnußbutter-Sauce eignet sich als Dip für Gemüse und Cracker, paßt zu gegrilltem Fisch und ganz besonders gut zu Tempeh und Tofu. Nehmen Sie getrost die doppelte Menge an Zutaten; im Kühlschrank hält sich die Sauce gut 10 Tage, wenn nicht gar länger.

TAHINI-SAUCE
– ergibt etwa 250 ml –

sehr bekömmlich	–	neutral	0, A	zu vermeiden	B, AB

1 Knoblauchzehe, leicht zerdrückt und geschält
Saft von 1 Limette
1 Stück (2–3 cm) frische Ingwerwurzel, geschält und halbiert
60 ml Tahini (Sesampaste)
½ TL getrocknete rote Chilis
1 EL Sesamsamen, geröstet
125 bis 185 ml heißes Wasser

Sämtliche Zutaten in eine Küchenmaschine oder einen Mixer geben und zu einer glatten Masse pürieren. Bei laufender Maschine langsam soviel heißes Wasser zugießen, bis die gewünschte Konsistenz erreicht ist.

FRISCHE MINZE-SAUCE
– ergibt etwa 375 ml –

sehr bekömmlich	–	neutral	B, AB	zu vermeiden	0, A

1 große Handvoll frische Minze, gewaschen und trockengetupft
1 Stück (1–2 cm) frische Ingwerwurzel, geschält und geviertelt
1 Frühlingszwiebel
3 Stengel Zitronengras, nur das untere Viertel, geschält (die harten Abschnitte und äußeren Blätter für eine Brühe verwenden)
1 EL Reiswein
1 TL Naturreis-Essig
Saft von 1 Limette
½ TL Zucker
60 ml Olivenöl

Sämtliche Zutaten mit Ausnahme des Olivenöls in einen Mixer oder eine Küchenmaschine geben und zu einer glatten Masse pürieren. Das Öl langsam in die Mischung tröpfeln und die Maschine nochmals 10 Sekunden laufen lassen. Die Sauce gut gekühlt servieren.

Frische Minze-Sauce verleiht Salaten und Curry-Gerichten, gegrilltem Fleisch und Fisch eine pikante Note. Nehmen Sie getrost die doppelte Menge an Zutaten; im Kühlschrank hält sich diese Sauce bis zu 2 Wochen.

PREISELBEER-HONIG-SENF-SAUCE
– ergibt etwa 375 ml –

sehr bekömmlich	–	neutral	0, A, B, AB	zu vermeiden	–

1 Glas Preiselbeerkonfitüre
2 EL Honig
2 EL Dijon-Senf
1 Knoblauchzehe, leicht zerdrückt und geschält

Sämtliche Zutaten in eine kleine Schüssel geben und mit dem Schneebesen schlagen. Ausgebeintes Hühnerfleisch, Putenbrust, Brathähnchen, Truthahn oder Tempeh mit der Sauce bestreichen und im auf 180 °C vorgeheizten Backofen den jeweiligen Zeitangaben folgend braten.

Probieren Sie diese Sauce einmal als delikaten Überzug für gebratenes Geflügel, insbesondere Truthahn, aus. Für den Grill ist sie weniger geeignet, weil der in Preiselbeerkonfitüre und Honig enthaltene Zucker über offener Flamme leicht anbrennt.

LIMETTEN-DRESSING
– ergibt etwa 375 bis 500 ml –

sehr bekömmlich	–	neutral	0, A, B, AB	zu vermeiden	–

½ TL Knoblauch-Schalotten-Mischung (siehe dazu Seite 257) oder 2 Frühlingszwiebeln, fein gehackt
2 TL Senfpulver
Saft und abgeriebene Schale von 2 Limetten
½ TL Salz
250 ml Rapsöl (nicht B-Typ) oder Olivenöl

Knoblauch-Schalotten-Mischung (oder Frühlingszwiebeln), Senf, Limettensaft und -schale sowie das Salz in eine kleine Schüssel geben. Unter ständigem, kräftigem Schlagen mit dem Schneebesen das Öl in gleichmäßigem, feinem Strahl zugeben und in die Mischung einarbeiten. Glatter und geschmeidiger wird das Dressing in einem Mixer.
Anstelle von Rapsöl können Sie für diese wohlschmeckende Sauce auch Olivenöl nehmen.

KNOBLAUCH-SCHALOTTEN-MISCHUNG

sehr bekömmlich	0, A, AB	neutral	B	zu vermeiden	–

10 Knoblauchzehen, geschält
10 Schalotten, geschält
Olivenöl zum Einlegen

Knoblauch und Schalotten in eine Küchenmaschine oder einen Mixer geben und durch wechselweises Ein- und Ausschalten fein hacken. Die Würzzutaten gegebenenfalls zwischendurch von der

Gefäßwand abkratzen. Nach Erreichen der gewünschten Konsistenz die Mischung in ein geeignetes Gefäß füllen, mit Öl bedecken und luftdicht verschlossen im Kühlschrank aufbewahren. Die Mischung hält sich etwa 10 Tage oder länger. Viele Rezepte verlangen nach gehacktem Knoblauch oder Zwiebeln oder beidem. Die Knoblauch-Schalotten-Mischung ist ein hervorragender Ersatz und hilft Ihnen, beim Vorbereiten und Kochen Zeit zu sparen. Geben Sie einfach 1 TL der Mischung, nach Belieben auch mehr oder weniger, in das betreffende Gericht.

PILZ-SAUCE (Wildpilze)
– ergibt etwa 750 ml –

sehr bekömmlich	–	neutral	0, A, B, AB	zu vermeiden	–

4 EL Butter (nicht A- und AB-Typ), Rapsöl-Margarine (nicht B-Typ) oder Olivenöl
3 EL Knoblauch-Schalotten-Mischung (siehe dazu Seite 257)
2 große Champignons, die Stiele entfernt, in Scheiben geschnitten
250 g Austernpilze
60 g Enokipilze (A-Typ: Enokipilze weglassen)
2 EL Dinkelmehl
375 bis 500 ml Gemüsebrühe, erwärmt
60 ml Sherry
Salz

In einer Kasserolle 2 EL Butter, Margarine oder Öl erhitzen, die Knoblauch-Schalotten-Mischung hineingeben und 2 Minuten braten. Sämtliche Pilze dazugeben und 5 Minuten beziehungsweise so lange dünsten, bis sie weich sind. Den Topf vom Herd nehmen und beiseite stellen. In einem zweiten Topf eine Mehlschwitze zubereiten. Das Mehl hineingeben und leicht anbräunen. 2 EL zerlassene Butter (beziehungsweise Margarine oder Öl) hinzufügen und Mehl und Butter mit dem Schneebesen sorgfältig vermengen. Die etwas zähe Mehlschwitze 2 Minuten schlagen und rühren und dann 250 ml Gemüsebrühe nach und nach langsam zugießen; dabei ständig rühren, damit sich keine Klümpchen bilden. Die restliche Gemüsebrühe aufheben für den Fall, daß die Sauce zu dickflüssig wird und verdünnt werden muß. Die Brühe keinesfalls auf einmal angießen, sonst wird die Sauce klumpig. Die Sauce 5 Minuten köchelnd eindicken lassen. Die Pilze samt abgesonderter Flüssigkeit und den Sherry hinzufügen und die Sauce bei schwacher Hitze weitere 10 Minuten köcheln lassen. Wird sie zu dick, nach und nach noch etwas Brühe angießen und nochmals 5 Minuten köcheln lassen. Die Sauce mit Salz abschmecken und heiß zu geschmortem, gegrilltem oder gebratenem Fleisch reichen.

Genaugenommen kann man für die Zubereitung dieser Sauce jeden Pilz nehmen, aber Wildpilze besitzen das ausgeprägteste Aroma und eine samtartige Beschaffenheit. Pilzsauce verfeinert gegrilltes Fleisch, gebratene Hühnerbrüstchen und Tempeh und paßt zu Pasta und fast allen Getreidesorten.

DIP-SAUCE
– ergibt etwa 250 ml –

sehr bekömmlich	–	neutral	0, A, B, AB	zu vermeiden	–

60 ml Tamari-Sauce
Saft von 1 Limette
1 EL Sesamöl (nur 0-Typ) oder Olivenöl
2 EL frisches Basilikum, gehackt
1 EL Zucker
2 EL Naturreis-Essig oder 2 EL Zitronensaft
1 Knoblauchzehe, leicht zerdrückt und geschält

Sämtliche Zutaten in eine kleine Schüssel geben und sorgfältig miteinander verrühren. Bei Verwendung als Marinade noch 125 ml Olivenöl zugeben.
Diese Sauce eignet sich als Dip oder Marinade für Tempeh, Fisch und Fleisch.

MANGO-INGWER-CHUTNEY
– ergibt etwa 500 bis 750 ml –

sehr bekömmlich	–	neutral	0, B	zu vermeiden	A, AB

2 reife Mangos, geschält und gewürfelt
1 Stück (5 cm) frische Ingwerwurzel, geschält und gerieben
4 Frühlingszwiebeln, in dünne Röllchen geschnitten
1 TL Kreuzkümmel, gemahlen
3 Aprikosen, entsteint und in Scheiben geschnitten
Saft von 1 Zitrone
1 EL brauner Zucker
2 EL Rapsöl oder Olivenöl

Sämtliche Zutaten in eine Edelstahlkasserolle geben und bei schwacher Hitze 15 Minuten köcheln lassen. Das Chutney nach dem Auskühlen in den Kühlschrank stellen und kalt servieren.

Mango-Ingwer-Chutney paßt zu allen Curry-Gerichten sowie zu Tempeh, Fisch und Fleisch wie beispielsweise Lammfleisch.

CHUTNEY-JOGHURT-MAYONNAISE
– ergibt etwa 250 ml –

sehr bekömmlich	AB	neutral	A	zu vermeiden	0, B

125 ml Joghurt
85 ml selbstgemachte Olivenöl-Mayonnaise (siehe Seite 246)
3 EL Ananas-Chutney (siehe Seite 253)
1 TL Kreuzkümmel, gemahlen

Sämtliche Zutaten in eine kleine Schüssel geben und sorgfältig miteinander verrühren. Die Schüssel zudecken und in den Kühlschrank stellen. Die Mayonnaise schmeckt nach einigen Stunden noch besser.

Verwenden Sie diese Mayonnaise als Dip für Grillhähnchen, rohes Gemüse oder Reiscracker oder als Aufstrich für Hühner- und Thunfischsandwiches.

PAPRIKA-RELISH
– ergibt 5 bis 7 l –

sehr bekömmlich	–	neutral	B	zu vermeiden	0, A, AB

12 rote Paprikaschoten
12 grüne Paprikaschoten
12 große Zwiebeln
600 g Zucker
3 EL Salz
½ l Weißweinessig

Die Paprikaschoten auseinanderschneiden, Samen und Scheidewände entfernen und in mittelgroße Stücke schneiden. Die Zwiebeln schälen und in Stücke schneiden. In einem Mixer oder einer Küchenmaschine das Gemüse durch wechselweises Ein- und Ausschalten einige Sekunden zerkleinern, bis die gewünschte Konsistenz erreicht ist, und die Mischung in einen großen Edelstahltopf geben. In einer Schüssel Zucker und Salz im Essig auflösen, über die gehackten Paprikaschoten und Zwiebeln gießen und die Mischung zum Kochen bringen. Die Wärmezufuhr drosseln und das Relish 30 Minuten beziehungsweise so lange köcheln lassen, bis es anfängt, dick zu werden. Das heiße Relish in vorgewärmte, keimfreie Gläser mit Schraubdeckel füllen und fest verschließen.

OMAS GEWÜRZGURKEN
– ergibt etwa 4 bis 5 l –

sehr bekömmlich	–	neutral	B	zu vermeiden	0, A, AB

2 l frische Gurkenscheiben
2 l Zwiebelscheiben
70 g Salz
425 ml Weißweinessig
200 g Zucker
1 TL Senfkörner
1 TL Selleriesamen
½ TL Kurkuma, gemahlen

Gurken- und Zwiebelscheiben mit Salz bedecken, gut durchmischen und etwa 3 Stunden stehenlassen. Essig, Zucker, Senfkörner, Selleriesamen und Kurkuma in einen großen Suppentopf aus Edelstahl geben und zum Kochen bringen. Die Gurken- und Zwiebelscheiben abtropfen lassen und trockentupfen; in die kochende Essiglösung geben und 15 Minuten köcheln lassen. Die Gewürzgurken in vorgewärmte, keimfreie Gläser mit Schraubdeckel füllen und fest verschließen.

WALNUSS-ÖL-DRESSING
– ergibt etwa 375 ml –

sehr bekömmlich	0, AB	neutral	A, B	zu vermeiden	–

125 ml Olivenöl
60 ml Walnußöl
2 EL frischer Zitronensaft
½ TL Senfpulver
¼ TL Salz
60 g Walnußkerne
2 EL frische Petersilie, gehackt

Sämtliche Zutaten in einen Mixer geben und diesen laufen lassen, bis die Walnußkerne grob gehackt sind. Das Dressing über gemischtem grünen Salat verteilen.

PFLAUMEN-GRILLSAUCE
– ergibt etwa 375 ml –

sehr bekömmlich	0, A, B, AB	neutral	–	zu vermeiden	–

180 g Pflaumenmarmelade
60 ml Ananassaft
3 EL Tamari-Sauce
1 Knoblauchzehe, durchgepreßt
2 Frühlingszwiebeln, in dünne Röllchen geschnitten
1 Stück (etwa 5 cm) frische Ingwerwurzel, gerieben

Sämtliche Zutaten in eine kleine Schüssel geben und der gewünschten Konsistenz entsprechend mehr oder minder glattrühren.

Diese pikante Pflaumensauce schmeckt köstlich zu Huhn und Fisch, insbesondere zu einem üppigen Thunfischsteak. Beim Grillen brennt die Sauce an. Ratsam ist es deshalb, sie erst im letzten Augenblick hinzuzufügen oder sie getrennt zu reichen.

MARINADE
– ergibt etwa 185 ml –

sehr bekömmlich	A, AB	neutral	0, B	zu vermeiden	–

3 EL Olivenöl
2 EL Tamari-Sauce
2 EL Knoblauch-Schalotten-Mischung (siehe dazu Seite 257)
2 EL frisches Basilikum, gehackt
2 EL Zitronensaft

Sämtliche Zutaten in eine kleine Schüssel geben und sorgfältig miteinander verrühren. Im Kühlschrank hält sich die Marinade mehrere Wochen.

Die Marinade eignet sich für Geflügel, Fleisch, Tempeh und Tofu sowie für Blaufisch und Makrele.

19 Knabberzeug und Dips

Knabberzeug und ähnliche Kleinigkeiten sind für eine gesunde Ernährung zwar durchaus entbehrlich, in Wirklichkeit aber aus keinem Haushalt wegzudenken, insbesondere wenn Kinder dazu zählen. Weshalb also den Kleinen nicht etwas Gesundes anbieten? Anstatt ihnen zu erlauben, sich mit minderwertigem, in verlockenden Werbespots angepriesenem Naschwerk vollzustopfen, sollte man sich die Zeit nehmen, ihnen bekömmliches Knusperzeug zuzubereiten.

Leckereien und Süßigkeiten für Kinder sollten rasch und ohne viel Aufwand fertig und immer zur Hand sein. Sie sind unter anderem dazu gedacht, den Hunger zwischen den Mahlzeiten zu stillen, sollten gleichzeitig aber auch nährstoffreich und dem kindlichen Organismus förderlich sein. Sind Ihre Kinder schon größer, dann stellen Sie immer einen kleinen Vorrat auf den Tisch, damit sie sich selbst etwas nehmen können.

Naschwerk, geröstete Samenkerne und Dips

MANDELMUS-HÄPPCHEN
– ergibt 20 bis 24 Häppchen –

sehr bekömmlich	–	neutral	0, A	zu vermeiden	B, AB

160 g + 2 EL Sesamsamen oder Sonnenblumenkerne
40 g getrocknete Feigen, in dünne Scheibchen geschnitten
40 g getrocknete Aprikosen, in dünne Scheibchen geschnitten
100 g Mandelmus
1 bis 2 EL Honig

Die Sesamsamen (oder Sonnenblumenkerne) bis auf 2 EL im Mixer fein zermahlen. Die Trockenfrüchte in eine Schüssel geben, einige EL der gemahlenen Sesamsamen darüber verteilen und alles gut miteinander vermengen, bis die Feigen- und Aprikosenstückchen mit dem Sesampulver überzogen sind und nicht mehr zusammenkleben. Die restlichen gemahlenen Sesamsamen in das Mandelmus einrühren. Den Honig und danach die Trockenfrüchte zugeben und alles mit einer Gabel oder von Hand vermengen. Aus der Mischung kleine Bällchen formen und einzeln in Sesamsamen wälzen.

ERDNUSSBUTTER-BÄLLCHEN
– ergibt 20 bis 24 Bällchen –

sehr bekömmlich	A, AB	neutral	–	zu vermeiden	0, B

200 g Erdnußbutter
6 EL Ziegenmilchpulver
80 g getrocknete Kirschen, halbiert
80 g getrocknete Aprikosen, geviertelt
Honig
60 g Walnußkerne, gehackt

Die Erdnußbutter und 5 EL Ziegenmilchpulver in einer kleinen Schüssel sorgsam miteinander verrühren. Den restlichen EL Ziegenmilchpulver über die Trockenfrüchte streuen, damit die Stückchen nicht mehr zusammenkleben. Trockenfrüchte und Erdnußbutter miteinander vermengen, nach Geschmack Honig unterrühren und bei Bedarf noch soviel Milchpulver zugeben, bis die gewünschte Konsistenz erreicht ist. Aus der Mischung kleine Bällchen formen und diese in den gehackten Walnußkernen wälzen.

Ohne Honig zubereitet schmecken die Bällchen zwar köstlich, sind aber nicht sonderlich süß. Rühren Sie nach Belieben – je nachdem, wie süß das Naschwerk werden soll – 1 EL Honig oder etwas mehr in die Erdnußbutter-Mischung.

GERÖSTETE SONNENBLUMENKERNE MIT TAMARI-SAUCE
– für 2 Portionen –

sehr bekömmlich	–	neutral	0, A	zu vermeiden	B, AB

120 g Sonnenblumenkerne, geschält
1 EL Tamari-Sauce
80 g Rosinen

In einer großen Pfanne die Sonnenblumenkerne bei mittlerer Temperatur und unter ständigem Rütteln der Pfanne bis kurz vor dem Aufplatzen rösten. Die Herdplatte ausschalten, die Tamari-Sauce zugeben und die Pfanne nochmals kurz rütteln, bis die Sonnenblumenkerne mit Tamari-Sauce überzogen sind. Darauf achten, daß die Tamari-Sauce nicht anbrennt. Zum Schluß die Rosinen dazugeben und mit den Sonnenblumenkernen vermengen.

GERÖSTETE KÜRBISKERNE MIT TAMARI-SAUCE
– für 1 bis 2 Portionen –

sehr bekömmlich	0, A	neutral	–	zu vermeiden	B, AB

120 g Kürbiskerne
1 EL Tamari-Sauce

In einer großen Pfanne die Kürbiskerne bei mittlerer Temperatur bis kurz vor dem Aufplatzen rösten. Die Pfanne dabei ständig rütteln, damit die Kerne nicht anbrennen. Die Herdplatte ausschalten, die Tamari-Sauce zugeben und die Pfanne nochmals kurz rütteln, bis die Kürbiskerne mit Tamari-Sauce überzogen sind. Die Kerne aus der Pfanne nehmen und auskühlen lassen.
Anmerkung: Nach derselben Methode können Sie auch andere Nüsse rösten, beispielsweise Cashewnüsse, Mandeln, Hasel- und Erdnüsse sowie Paranüsse – je nach individueller Blutgruppe.

CURRY-DIP
– ergibt etwa 375 ml –

| sehr bekömmlich | – | neutral | 0, A, B, AB | zu vermeiden | – |

250 ml selbstgemachte Olivenöl-Mayonnaise (siehe Seite 246) (B-Typ: normale Fertigmayonnaise)
1 EL Zitronensaft
1 EL Curry-Pulver guter Qualität
1 EL Kreuzkümmel, gemahlen
1 EL Koriander, gemahlen
1 EL Senfkörner, gemahlen

Sämtliche Zutaten in eine Schüssel geben und sorgfältig miteinander verrühren. Den Dip servieren oder in einem luftdicht verschlossenen Glas aufbewahren.
Dieser Dip paßt zu rohem Gemüse und Äpfeln. Ebensogut eignet er sich als Ersatz für Mayonnaise zum Anmachen von Salaten und als Sandwichaufstrich.

SCHWARZBOHNEN-DIP
– ergibt etwa 1000 ml –

| sehr bekömmlich | A | neutral | 0 | zu vermeiden | B, AB |

320 g gekochte schwarze Bohnen oder 1 Dose schwarze Bohnen, unter fließendem Wasser abgespült und abgetropft
Saft von ½ Zitrone
1 TL Salz
125 bis 250 ml Gemüsebrühe oder Wasser
1 kleine rote Zwiebel, klein gewürfelt
1 EL frisches Basilikum, gehackt

Die Bohnen in einer Küchenmaschine oder einem Mixer pürieren. Zitronensaft, Salz und etwas Wasser oder Gemüsebrühe zugeben und so lange pürieren, bis die gewünschte Konsistenz erreicht ist. Die Mischung in eine Schüssel füllen, Zwiebel und Basilikum unterrühren und mit Salz abschmecken. Den Dip gut gekühlt zusammen mit knusprig gebackenen Ecken aus selbstgebackenen Quinoa-Tortillas auf den Tisch stellen.

Angehörige der Blutgruppe 0 mit einer Vorliebe für Pikantes können noch gehackte Chilischoten oder eine scharfe Pfeffersauce untermischen.

HUMMUS

sehr bekömmlich	–	neutral	0	zu vermeiden	A, B, AB

1 Dose Kichererbsen, unter fließendem Wasser abgespült und abgetropft
85 ml Tahini (Sesampaste)
Saft von 1 kleinen Zitrone
1 bis 2 Knoblauchzehen
½ TL Salz
Cayennepfeffer
2 EL geröstete Sesamsamen (nach Belieben)

Sämtliche Zutaten mit Ausnahme der Sesamsamen in einen Mixer oder eine Küchenmaschine geben und pürieren. Falls nötig, die Maschine zwischendurch ausschalten und die Paste vom Gefäßrand abkratzen. Die Sesamsamen in einer schweren Pfanne bei mittlerer Temperatur und unter ständigem Rütteln der Pfanne 1 bis 2 Minuten beziehungsweise so lange rösten, bis sie anfangen aufzuplatzen, in den Hummus geben und mit einem Löffel unterrühren. Den Hummus in einem luftdicht verschlossenen Glas aufbewahren.

Probieren Sie Hummus als Dip für rohes Gemüse aus. Hummus schmeckt auch ausgezeichnet als Aufstrich für Brot, Sandwiches oder Cracker oder als Füllung für erntefrische Tomaten. Mit einem Mixer oder einer Küchenmaschine ist das Gericht rasch und mühelos zubereitet.

20 Getränke

Als der Mensch begann, die Erde zu bevölkern, fand er sehr schnell heraus, daß es außer Wasser auch noch anderes zu trinken gab. Beobachtungen in der Natur und Wißbegierde, Zufälle und Notlagen lehrten ihn, Säfte zu gewinnen, Getränke aus vergorenem Obst und Getreide herzustellen und Kräuterzubereitungen zusammenzubrauen. Innerhalb eines vergleichsweise kurzen Zeitraumes gab es eine Fülle von einfachen Bieren, Weinen und alkoholischen Getränken, und so manches Gebräu war der Gesundheit zuträglicher als Wasser. Sanitäre Einrichtungen kannte man nicht, und nicht selten waren deshalb die Trinkwasserquellen verseucht und eine Gefahr für Leib und Leben.

Heute ist das Angebot an Getränken schier unübersehbar – angefangen bei Wasser, Säften und Milch über Mineralwasser, Bier, Wein, Spirituosen, Kaffee und Tee bis hin zu Sportgetränken und »Power Drinks«. Diesem Überfluß und den durch unsere moderne Gesellschaft geprägten Trinkgewohnheiten dürfte es zuzuschreiben sein, daß wir mittlerweile weit davon entfernt sind, Getränke als wesentlichen Bestandteil einer gesundheitsbewußten Ernährung zu betrachten. Hinzu kommt, daß so manches als nährstoffreich geltende Getränk ungemein widerwärtig schmeckt – so, als wäre alles, was gesund ist, zwangsläufig auch unangenehm und von Übel. Doch dem ist ganz und gar nicht so, wie die folgenden Rezepte zeigen. Zu den abwechslungsreichen Getränken, die Sie selbst zubereiten können, zählen unter anderem Mixgetränke, Kräutertees sowie Obst- und Gemüsesäfte und dazu einige Getränke aus anderen Regionen dieser Welt.

Viele dieser Getränke besitzen einen hohen Anteil an Eiweiß und Nährstoffen von frischem Obst und stellen damit für Erwachsene und hungrige Kinder, die sehnsüchtig auf das Essen warten, eine gesunde kleine Zwischenmahlzeit dar. Und auch für Menschen, die aus Altersgründen oder wegen ihrer Gebrechlichkeit nicht mehr imstande sind, eine vollständige Mahlzeit zu verkraften, sind gehaltvolle Getränke ein wesentlicher Bestandteil der Ernährung.

Joghurt-Getränke

Angehörige der Blutgruppen A, B und AB können Joghurt aus Kuh-, Ziegen- oder Schafsmilch essen. Schafsmilchjoghurt – in puncto Konsistenz und Nahrhaftigkeit unübertroffen – ist bedauerlicherweise nicht überall erhältlich. Allerdings gibt es viele andere qualitativ hochwertige Joghurtsorten. *Kefir*, ein aus vergorener Kuhmilch hergestelltes Getränk, schmeckt etwas säuerlicher als Joghurt und ist vor allem in Osteuropa, im Mittleren Osten und in Indien sehr beliebt.

ANANAS-TRUNK
– für 1 bis 2 Portionen –

sehr bekömmlich	A, B, AB	neutral	–	zu vermeiden	0

250 ml Joghurt
200 g Ananas, gehackt
125 ml Ananassaft
frische Minzeblätter

Joghurt, Ananas und Ananassaft in einen Mixer geben und pürieren. Das Getränk in hohe Gläser füllen und mit Minzeblättchen garnieren.

APRIKOSEN-TRUNK
– für 1 bis 2 Portionen –

sehr bekömmlich	A, B, AB	neutral	–	zu vermeiden	0

250 ml Joghurt
200 g frische Aprikosen
125 ml Aprikosensaft

Sämtliche Zutaten in einen Mixer geben und pürieren.

BANANEN-TRUNK
– für 1 bis 2 Portionen –

| sehr bekömmlich | B | neutral | – | zu vermeiden | 0, A, AB |

250 ml Joghurt
1 große, reife Banane, in Stücke geschnitten
125 ml Ananassaft

Sämtliche Zutaten in einen Mixer geben und pürieren.

ROSENWASSER-LASSI
– für 1 Portion –

| sehr bekömmlich | B, AB | neutral | A | zu vermeiden | 0 |

250 ml Vollmilchjoghurt
2 TL Rosenwasser
3 EL Zucker

Sämtliche Zutaten in einen Mixer geben und pürieren.
Dieses klassische Getränk aus Indien wird eiskalt serviert. A- und AB-Typ können es aus fettarmem Joghurt zubereiten.

Soja-Getränke
Sojamilch ist für Angehörige der Blutgruppen 0 und A eine hervorragende Alternative zu Milchprodukten und wird auch von Typ B und Typ AB gut vertragen. In anderen Worten – Sojamilch zählt zu den wenigen Produkten, die allen Blutgruppen zuträglich sind. Im Laufe der letzten Jahre ist die Zahl der Hersteller von Sojamilch merklich gestiegen, und sie bringen ihr Produkt in vielerlei Varianten auf den Markt. Da gibt es Sojavoll- und Sojamagermilch, fettarme Sojamilch und Sojatrunk ohne Geschmackszusatz sowie Sojamilch und -getränke mit Vanille- und Kakaogeschmack. Achten Sie auf die Herstellerangaben auf den Soja- und Reismilchpackungen. Manche Produkte enthalten nämlich Süßmittel auf Gerstenmalzbasis (für B-Typ nicht verträglich) und Öle. Versuchen Sie es einmal mit einer Mischung aus Sojamilch und Naturreismilch. Sie ist wohlschmeckend und von angenehmer

Konsistenz, gleichzeitig aber relativ fett- und kalorienarm. Viele Menschen verspüren anfangs einen Widerwillen gegen Geschmack und Konsistenz von Sojamilch. In dieser Hinsicht unterscheiden sich die einzelnen Produkte teilweise merklich voneinander, und Sie müssen so lange experimentieren, bis Sie die Sojamilch gefunden haben, die Ihnen wirklich zusagt. Ideal geeignet ist Sojamilch für die Kombination mit Obst oder exotischen Früchten.

MANGO-LIMETTEN-TRUNK
– für 1 bis 2 Portionen –

sehr bekömmlich	–	neutral	0, B	zu vermeiden	A, AB

250 ml Sojamilch
1 reife Mango, geschält, entsteint und in Stücke geschnitten
125 ml Ananassaft
Saft von ½ Limette

Sämtliche Zutaten in einen Mixer geben, pürieren und das Getränk sehr kalt servieren.

PAPAYA-KIWI-TRUNK
– für 1 Portion –

sehr bekömmlich	AB	neutral	0, B	zu vermeiden	A

250 ml Sojamilch
½ kleine Papaya, geschält, entkernt und in Stücke geschnitten
1 Kiwi, geschält und in Stücke geschnitten
125 ml Papayasaft

Sämtliche Zutaten in einen Mixer geben, pürieren und das Getränk sehr kalt servieren.

BANANEN-PAPAYA-TRUNK
– für 2 Portionen –

sehr bekömmlich	–	neutral	0, B	zu vermeiden	A, AB

250 ml Sojamilch
1 reife Banane, in Stücke geschnitten
½ reife Papaya, geschält, entkernt und in Stücke geschnitten
125 ml Ananassaft

Sämtliche Zutaten in einen Mixer geben, pürieren und das Getränk gut gekühlt servieren.

TRAUBEN-PFIRSICH-TRUNK
– für 1 Portion –

sehr bekömmlich	–	neutral	A, B, AB	zu vermeiden	0

125 ml Sojamilch
125 ml Apfelsaft
1 kleiner Pfirsich, geschält, entsteint und in Stücke geschnitten
100 g kernlose Weintrauben
Saft von ½ Limette

Sämtliche Zutaten in einen Mixer geben und pürieren.

TOFU-FRÜCHTE-TRUNK
– für 1 bis 2 Portionen –

sehr bekömmlich	A, AB	neutral	0	zu vermeiden	B

200 g frische Ananas, in Stücke geschnitten
90 g cremiger Tofu
125 ml Ananassaft
1 frische Aprikose, geschält und entsteint
4 Eiswürfel

Sämtliche Zutaten in einen Mixer geben, etwa 2 Minuten lang pürieren und das Getränk sofort trinken.
Anstelle von Sojamilch wird für dieses Getränk cremiger Tofu verwendet. Der Tofu-Früchte-Trunk kann dazu beitragen, eine mögliche Abneigung gegen Tofu zu überwinden.

Reismilch

| sehr bekömmlich | – | neutral | 0, A, B, AB | zu vermeiden | – |

Weniger bekannt und verwendet als Sojamilch, aber gleichfalls eine ausgezeichnete Alternative zu Milchprodukten ist Reismilch. Sie ist wesentlich leichter und süßlicher als Sojamilch und besitzt den Vorzug, allen Blutgruppen zuträglich zu sein. Für alle auf den vorhergehenden Seiten vorgestellten Mixgetränke können Sie anstelle von Sojamilch oder Joghurt auch Reismilch nehmen, Sie können sie über das Frühstücksmüsli gießen oder sie einfach als erfrischendes Getränk genießen. Lesen Sie die Zutatenliste auf der Packung aufmerksam durch. Manche Produkte enthalten Distelöl, das alle Blutgruppen meiden sollten, oder dem B-Typ nicht zuträgliches Rapsöl.

Reismilchshakes sind dünnflüssiger als mit Sojamilch oder Joghurt gemixte Getränke. Und mit Calcium angereicherte Produkte sind vor allem für den 0-Typ zu empfehlen. Verwenden Sie Reismilch genauso wie Joghurt oder Sojamilch.

Mandelmilch und Hafermilch

| sehr bekömmlich | – | neutral | 0, A, B, AB | zu vermeiden | – |

Zwei weitere Alternativen zu Milchprodukten sind Mandelmilch und Hafermilch mit ihrem feinen Wohlgeschmack. Achten Sie auch hier auf die Zutaten, weil manche Produkte dem B- und AB-Typ abträgliches Gerstenmalz enthalten. Mandel- und Hafermilch können Sie für Mixgetränke verwenden, über die Frühstücksflocken gießen oder gut gekühlt einfach so trinken.

Frucht- und Gemüsesäfte

Betrachtet man einmal die ungeheure Vielfalt an qualitativ hochwertigen Frucht- und Gemüsesäften, wäre es ein Unding, zur Vorsicht zu mahnen – insbesondere angesichts der Tatsache, daß derlei Getränke eine wertvolle Nahrungsergänzung darstellen können. Dennoch ist es ratsam, beim Kauf von Fertigprodukten einen Blick auf die Inhaltsangaben zu werfen. Viele Säfte enthalten nämlich nur einen verschwindend geringen Anteil an Fruchtsaftkonzentrat und dafür umso mehr Wasser sowie minderwertige Süßmittel – in der Regel Maisstärke.

Im Laufe der Jahre haben viele Menschen die Vorzüge eines Entsafters zu schätzen gelernt – das heißt die Möglichkeit, frisches Obst und Gemüse in flüssiger Form zu sich zu nehmen. Das Ganze ist kinderleicht: Waschen Sie das Obst und Gemüse gründlich, entfernen Sie, soweit vorhanden, Steine oder Kerne und geben Sie es in den Entsafter.

MÖHREN-SELLERIE-SAFT
– für 1 bis 2 Portionen –

sehr bekömmlich	A, AB	neutral	0, B	zu vermeiden	–

4 Möhren, gewaschen und geputzt
2 Stangen Staudensellerie mit Blättern, gewaschen

Möhren und Staudensellerie in den Entsafter geben.
Möhrensaft kann sehr süß sein. Mögen Sie es etwas herber, nehmen Sie einfach mehr Sellerie. Er enthält reichlich Natrium, das den süßen Geschmack der Möhren abschwächt.

MÖHREN-GURKEN-SAFT
– für 1 bis 2 Portionen –

sehr bekömmlich	A, AB	neutral	0, B	zu vermeiden	–

4 Möhren, gewaschen und geputzt
1 Gurke aus ökologischem Anbau, ungeschält, oder
1 Gurke aus nicht-ökologischem Anbau, geschält

Möhren und Gurke in den Entsafter geben.

MÖHREN-APFEL-SAFT
– für 1 bis 2 Portionen –

sehr bekömmlich	–	neutral	0, A, B, AB	zu vermeiden	–

4 Möhren, gewaschen und geputzt
1 Apfel aus ökologischem Anbau, ungeschält, oder
1 Apfel aus nicht-ökologischem Anbau, geschält

Möhren und Apfel in den Entsafter geben.

Kräutertees

Kräutertee kann weit mehr sein als ein wohltuendes, beruhigendes Getränk. In den Regalen von Reformhäusern, Naturkostläden und Apotheken findet sich – sauber verpackt und beschriftet – eine ganze Palette volksmedizinischer Arzneien aus aller Welt. Erschöpfungszustände, Kopfschmerzen und Depressionen, Unwohlsein, Verdauungsbeschwerden, Verstopfung und allerlei andere Malaisen lassen sich mit ein, zwei Tassen eines geeigneten Kräutertees lindern. Mit Kräutertees steht uns ein ganzes Spektrum hochwirksamer Arzneien zur Verfügung. Und auch bei diesen Getränken gibt es – wie bereits an anderer Stelle dieses Buches erläutert – ganz bestimmte, den einzelnen Blutgruppen besonders zuträgliche Zubereitungen.

Teil III

Speisepläne für 30 Tage: Blutgruppe 0, A, B, und AB

Mit dem Entschluß, sich nach der Blutgruppendiät zu ernähren, haben Sie sich für eine Änderung Ihrer Eßgewohnheiten und Lebensweise entschieden. Dennoch fühlen Sie sich vielleicht, was die Zusammenstellung Ihres Speisezettels angeht, etwas unsicher. Der letzte Teil dieses Buches umfaßt deshalb Speisepläne für 30 Tage, die nach Blutgruppen geordnet und für Sie als Hilfestellung gedacht sind. Diese Menuvorschläge sind ein Beispiel für die praktische Umsetzung der Blutgruppendiät im Alltag und weisen Ihnen den Weg zur Gesunderhaltung Ihres Organismus, zur Erreichung Ihres Idealgewichtes und damit – so steht zu hoffen – auch zur Verlängerung Ihrer Lebensspanne.

Sobald Sie sich mit der Blutgruppendiät vertraut gemacht und daran gewöhnt haben, werden Sie gewiß beginnen, Ihren eigenen Speisezettel zusammenzustellen. Ziel ist es, jenen Punkt zu erreichen, von dem aus Sie ganz selbstverständlich und gewissermaßen instinktiv nur noch das essen, was Ihrem Organismus am besten bekommt. Denken Sie auch daran, daß Sie die bei den meisten Mahlzeiten angeführten Getränke nicht während des Essens, sondern eine halbe Stunde zuvor oder danach trinken sollten. Und was spezielle Erfordernisse Ihrer persönlichen Situation angeht – beispielsweise die Notwendigkeit, Gewicht abzubauen, die Berücksichtigung einer Erkrankung oder eine besondere, blutgruppenspezifische Anfälligkeit für bestimmte Krankheiten – sollten Sie sich an die einschlägigen Informationen und Erläuterungen in meinem Buch *4 Blutgruppen – vier Strategien für ein gesundes Leben* und in Kapitel 4 des vorliegenden Bandes halten. Gut essen und gut leben heißt, sich auf ein und demselben Gleis zu bewegen.

Und hier noch ein wichtiger Hinweis: Die Rezepte für die mit einem Sternchen (*) gekennzeichneten Gerichte finden Sie in

4 Blutgruppen – vier Strategien für ein gesundes Leben (Seite 219 bis 261); sie sind für alle Blutgruppen geeignet.

In den folgenden Speiseplänen werden auch Gerichte empfohlen, deren Zubereitung nicht im vorliegenden Band beschrieben ist. Bereiten Sie diese Speisen auf die für Sie gewohnte Art zu, achten Sie aber darauf, nur die mit Ihrer Blutgruppe verträglichen Zutaten zu verwenden.

30-Tage-Speiseplan für Blutgruppe 0

1. Tag

Frühstück
Omelett von 1 Ei mit geraspelten Möhren und Zucchini
1 Glas Ananassaft
Hagebuttentee

Vormittags-Imbiß
2 Pflaumen
1 Glas Sojamilch

Mittagessen
Thunfisch-Salat auf Knäckebrot
Eisgekühlter Bockshornklee-Tee

Nachmittags-Imbiß
*Möhren-Ingwer-Saft

Abendessen
Gegrillte Lammkoteletts
Kopfsalat mit Zitronen-Honig-Dressing
*Dinkel-Baguette
1 Glas Wein
Frische Feigen

2. Tag

Frühstück
1 Scheibe getoastetes Essener
Brot mit Schwarzkirschen-
konfitüre
Ingwertee

Vormittags-Imbiß
Frische Ananas
Traubensaft mit Mineralwasser

Mittagessen
Hamburger mit geschmolzenem
Ziegen-Cheddar und Tomaten-
scheibe
Eisgekühltes Mineralwasser
1 Handvoll Weintrauben

Nachmittags-Imbiß
Geröstete Kürbiskerne mit
Tamari-Sauce

Abendessen
*Putenschnitzel
*Naturreis-Pilaw mit Möhren und
Zwiebeln
Gedämpfter Brokkoli
Mineralwasser

3. Tag

Frühstück
Omelett von 1 Ei mit Brokkoli
und Reis-Pilaw
Rotulmenrinden-Tee

Vormittags-Imbiß
½ Grapefruit
1 Glas Soja-Reis-Milch

Mittagessen
Kaltes Putenfleisch auf Dinkelbrot mit Mayonnaise, Kopfsalat
und Tomaten
Preiselbeersaft mit Mineralwasser

Nachmittags-Imbiß
1 Handvoll Walnüsse und
Rosinen

Abendessen
Gegrillter ganzer Lachs mit
Basilikum-Pesto
Gegrillte Süßkartoffeln
Salat »Großer Cäsar«, aber ohne
Anchovis
1 Glas Weißwein

4. Tag

Frühstück
Krümel-Tofu mit Banane und
Blaubeeren
Hagebuttentee

Vormittags-Imbiß
Reiswaffel mit Sojabutter und
Konfitüre
Grüner Tee

Mittagessen
Lachssalat mit Mayonnaise und
gehacktem frischen Dill auf
Blattgemüse angerichtet
Knäckebrot
Eisgekühlter Bockshornklee-Tee

Nachmittags-Imbiß
Birne
1 Glas Sojamilch

Abendessen
Reisspaghetti mit Fleischsauce
Gedämpfte Artischocke
*Dinkel-Baguette
Kamillentee

5. Tag

Frühstück
Pochiertes Ei auf getoastetem
Essener Brot
½ Grapefruit
Rotulmenrinden-Tee

Vormittags-Imbiß
Bananen-Tofu-Shake mit
Pfirsichsaft

Mittagessen
Gemüsesuppe mit Putenfleisch
Baguette
1 Glas Mineralwasser

Nachmittags-Imbiß
Feigen mit Ziegenkäse und
Walnüssen

Abendessen
*Gegrillter Schwertfisch mit
Zitronenspalten
Süßkartoffelsalat
Gegrillte rote Paprikaschoten
1 Glas Weißwein

6. Tag

Frühstück
Pfannkuchen aus Wildreismehl
mit Ahornsirup
Frische Beeren
Maulbeerblättertee

Vormittags-Imbiß
Bananen-Papaya-Trunk

Mittagessen
Quinoatortilla, gefüllt mit
übriggebliebenem Reis, roter
Paprikaschote und Romanasalat;
dazu Tahini-Dressing
Mineralwasser
2 Aprikosen

Nachmittags-Imbiß
*Möhren-Ingwer-Saft

Abendessen
Curry-Lammkeule vom Grill
Basmatireis
Mango-Ingwer-Chutney
*Spinat-Salat mit hartgekochtem
Ei
1 Glas Rotwein

7. Tag

Frühstück
Omelett von 1 Ei mit frischem
Spinat und Feta
Bockshornklee-Tee

Vormittags-Imbiß
Gemischte Pflaumen
Ingwertee

Mittagessen
Kaltes Lammfleisch auf Romana-
salat mit Minze-Sauce
Eisgekühlter Hagebuttentee

Nachmittags-Imbiß
Möhrenstäbchen mit pfannengerührtem Zwiebel-Dip

Abendessen
Gemüseeintopf nach Bauernart
mit Pintobohnen
Wildreis-Salat
Obstsalat aus frischen Pfirsich-,
Nektarinen-, Feigen- und
Pflaumenscheiben
Mürbegebäck

8. Tag

Frühstück
Reiscracker mit Mandel- und Pflaumenmus
Sarsaparillentee

Vormittags-Imbiß
Apfel mit Walnüssen und Rosinen

Mittagessen
Gegrillter *Putenfleisch-Burger mit geschmolzenem Cheddar
Tomaten- und Gurkenscheiben
1 Glas Mineralwasser mit Ananassaft

Nachmittags-Imbiß
Bananen-Papaya-Trunk

Abendessen
Pfannengerührte Garnelen mit Pak-Choi, roten Paprikaschoten, Brokkoli, Knoblauch, Zwiebeln und Tamari-Sauce
Sushireis
Eisgekühlter Ingwertee
Feigenhäppchen

9. Tag

Frühstück
Gemüse-Reis-Frittata
Pfefferminztee

Vormittags-Imbiß
Pflaumen und Aprikosen
Pflaumensaft mit Mineralwasser

Mittagessen
Gegrillter Ziegen-Cheddar auf Essener Brot
Eisgekühlter Ginsengtee

Nachmittags-Imbiß
Möhren-Apfel-Saft

Abendessen
Putenschnitzel mit Quinoatortilla
Reis und schwarze Bohnen
Obstsalat aus bekömmlichen Früchten
Bier

10. Tag

Frühstück
*Dinkel-Baguette mit sautierten Blaubeeren
Hagebuttentee

Vormittags-Imbiß
Bananen-Papaya-Trunk

Mittagessen
Kubanische Schwarzbohnen-Suppe
1 Glas Mineralwasser mit Kirschsaft

Nachmittags-Imbiß
Apfel- und Ziegen-Cheddar-Scheiben auf Knäckebrot

Abendessen
Gegrillte Leber mit Zwiebeln
Gedämpfter Brokkoli mit Dip-Sauce
*Naturreis-Pilaw

11. Tag

Frühstück
Spiegelei auf *Naturreis-Pilaw
Bockshornklee-Tee

Vormittags-Imbiß
Bananen-Dinkel-Muffin
Pfefferminztee

Mittagessen
Gegrillte Hühnerbrust auf getoastetem Dinkelbrot mit Kopfsalat und Tomaten
Gemischte Pflaumen
Mineralwasser

Nachmittags-Imbiß
Geröstete Kürbiskerne mit Tamari-Sauce
*Möhren-Ingwer-Saft

Abendessen
Gegrilltes Rinderfilet mit Champignonsauce
Gedünsteter Porree
Spinatsalat mit Olivenöl-Zitronen-Dressing
1 Glas Rotwein
Mürbegebäck

12. Tag

Frühstück
Spinat-Frittata
Bockshornklee-Tee

Vormittags-Imbiß
Frische oder getrocknete Feigen oder Aprikosen
1 Glas Mineralwasser mit Zitrone

Mittagessen
Möhrensuppe mit Curry und Ingwer
Gemischter Salat (Kopfsalat und Tomaten)
Pflaumensaft mit Mineralwasser

Nachmittags-Imbiß
Walnußhäppchen
Ginsengtee

Abendessen
*Pasta mit Blattgemüse
Salat »Großer Cäsar«
Pflaumentörtchen
Hagebuttentee

13. Tag

Frühstück
Bananen-Nuß-Muffin
Pfefferminztee

Vormittags-Imbiß
Frischer Möhrensaft

Mittagessen
Roastbeef mit pfannengerührtem Zwiebel-Dip, in Romanasalat gewickelt
Birnen und Walnüsse
Mineralwasser

Nachmittags-Imbiß
Knäckebrot mit Soja-Nußbutter

Abendessen
Geschmorte Kalbshaxe
Zwiebel-Fenchel-Konfit
Reis
Pfannengerührte Zuckerschoten
1 Glas Wein

14. Tag

Frühstück
1 pochiertes Ei auf Essener Brot
½ Grapefruit und Bananen-
scheibchen
Minztee

Vormittags-Imbiß
Walnüsse und Rosinen
Mineralwasser

Mittagessen
*Putenfleisch-Burger
Kopfsalat und Tomaten
1 Glas Mineralwasser

Nachmittags-Imbiß
Rote Paprikaschote, in Streifen
geschnitten, mit Curry-Dip
Ginsengtee

Abendessen
Apfel-Curry-Lammeintopf
Basmatireis
Mango-Ingwer-Chutney
Bockshornklee-Tee

15. Tag

Frühstück
Gerste-Dinkel-Pfannkuchen mit
Blaubeerkonfitüre
Bananenscheibchen
Rotulmenrinden-Tee

Vormittags-Imbiß
1 Handvoll Nuß-Trockenfrüchte-
Mischung
Mineralwasser

Mittagessen
Thunfisch-Salat auf Kopfsalat
Ananassaft mit Mineralwasser

Nachmittags-Imbiß
Walnußhäppchen
Pfefferminztee

Abendessen
Kalbfleisch-Eintopf mit Fenchel
Dinkel-Basmatireis-Pilaw
Gedämpfte Artischocke
1 Glas Wein

16. Tag

Frühstück
Rührei mit getoastetem Essener Brot und Ananaskonfitüre
½ Grapefruit
Chilitee

Vormittags-Imbiß
Bananen-Sojamilch-Shake

Mittagessen
Bohnen-Kürbis-Suppe
Knäckebrot mit Ziegenkäse
1 Glas Mineralwasser mit Zitrone

Nachmittags-Imbiß
Bananen-Muffin
Sarsaparillentee

Abendessen
*Sautierter Seeteufel
Süßkartoffelpuffer
Brokkoli mit Sesamsamen
Bockshornklee-Tee

17. Tag

Frühstück
Aprikosen-Tofu-Shake
Hagebuttentee
1 Scheibe getoastetes Hirsebrot mit Blaubeerkonfitüre

Vormittags-Imbiß
Bananenscheibchen mit Mandelmus
Pfefferminztee

Mittagessen
Cheeseburger mit Ziegen-Cheddar
Gemischter Blatt-Gurken-Salat

Nachmittags-Imbiß
2 Pflaumen
Ingwertee

Abendessen
*Putenschnitzel
Dinkelnudeln, in Butter geschwenkt
Gedämpfte Erbsen
Apfelmus
1 Glas Wein

18. Tag

Frühstück
Crêpes mit sautierten Pfirsichen
Hagebuttentee

Vormittags-Imbiß
Ananas-Bananen-Trunk mit
Sojamilch

Mittagessen
Gerstensuppe mit Champignons
und Spinat
Gemischter Blattsalat mit Birnen-
und Ziegenkäsescheiben
Mineralwasser mit Aprikosensaft

Nachmittags-Imbiß
Möhren-Stäbchen mit Schwarz-
bohnen-Dip
Mineralwasser

Abendessen
Blaufisch mit Knoblauch und
Petersilie
Sushireis
Pfannengerührtes Mischgemüse
Reiswein
Pflaumentörtchen

19. Tag

Frühstück
*Quinoa-Mandel-Muffin
In Scheiben geschnittene
Pflaumen und Blaubeeren
Rotulmenrinden-Tee

Vormittags-Imbiß
Apfel mit Walnüssen und
Ziegenkäse
Mineralwasser mit Zitrone

Mittagessen
Kaltes Putenfleisch auf grünem
Salat
*Möhren-Rosinen-Salat
Mineralwasser mit Schwarz-
kirschensaft

Nachmittags-Imbiß
Pecorino Romano auf Knäckebrot
Löwenzahntee

Abendessen
Glasnudeln mit gegrilltem
Lendensteak und Grüngemüse
Gedünsteter Spinat mit
Knoblauch
1 Glas Reiswein

20. Tag

Frühstück
Dinkelflocken mit Rosinen und Sojamilch
Banane
Ingwertee

Vormittags-Imbiß
Roggencracker mit Kirschkonfitüre
Mineralwasser

Mittagessen
Lachssalat auf Romanasalatblättern
Pflaumenscheibchen
Hagebuttentee

Nachmittags-Imbiß
Möhren-Sellerie-Saft

Abendessen
Leber mit Zwiebeln
*Naturreis-Pilaw
Gemischter Blattsalat
1 Glas Wein

21. Tag

Frühstück
1 pochiertes Ei
2 Scheiben Buttertoast mit Mandeln und Aprikosen
Ginsengtee

Vormittags-Imbiß
Apfel und Banane
1 Glas Mineralwasser

Mittagessen
*Kürbis-Ingwer-Suppe
Reiscracker mit Ziegenkäse

Nachmittags-Imbiß
2 Walnußhäppchen
Pfefferminztee

Abendessen
Wild-Eintopf
Gebratene Süßkartoffeln
*Geschmortes Blattgemüse mit Knoblauch

22. Tag

Frühstück
Ananas-Bananen-Trunk mit
Sojamilch

Vormittags-Imbiß
Hamburger-Brötchen mit
Himbeerkonfitüre
Maulbeerblättertee

Mittagessen
Lachsbrötchen
Tomatenscheiben mit Basilikum
*Möhren-Ingwer-Saft

Nachmittags-Imbiß
Apfelscheiben mit Mandelmus
Ingwertee

Abendessen
Gegrillte Lammkoteletts mit
Minze-Sauce
Naturreis
*Grüne-Bohnen-Salat mit
Ziegenkäse und Walnüssen

23. Tag

Frühstück
Blaubeerpfannkuchen
Pfefferminztee

Vormittags-Imbiß
Möhren und grüne Bohnen mit
Dip
Mineralwasser mit Zitrone

Mittagessen
Fischsuppe
Dinkelvollkorn-Brötchen
Mineralwasser mit Ananassaft

Nachmittags-Imbiß
2 Pflaumen
Eisgekühlter Ingwertee

Abendessen
Apfel-Curry-Lammeintopf mit
Mango-Ingwer-Chutney
Basmatireis
Gedünsteter Porree
Bockshornklee-Tee

24. Tag

Frühstück
*Quinoa-Mandel-Muffin
Frische Feigen mit Ziegenkäse
Rotulmenrinden-Tee

Vormittags-Imbiß
Bananen-Tofu-Trunk

Mittagessen
Pintobohnensuppe
Gemischter Salat
Mineralwasser mit Zitrone

Nachmittags-Imbiß
Walnußhäppchen
Grüner Tee

Abendessen
Tofu-Gemüse-Pfanne
Naturreis
Frische Mango, in Scheiben
geschnitten
1 Glas Rotwein

25. Tag

Frühstück
2 Rühreier
2 Scheiben getoastetes Essener
Brot mit Traubenkonfitüre
Pfefferminztee

Vormittags-Imbiß
Ananas-Sojamilch-Shake

Mittagessen
Thunfisch-Salat auf Knäckebrot
Romanasalat
1 Glas Mineralwasser

Nachmittags-Imbiß
*Kürbis-Ingwer-Suppe

Abendessen
Sautierter Zackenbarsch
Süßkartoffelpuffer
Gedünstetes Blattgemüse
Frisches Obst, in Scheiben
geschnitten
1 Glas Weißwein

26. Tag

Frühstück
Krümel-Tofu mit sautierten
Äpfeln oder Birnen
Hagebuttentee

Vormittags-Imbiß
Reiscracker mit Ziegenkäse
1 Glas Mineralwasser

Mittagessen
Gegrillte Lammkoteletts mit
geschmolzenem Ziegen-Cheddar
Tomatenscheiben und Romana-
salat
Mineralwasser

Nachmittags-Imbiß
Äpfel und Walnüsse
Kräutertee

Abendessen
Wildreissuppe mit Pilzen
1 Scheibe *Dinkel-Vollkornbrot
mit Apfelkonfitüre
Rucolasalat
1 Glas Weißwein

27. Tag

Frühstück
Bananen-Sojamilch-Shake

Vormittags-Imbiß
Weintrauben
Rotulmenrinden-Tee

Mittagessen
Grillhähnchen-Salat mit
Kopfsalatblättern und Tomaten-
scheiben auf Dinkelbrot
Mineralwasser mit Pflaumensaft

Nachmittags-Imbiß
Apfel mit Ziegenkäse
Ingwertee

Abendessen
Gedämpfter Roter Schnapper
Nudeln mit Brokkoli und
Knoblauch
Frisches Obst
1 Glas Wein

28. Tag

Frühstück
Omelett von 1 Ei mit Tomaten, Mozzarella und Basilikum
2 Scheiben Dinkeltoast mit Aprikosenkonfitüre
Kräutertee

Vormittags-Imbiß
2 Pflaumen
1 Glas Sojamilch

Mittagessen
Lachssalat auf Romanasalatblättern
Mineralwasser mit Limette

Nachmittags-Imbiß
Frische Feigen und Aprikosen
Hagebuttentee

Abendessen
*Putenschnitzel
Dinkelnudeln
Gedämpfter Brokkoli mit Zitrone
Ananasscheiben

29. Tag

Frühstück
2 Scheiben getoastetes Essener Brot mit Mandelmus und Kirschkonfitüre
Ginsengtee

Vormittags-Imbiß
Bananen-Sojamilch-Shake

Mittagessen
Fischsuppe
Gemischter Salat

Nachmittags-Imbiß
Möhren-Stäbchen mit Curry-Dip
Grüner Tee

Abendessen
Spaghetti mit Fleischsauce
Gedämpfte Artischocken
1 Glas Rotwein

30. Tag

Frühstück
Omelett von 1 Ei mit
Artischockenherzen, Brokkoli
und Ziegenkäse
1 Scheibe Dinkeltoast mit Butter
Maulbeerblättertee

Vormittags-Imbiß
Bananen-Pfirsich-Trunk

Mittagessen
*Griechischer Salat
Mineralwasser mit Zitrone

Nachmittags-Imbiß
Birne
Rosinen mit Walnüssen
Ingwertee

Abendessen
Gegrillte Seezunge
Gemüse-Pasta
1 Glas Wein
Walnußhäppchen

30-Tage-Speiseplan für Blutgruppe A

1. Tag

Frühstück
Krümel-Tofu mit Zwiebeln und Brokkoli
Blaubeeren
Kaffee
1 Glas Wasser mit Zitrone

Vormittags-Imbiß
Joghurt mit Rosinen, Sonnenblumenkernen und Honig

Mittagessen
Quinoa-Tortillas, gefüllt mit Adzukibohnen, Ziegen-Cheddar, gewürfelten Zwiebeln und Sprossen
Ananas-Chutney
Eisgekühlter Ginsengtee

Nachmittags-Imbiß
Eisgekühlter Kaffee (nach Belieben mit Vanille-Nuß-Geschmack) und Reismilch

Abendessen
Reisspaghetti mit pfannengerührtem Spinat, Möhren, Champignons, Zwiebeln und Knoblauch
1 Scheibe *Dinkel-Baguette
1 Glas Wein

2. Tag

Frühstück
Reiswaffeln mit Mandelmus und Kirschkonfitüre
Hagebuttentee

Vormittags-Imbiß
2 Pflaumen
Aprikosensaft

Mittagessen
Kubanische Schwarzbohnen-Suppe
1 Scheibe Maisbrot
Eisgekühlter Große-Kletten-Tee

Nachmittags-Imbiß
Möhrensaft

Abendessen
Tofu mit Erdnüssen und Aprikosen
Naturreis
Gedämpfter Spinat

3. Tag

Frühstück
Buchweizen-Pfannkuchen mit Blaubeersirup
Kaffee (nach Belieben mit Mandelgeschmack) und Mandelmilch

Vormittags-Imbiß
Ananas-Sojamilch-Shake aus frischer Ananas

Mittagessen
Salat aus Romanasalat, geraspelten Möhren, Zwiebel und Lachsstückchen mit Limettenvinaigrette
Möhren-Gurken-Saft

Nachmittags-Imbiß
1 Handvoll Rosinen und Erdnüsse

Abendessen
Quinoa-Tortillas mit schwarzen Bohnen
Naturreis
Gedünsteter Eskarol (Winterendivie)
1 Glas Rotwein
Frische Ananas

4. Tag

Frühstück
*Quinoa-Mandel-Muffin mit Himbeerkonfitüre
Kaffee mit Sojamilch

Vormittags-Imbiß
1 Handvoll Kirschen

Mittagessen
Sobanudeln mit *Miso-Suppe
Grüner Tee

Nachmittags-Imbiß
*Möhren-Ingwer-Saft

Abendessen
Gedämpfter Roter Schnapper
Basmatireis
Gedämpfte Artischocken
Kamillentee
Joghurt

5. Tag

Frühstück
Kascha mit braunem Zucker und Sojamilch
Gedämpfte Pflaumen
Johanniskraut-Tee

Vormittags-Imbiß
Ricotta mit Rosinen und Zimt

Mittagessen
Sojamehlbrot mit Erdnußbutter und Blaubeerkonfitüre
1 Glas Ziegenmilch
2 Aprikosen

Nachmittags-Imbiß
Frisches Gemüse mit Tahini-Sauce
Wasser mit Zitrone

Abendessen
Lasagne mit Reisnudeln, Spinat, Ricotta und Basilikum-Pesto
Champignons mit weißer Sauce
Romanasalat mit Senf-Vinaigrette
1 Glas Wein
Hafermehlplätzchen

6. Tag

Frühstück
Krümel-Tofu mit Pfirsichen und Blaubeeren
½ Grapefruit
Kaffee (nach Belieben mit Haselnußgeschmack)

Vormittags-Imbiß
Frische Feigen
1 Glas Ziegenmilch

Mittagessen
*Salat-Pizza mit Dinkelvollkornbrot, frischem Blattgemüse und Mozzarella
Bockshornklee-Tee

Nachmittags-Imbiß
Möhren-Sellerie-Saft

Abendessen
Sautierter Zackenbarsch mit Erdnußsauce auf roten Linsen und Reis
Gedämpfter Kürbis
Baldriantee

7. Tag

Frühstück
*Blaubeer-Muffin
Frische Ananas
Kaffee (nach Belieben mit Zimtgeschmack)

Vormittags-Imbiß
Erdnüsse und Rosinen
1 Glas Sojamilch

Mittagessen
Gegrillter Tofu auf Essener Brot
Apfelscheiben und Walnüsse
Limonade

Nachmittags-Imbiß
Brokkoli-Möhren-Saft

Abendessen
Huhn mit Sesamsamen
Dinkelnudeln mit geriebenem Pecorino Romano
Gedünstetes Rübengrün
1 Glas Rotwein
Gemischte Pflaumen, in Scheibchen geschnitten

8. Tag

Frühstück
Krümel-Tofu mit Naturreis und übriggebliebenem Rübengrün
Ingwertee

Vormittags-Imbiß
Früchtetrunk aus Sojamilch, Pfirsichen und Ananas

Mittagessen
Kubanische Schwarzbohnen-Suppe
1 Scheibe Rosinenbrot mit Zimt
Eisgekühlter Bockshornklee-Tee

Nachmittags-Imbiß
Ziegenkäse auf Roggencrackern
Ananassaft

Abendessen
Gegrillter Lachs in Tamari-Dip-Sauce
Kascha
Gedünstete Okra (Gumbofrucht) mit Zwiebel
1 Glas Rotwein

9. Tag

Frühstück
Omelett von 1 Ei, gefüllt mit Okra (Gumbofrucht) und Kascha und belegt mit Ziegenkäse
Grapefruitsaft
Kaffee (nach Belieben mit Zimtgeschmack)

Vormittags-Imbiß
2 Pflaumen
Grüner Tee

Mittagessen
Hirse-Tabbouleh mit Tofuwürfeln
Eisgekühlter Ingwertee

Nachmittags-Imbiß
Apfelscheiben mit Ziegen-Cheddar

Abendessen
Topinamburpasta mit Knoblauch, frischem Spinat, Walnüssen, Feta und schwarzen Oliven
*Möhren-Pastinaken-Gemüse mit Knoblauch, Ingwer und Basilikum
*Dinkel-Baguette
1 Glas Rotwein

10. Tag

Frühstück
*Blaubeer-Muffin
Aprikosensaft
Kaffee (nach Belieben mit Vanille-Nuß-Geschmack)

Vormittags-Imbiß
Tofu-Shake mit Ananassaft

Mittagessen
Linsensuppe mit Porree und Möhren
Bockshornklee-Tee

Nachmittags-Imbiß
Reiswaffeln mit Sojabutter und Kirschkonfitüre

Abendessen
Brathuhn mit Zwiebeln und Pastinaken
*Naturreis-Pilaw
Kopfsalat mit Senf-Vinaigrette
Frische Feigen
Hagebuttentee

11. Tag

Frühstück
Hirsebrei mit Rosinen, Datteln, Sonnenblumenkernen und Sojamilch
Schwarzer Kaffee

Vormittags-Imbiß
Möhren-Stäbchen mit Erdnußbutter
Johanniskraut-Tee

Mittagessen
Avokado, Ziegenkäse, Gurke und Sprossen auf Weizenkeimbrot
Ananassaft

Nachmittags-Imbiß
2 Aprikosen
1 Glas Sojamilch

Abendessen
Tempeh-Spieße
*Quinoa-Risotto
Sautierter Brokkoli mit Walnüssen und Walnuß-Öl-Dressing
1 Glas Rotwein
Ingwerbrot

12. Tag

Frühstück
1 Scheibe Weizenkeimtoast mit Brombeerkonfitüre
Kaffee mit Sojamilch

Vormittags-Imbiß
Joghurt-Shake mit Aprikosensaft und Pfirsichen

Mittagessen
Gerste-Schwarzbohnen-Salat mit Maiskörnern
Avokadocreme und Chips
Limonade

Nachmittags-Imbiß
*Möhren-Ingwer-Saft

Abendessen
Gegrillte Champignons mit Mozzarella und Zwiebeln auf Dinkelvollkorn-Brötchen
Tofu-Gemüse-Pfanne
*Möhren-Rosinen-Salat
1 Glas Rotwein
Wassermelone

13. Tag

Frühstück
Hafermehlwaffeln mit Ahornsirup
Kaffee (nach Belieben mit Zimtgeschmack)
Frische Ananas

Vormittags-Imbiß
Walnüsse und Rosinen
Ginsengtee

Mittagessen
Eskarol-Suppe (Winterendivie) mit geriebenem Pecorino Romano
1 Scheibe *Dinkel-Vollkornbrot mit zerschmolzenem Sojakäse
1 Glas Wasser mit Zitrone

Nachmittags-Imbiß
Möhren-Gurken-Saft

Abendessen
*Thunfischsteak in Zitronen-Knoblauch-Marinade
Gegrillte Zucchini mit Zwiebeln und Champignons
*Naturreis-Pilaw
Löwenzahn-Brunnenkresse-Salat mit Senf-Limetten-Vinaigrette
1 Glas Rotwein

14. Tag

Frühstück
Getoastetes Essener Brot mit Ahornsirup
1 Glas Ananassaft
Kaffee

Vormittags-Imbiß
½ rosa Grapefruit
Hagebuttentee

Mittagessen
Thunfisch-Salat auf Sojabrot
Apfelscheiben
Wasser mit Zitrone

Nachmittags-Imbiß
Geröstete Kürbiskerne mit Tamari-Sauce
Eisgekühlter Ingwertee

Abendessen
Tofu-Schwarzbohnen-Chili
Gedämpfter Reis
Gedünstete weiße Rüben mit Zwiebeln
Salat »Großer Cäsar«, aber ohne Anchovis
Kräutertee

15. Tag

Frühstück
Miso-Gemüse-Suppe
Gurkensalat
Reiscracker mit Sesamsamen
Grüner Tee

Vormittags-Imbiß
1 Scheibe getoastetes Essener Brot mit Aprikosenkonfitüre
Eisgekühlter Kaffee

Mittagessen
Grillhähnchen-Salat auf Salat »Großer Cäsar« (aber ohne Anchovis) mit Dinkel-Croutons
Grüner Tee

Nachmittags-Imbiß
1 Stück *Ananas-Kuchen »kopfüber«
Kaffee

Abendessen
Tofu mit Curry-Gemüseeintopf
Gedämpfter Naturreis
Mangold mit Knoblauch
1 Glas Rotwein

16. Tag

Frühstück
Hirse-Soja-Pfannkuchen mit Honig
Frische Blaubeeren
Grapefruitsaft
Kaffee

Vormittags-Imbiß
Joghurt mit Walnüssen und Rosinen
Hagebuttentee

Mittagessen
Tofu-Kürbis-Pudding
1 Scheibe Maisbrot

Nachmittags-Imbiß
Frischer Möhren-Sellerie-Saft

Abendessen
*Sautierter Seeteufel
Grüner Salat mit Senf-Dressing, grünen Bohnen, Walnüssen und Ziegenkäse
1 Glas Rotwein

17. Tag

Frühstück
Spinat-Frittata mit Feta
Frische Kirschen
Kaffee (nach Belieben mit Vanille-Nuß-Geschmack)

Vormittags-Imbiß
2 Pflaumen
Bockshornklee-Tee

Mittagessen
Mozzarella-Zucchini-Sandwich überbacken
Eisgekühlter Ginsengtee

Nachmittags-Imbiß
Äpfel mit Walnüssen und Rosinen
1 Glas Wasser mit Zitrone

Abendessen
Gegrillte Hühnerbrust
*Naturreis-Pilaw
Gedämpfter Brokkoli mit Möhren
Ingwertee

18. Tag

Frühstück
*Blaubeer-Muffin
Grapefruitsaft
Kaffee (nach Belieben mit Zimtgeschmack)

Vormittags-Imbiß
*Dattel-Zwetschgen-Trunk

Mittagessen
Lachssalat auf Knäckebrot
Kalte Artischocke mit Zitronen-Vinaigrette
Eisgekühlter Ingwertee

Nachmittags-Imbiß
1 Glas Sojamilch
Birne

Abendessen
Quinoa-Tortillas mit Pintobohnen
Gedämpfter Naturreis
Romanasalat mit Feta und Zitronen-Vinaigrette
Kräutertee

19. Tag

Frühstück
Krümel-Tofu mit Brokkoli
1 Scheibe getoastetes Essener Brot mit Zitronenkonfitüre
Kaffee (nach Belieben mit Vanille-Nuß-Geschmack)

Vormittags-Imbiß
2 Pflaumen
Johanniskraut-Tee

Mittagessen
Augenbohnen mit Porree
1 Scheibe Maisbrot
Maisbrot
Möhren-Sellerie-Saft

Nachmittags-Imbiß
Apfelscheiben mit Walnüssen
Ingwertee

Abendessen
*Gegrillter Schwertfisch nach indonesischer Art
*Naturreis-Pilaw
Gemischter grüner Salat mit Senf-Dressing
1 Glas Wein

20. Tag

Frühstück
Frische Blaubeeren mit Joghurt
1 Scheibe getoastetes Essener
Brot mit Traubengelee
Kaffee

Vormittags-Imbiß
Aprikosen-Sojamilch-Shake

Mittagessen
Gemüsesuppe mit Knoblauch-Croutons
Grüner Tee

Nachmittags-Imbiß
Sojakäse auf Roggencrackern

Abendessen
Rote Linsen-Suppe mit Curry
Gedämpfter Amaranth
Gedünstete Löwenzahnblätter mit Knoblauch
1 Glas Wein

21. Tag

Frühstück
Buchweizen-Pfannkuchen mit Sirup
½ Grapefruit
Kamillentee

Vormittags-Imbiß
Erdnußbutterplätzchen
Kaffee

Mittagessen
Augenbohnen mit Porree und Naturreis
Romanasalat mit Algen-Dressing
Mineralwasser mit Zitrone

Nachmittags-Imbiß
Geröstete Kürbiskerne mit Tamari-Sauce
Ginsengtee

Abendessen
Gedünstetes Gemüse mit Quinoapasta
Romanasalat mit roten Zwiebeln und Zitronen-Vinaigrette
1 Glas Rotwein

22. Tag

Frühstück
*Quinoa-Mandel-Muffin mit Himbeerkonfitüre
Frische Brombeeren
Grapefruitsaft
Kaffee

Vormittags-Imbiß
Ananas-Joghurt-Trunk

Mittagessen
*Kürbis-Ingwer-Suppe
Roggencracker mit Sojakäse
Wasser mit Zitrone

Nachmittags-Imbiß
2 Pflaumen
Walnußhäppchen

Abendessen
Tofu mit Curry-Gemüseeintopf
Naturreis
Frische Feigen
Kräutertee

23. Tag

Frühstück
1 Scheibe Aprikosen-Mandel-Toast mit Kirschkonfitüre
Kaffee (nach Belieben mit Vanille-Nuß-Geschmack)

Vormittags-Imbiß
1 Glas Sojamilch
Möhren-Stäbchen mit Schwarzbohnen-Dip

Mittagessen
Thunfisch-Salat mit Curry auf Knäckebrot
Grapefruitsaft mit Wasser

Nachmittags-Imbiß
Walnüsse, Rosinen und Sonnenblumenkerne
Grüner Tee

Abendessen
Gegrillte Regenbogenforelle
Glasiertes Wurzelgemüse
*Möhren-Rosinen-Salat
1 Glas Wein

24. Tag

Frühstück
Omelett von 1 Ei mit übriggebliebenem Naturreis, Ziegenkäse und Basilikum
Kaffee (nach Belieben mit Mandelgeschmack) und Mandelmilch
Schwarzkirschensaft mit Wasser

Vormittags-Imbiß
Geschälte Grapefruitspalten
Johanniskraut-Tee

Mittagessen
Sojabrot mit Ricotta, Honig, gehackten Walnüssen und Rosinen
1 Glas Ananassaft

Nachmittags-Imbiß
Geröstete Kürbiskerne mit Tamari-Sauce
Kamillentee

Abendessen
Kubanische Schwarzbohnen-Suppe
Naturreis
Gemischter grüner Salat mit Senf-Dressing
Tofu-Kürbis-Pudding

25. Tag

Frühstück
Sojamilch-Shake mit Ananas und Erdbeeren

Vormittags-Imbiß
*Blaubeer-Muffin
Eisgekühlter Kaffee

Mittagessen
Linsen-Salat
Kopfsalat mit Zitronen-Vinaigrette
Möhren-Sellerie-Saft

Nachmittags-Imbiß
Apfel mit Erdnußbutter
Grüner Tee

Abendessen
*Sautierter Seeteufel
Gedünstetes Blattgemüse mit Olivenöl und Feta
Maisbrot
1 Glas Rotwein
Frische Feigen

26. Tag

Frühstück
Getoastetes Essener Brot
½ Grapefruit
Kaffee mit Mandelmilch

Vormittags-Imbiß
Reiswaffeln mit Erdnußbutter und Kirschkonfitüre
Johanniskraut-Tee

Mittagessen
Möhrensuppe mit Curry
*Dinkel-Baguette
Wasser mit Zitrone

Nachmittags-Imbiß
Erdnußbutterplätzchen
Heißer Kaffee

Abendessen
Spinat-Frittata
Hamburger-Brötchen
Obstsalat aus Aprikosen, Kirschen und Pflaumen mit Joghurt-Dressing
Kamillentee

27. Tag

Frühstück
*Blaubeer-Muffin
Kaffee mit Sojamilch

Vormittags-Imbiß
Ananas-Joghurt-Trunk

Mittagessen
Rote Linsen-Suppe mit Curry
1 Scheibe getoastetes Essener Brot mit geschmolzenem Ziegenkäse
Möhren-Gurken-Saft

Nachmittags-Imbiß
2 Pflaumen
Ginsengtee

Abendessen
Tofu mit Aprikosen und Mandeln
Gedämpfter Naturreis
Gedämpfter Brokkoli
1 Glas Rotwein

28. Tag

Frühstück
Krümel-Tofu mit sautierten
Äpfeln und Birnen
Kaffee (nach Belieben mit
Vanille-Nuß-Geschmack)

Vormittags-Imbiß
Pfirsich-Himbeer-Trunk

Mittagessen
Buchweizennudeln mit Erdnuß-
butter-Sauce (Gado-Gado)
Grüner Tee

Nachmittags-Imbiß
*Möhren-Rosinen-Salat
Ingwertee

Abendessen
Gegrilltes Lachssteak mit
frischem Dill
Basmatireis
*Grüne-Bohnen-Salat mit
Ziegenkäse, Walnüssen und
Zitronen-Vinaigrette
1 Glas Weißwein

29. Tag

Frühstück
Amaranth-Pfannkuchen mit
Ahornsirup
Kaffee (nach Belieben mit
Zimtgeschmack)

Vormittags-Imbiß
Pfirsich- und Pflaumen-
scheibchen
Grüner Tee

Mittagessen
Pintobohnensuppe mit Porree und
Knoblauch
1 Scheibe *Dinkel-Baguette

Nachmittags-Imbiß
Apfel mit Ziegenkäsescheibchen

Abendessen
Tofu-Gemüse-Pfanne
Gedämpfter Naturreis
Walnußhäppchen
Ingwertee

30. Tag

Frühstück
Gebratener Tofu mit Sesamsamen
Grüner Tee

Vormittags-Imbiß
Tofu-Shake

Mittagessen
Thunfisch-Salat auf grünen
Salatblättern
Bockshornklee-Tee

Nachmittags-Imbiß
Weizenkeimtoast mit Pflaumen-
konfitüre
Eisgekühlter Kaffee

Abendessen
Gedämpfter Roter Schnapper mit
frischen Kräutern
*Naturreis-Pilaw
*Gedünsteter Fenchel mit
Knoblauch
1 Glas Wein

30-Tage-Speiseplan für Blutgruppe B

1. Tag

Frühstück
Hirsemüsli mit Rosinen, Milch und Ahornsirup
½ Grapefruit
Ingwertee

Vormittags-Imbiß
1 Glas Kefir
Kirschen

Mittagessen
Zerdrückte Sardinen und Kopfsalat auf Essener Brot
Möhren-Stäbchen
Ginsengtee

Nachmittags-Imbiß
*Blaubeer-Muffin
Banane
Kaffee

Abendessen
Paprikaschoten, gefüllt mit Dinkelkörnern und Ziegenkäse
Bohnensalat mit roter Zwiebel und Vinaigrette
Gedämpfter Blumenkohl mit Zitrone
1 Glas Rotwein

2. Tag

Frühstück
Frische Feigen mit Ziegenkäse
2 Scheiben getoastetes Essener
Brot mit Himbeerkonfitüre
Orangenspalten
Grüner Tee

Vormittags-Imbiß
Bananen-Ananas-Joghurt-Trunk

Mittagessen
*Kürbis-Ingwer-Suppe
Knäckebrot mit 1 Scheibe Käse

Nachmittags-Imbiß
*Preiselbeer-Kekse
2 Pflaumen
Hagebuttentee

Abendessen
Leber mit Zwiebeln
Kartoffelpüree mit Butter
Gegrillte Aubergine
1 Glas Weißwein

3. Tag

Frühstück
Omelett von 1 Ei mit Feta und
gehackter Petersilie
1 Scheibe getoastetes Essener
Brot mit Apfelkonfitüre
Papayasaft
Grüner Tee

Vormittags-Imbiß
Aprikosen-Joghurt-Trunk

Mittagessen
*Dinkel-Pilaw mit Ziegenkäse
Gurkensalat
Ginsengtee

Nachmittags-Imbiß
Reiswaffeln mit Mandelmus
Weintrauben
Ingwertee

Abendessen
Geschmortes Kaninchen mit Reis
*Gedünsteter Fenchel mit
Knoblauch
Gemischter Salat mit Olivenöl
und Balsamico-Essig
Kräutertee

4. Tag

Frühstück
Hafergrütze mit Rosinen, Milch und Ahornsirup
Ananassaft
Kaffee

Vormittags-Imbiß
1 Glas Sojamilch
Banane

Mittagessen
Kirschen-Joghurt-Suppe
2 Pflaumen
Ingwertee

Nachmittags-Imbiß
Birnen-Muffin
Grüner Tee

Abendessen
*Sautierter Seeteufel
*Naturreis-Pilaw
Sautierte Paprikaschoten mit Shiitakepilzen
1 Glas Weißwein

5. Tag

Frühstück
Sautierte Bananen mit Ricotta
Papayasaft
Kaffee

Vormittags-Imbiß
1 Scheibe Rosinenbrot mit Zimt
Beerenobst
Grüner Tee

Mittagessen
Thunfisch-Salat und Kopfsalatblätter auf Essener Brot
*Möhren-Ingwer-Saft

Nachmittags-Imbiß
Walnußhäppchen
Orangenspalten
Pfefferminztee

Abendessen
Wild-Eintopf
*Geschmortes Blattgemüse mit Knoblauch
Gebratene Süßkartoffeln
1 Glas Rotwein

6. Tag

Frühstück
1 Scheibe Mandel-Reis-Brot mit Pflaumenkonfitüre
1 pochiertes Ei
½ Grapefruit
Kaffee

Vormittags-Imbiß
Bananen-Papaya-Joghurt-Trunk

Mittagessen
Wurzelgemüsesuppe
Überbackenes Ziegenkäse-Sandwich

Nachmittags-Imbiß
Zitronenecken
Grüner Tee

Abendessen
Gegrillter Heilbutt mit Zitronengras
Basmatireis
Gedämpfte rote Rüben mit Vinaigrette
Obstsalat aus Tropenfrüchten
1 Glas Weißwein

7. Tag

Frühstück
Hafer-Dinkel-Pfannkuchen mit sautierten Birnen
Traubensaft
Kaffee

Vormittags-Imbiß
Ananas-Joghurt-Trunk

Mittagessen
Ricotta mit pochiertem Obst
Ingwertee

Nachmittags-Imbiß
Weintrauben
Grüner Tee

Abendessen
Gegrillte Lammkoteletts mit Minze-Chutney
Naturreis
*Möhren-Pastinaken-Gemüse mit Knoblauch, Ingwer und Basilikum
Salbeitee

8. Tag

Frühstück
Joghurt mit Pflaumen
1 Scheibe Essener Brot mit Mandelmus
Pfefferminztee

Vormittags-Imbiß
Mango-Limetten-Trunk

Mittagessen
Thunfisch-Salat auf Dinkelbrot
Salat »Großer Cäsar«, ohne Anchovis
Möhren-Sellerie-Saft

Nachmittags-Imbiß
Obstsalat
Grüner Tee

Abendessen
Gefüllte Pastamuscheln
Gedämpfter Brokkoli mit Zitrone
Gemischter Salat
1 Glas Wein

9. Tag

Frühstück
Omelett von 1 Ei mit Gruyère
1 Scheibe Essener Brot mit Butter
Ananassaft
Kaffee

Vormittags-Imbiß
Joghurt mit Banane und Rosinen

Mittagessen
Bohnencreme-Suppe
Gemischter Salat
Ginsengtee

Nachmittags-Imbiß
Mürbegebäck
Weintrauben
Grüner Tee

Abendessen
Sautierter Kalmar mit Kartoffeln
Gedämpftes Rübengrün mit Zitronen-Vinaigrette
Pochierte Birnen
1 Glas Weißwein

10. Tag

Frühstück
*Blaubeer-Muffin
Papayasaft
Ananas-Stückchen
Kaffee

Vormittags-Imbiß
Hüttenkäse und Weintrauben
Pfefferminztee

Mittagessen
Spinatpasta mit sautierten Pilzen
und Parmesan
Gemischter Salat
Ingwertee

Nachmittags-Imbiß
Knäckebrot mit Ziegenkäse
Möhren-Sellerie-Saft

Abendessen
Curry-Lammkeule vom Grill
mit Gemüse
Basmatireis
Gurken-Joghurt-Suppe
Kardamom-Tee

11. Tag

Frühstück
Omelett von 1 Ei mit Feta und
gehackter Petersilie
1 Scheibe Roggenbrot mit Pflaumenkonfitüre
½ Grapefruit
Grüner Tee

Vormittags-Imbiß
Bananen-Joghurt-Trunk

Mittagessen
Ziegenkäse und Kirschkonfitüre
auf Mandel-Kürbis-Brot
Rote Weintrauben
Ginsengtee

Nachmittags-Imbiß
Basmatireispudding
2 Pflaumen
Ingwertee

Abendessen
Gebratene Putenbrust
Gekochte Kartoffeln
Gedämpftes Rübengrün mit
Himbeer-Vinaigrette
1 Glas Rotwein

12. Tag

Frühstück
Reisflocken mit getrockneten Kirschen und Soja-Reis-Milch
Frische Ananas
Kaffee

Vormittags-Imbiß
1 Glas Kefir
Frische Papaya

Mittagessen
Mandelmus und Bananenscheibchen auf Essener Brot
Traubensaft

Nachmittags-Imbiß
*Blaubeer-Muffin
Birne
Grüner Tee

Abendessen
Gegrillte Lammkoteletts
Hirse-Pilaw mit Shiitakepilzen
*Geschmortes Blattgemüse mit Knoblauch
1 Glas Rotwein

13. Tag

Frühstück
Hüttenkäse mit frischer Ananas und Papaya
1 Scheibe Dinkelbrot mit Traubengelee
Grüner Tee

Vormittags-Imbiß
1 Glas Ziegenmilch
Banane

Mittagessen
Quinoapasta mit buntem Paprikagemüse und Ziegenkäse
Rotulmenrinden-Tee

Nachmittags-Imbiß
2 Walnußhäppchen
Weiße Weintrauben
Kaffee

Abendessen
Gegrillte Flunder
Gedämpfter Rosenkohl mit Butter, Zitrone und Petersilie
Naturreis
1 Glas Weißwein

14. Tag

Frühstück
Hafer-Dinkel-Pfannkuchen mit
sautierten Bananen
Orangen- und Grapefruitspalten
Grüner Tee

Vormittags-Imbiß
1 Glas Sojamilch
Getrocknete Feigen und Datteln

Mittagessen
Fischsuppe
1 Scheibe *Dinkel-Baguette
*Möhren-Rosinen-Salat

Nachmittags-Imbiß
Reiscracker mit Ziegenkäse
Himbeerblätter-Tee

Abendessen
Gefüllte Pastamuscheln
Gedünstete Auberginen, Paprikaschoten und Shiitakepilze mit Knoblauch
Gemischter Salat mit Essig und Öl
Grüner Tee

15. Tag

Frühstück
Rührei
2 Scheiben Hafertoast mit Orangenmarmelade
Ananassaft
Grüner Tee

Vormittags-Imbiß
Papaya-Joghurt-Trunk
Frische Feigen

Mittagessen
Frische Mozzarella mit sautierten Zucchini und Knoblauch auf
*Dinkel-Baguette
Möhren-Sellerie-Saft

Nachmittags-Imbiß
Zitronenecken
Kaffee

Abendessen
Gegrillte Lammkoteletts mit Mango-Ingwer-Chutney
*Dinkel-Pilaw
Gemischter Salat
1 Glas Weißwein

16. Tag

Frühstück
Selbstgemachtes Crunchy mit
Bananenscheibchen
Ananassaft
Pfefferminztee

Vormittags-Imbiß
Orangen-Joghurt-Trunk
Weintrauben

Mittagessen
Rindfleisch-Frikadellen
Gemischter Salat
Möhren-Gurken-Saft

Nachmittags-Imbiß
*Preiselbeer-Haferkekse
Kaffee

Abendessen
Gegrillter Kabeljau
Grüne Pasta mit Blumenkohl,
Knoblauch und Petersilie
Gemischter Salat mit Feta
1 Glas Weißwein

17. Tag

Frühstück
Haferschrot mit Rosinen, warmer
Milch und Ahornsirup
Kaffee

Vormittags-Imbiß
Obstsalat
Traubensaft

Mittagessen
Gegrillte Paprikaschoten und
Ziegenkäse auf Dinkelbrot
Möhren-Gurken-Saft

Nachmittags-Imbiß
Kefir-Bananen-Trunk
Weintrauben

Abendessen
Lammkoteletts in Tamari-Senf-
Marinade
Basmatireis
Geraspelte Gurken, mit Joghurt
angemacht und Kreuzkümmel
bestreut
1 Glas Weißwein

18. Tag

Frühstück
*Miso-Suppe
Naturreis
Gurkenscheiben, mit Salz
bestreut
Grüner Tee

Vormittags-Imbiß
Bananen-Ananas-Trunk

Mittagessen
Sardinen auf Haferbrot
Möhren-Sellerie-Saft

Nachmittags-Imbiß
Rote Weintrauben
Reiscracker mit Ziegenkäse
Ingwertee

Abendessen
Gegrillte Regenbogenforelle mit
Butter, Zitrone und Petersilie
Süßkartoffelpuffer
Buntes Paprikagemüse mit
Knoblauch
*Ananas-Kuchen »kopfüber«
Kräutertee

19. Tag

Frühstück
Omelett von 1 Ei mit Gruyère
2 Scheiben Dinkeltoast mit
Kirschkonfitüre
Grapefruitsaft
Grüner Tee

Vormittags-Imbiß
Kefir-Ananas-Trunk
Rote Weintrauben

Mittagessen
Kidneybohnen-Melonenkürbis-
Suppe
Knäckebrot mit Monterey Jack
Kräutertee

Nachmittags-Imbiß
Mürbegebäck
Kaffee

Abendessen
Selbstgebackene weiße Pizza mit
Brokkoli, roten Paprikaschoten
und Ziegenkäse
Gemischter Salat
1 Glas Weißwein

20. Tag

Frühstück
Joghurt mit Ananas, Papaya und Banane
Pfefferminztee

Vormittags-Imbiß
Birnen-Muffin
Kaffee

Mittagessen
Putenfleischsalat mit Curry auf Essener Brot
Papayasaft

Nachmittags-Imbiß
1 Glas Ziegenmilch
Datteln, Feigen und Walnüsse

Abendessen
Geschmortes Kaninchen
Gebackene Süßkartoffeln
Mango-Ananas-Chutney
1 Glas Rotwein

21. Tag

Frühstück
*Blaubeer-Muffin
Grüner Tee

Vormittags-Imbiß
Joghurt mit Honig und Rosinen
Pfefferminztee

Mittagessen
Bohnencreme-Suppe
Traubensaft

Nachmittags-Imbiß
1 Handvoll Weintrauben
Ingwertee

Abendessen
Gegrillte Lammkoteletts mit frischer Minze-Sauce
Basmatireis
Gemischter Blattsalat
1 Glas Rotwein
Haferplätzchen

22. Tag

Frühstück
Hüttenkäse mit Bananenscheibchen und Honig
Preiselbeertee
1 Scheibe Dinkeltoast mit Pflaumenkonfitüre

Vormittags-Imbiß
Reiswaffeln mit Sojabutter und Kirschkonfitüre
Kaffee

Mittagessen
Apfel-Staudensellerie-Salat mit Walnüssen und Joghurt-Honig-Dressing
Bananen-Muffin
Ingwertee

Nachmittags-Imbiß
Möhren-Sellerie-Saft

Abendessen
*Sautierter Seeteufel
Geröstete neue Kartoffeln mit Knoblauch und Rosmarin
½ gebackener Melonenkürbis
*Geschmortes Blattgemüse mit Knoblauch
1 Glas Weißwein

23. Tag

Frühstück
Ananas-Joghurt-Shake
Grüner Tee

Vormittags-Imbiß
Rosinenbrot mit Zimt
Espresso

Mittagessen
Fischsuppe
*Möhren-Rosinen-Salat
Ingwertee

Nachmittags-Imbiß
Rote und gelbe Paprikaschoten, in Streifen geschnitten, mit Curry-Dip
Traubensaft

Abendessen
Curry-Lammkeule vom Grill
*Naturreis-Pilaw
Frische Mango und Pfirsiche, in Scheibchen geschnitten
Rosenwasser-Lassi

24. Tag

Frühstück
Naturreis-Dinkel-Pfannkuchen
mit Ahornsirup
Kaffee (nach Belieben mit
Vanille-Nuß-Geschmack)

Vormittags-Imbiß
Bananen-Pfirsich-Joghurt-Shake

Mittagessen
Thunfisch-Salat mit Salatblättern
und Tomatenscheiben auf
Dinkelbrot
Kräutertee

Nachmittags-Imbiß
*Möhren-Ingwer-Saft

Abendessen
*Pasta mit Blattgemüse
Gegrillte Putenwürstchen
1 Glas Weißwein

25. Tag

Frühstück
Omelett von 1 Ei mit Brokkoli
und Cheddar
Cappuccino
Traubensaft

Vormittags-Imbiß
Joghurt
1 Handvoll Weintrauben

Mittagessen
Räuchermakrelen-Salat auf
Dinkelbrot
Romanasalat mit Feta
Eisgekühlter Kräutertee

Nachmittags-Imbiß
Ziegenkäse und Apfel
Grüner Tee

Abendessen
Rindertopf nach Yankee-Art
*Dinkel-Baguette
*Grüne-Bohnen-Salat mit
Ziegenkäse und Walnüssen
Pochiertes Obst
1 Glas Rotwein

26. Tag

Frühstück
Puffreismüsli mit Milch und Bananen
Schwarzer Kaffee

Vormittags-Imbiß
Getrocknete Aprikosen und Papaya
Johanniskraut-Tee

Mittagessen
Gurken-Joghurt-Suppe
*Ananas-Kuchen »kopfüber«
Grüner Tee

Nachmittags-Imbiß
Reiswaffeln mit Mandelmus und Traubengelee
Hagebuttentee

Abendessen
Gegrillte Seezunge
Röstkartoffeln mit Knoblauch
*Geschmortes Blattgemüse mit Knoblauch
1 Glas Weißwein

27. Tag

Frühstück
Aprikosen-Joghurt-Shake
1 Scheibe getoastetes Rosinenbrot mit Butter
Kaffee

Vormittags-Imbiß
Möhren-Stäbchen mit Hüttenkäse-Dill-Dip
Pfefferminztee

Mittagessen
Limabohnen mit Ziegenkäse und Frühlingszwiebeln
Frische Feigen
Traubensaft

Nachmittags-Imbiß
Heiße Putenfleischbrühe

Abendessen
Wild-Eintopf
Sautierte Äpfel und Birnen mit Rosinen
2 Scheiben *Dinkel-Baguette
Gruyère
Kräutertee

28. Tag

Frühstück
Dinkeltoast mit Ahornsirup
Bananenscheibchen
Cappuccino

Vormittags-Imbiß
Hagebuttentee

Mittagessen
Hüttenkäse mit geraspelten
Möhren auf Romanasalat mit
Balsamico-Senf-Vinaigrette
Ananassaft

Nachmittags-Imbiß
Aprikosen und Mandeln
Grüner Tee

Abendessen
Hüftsteak vom Rind
Gegrillte rote und gelbe Paprika-
schoten und Zucchini
*Naturreis-Pilaw
1 Glas Rotwein

29. Tag

Frühstück
Omelett von 1 Ei mit übrig-
gebliebenem, gegrilltem Gemüse
und Ziegenkäse
Papayasaft
Grüner Tee

Vormittags-Imbiß
Ananas-Joghurt-Trunk

Mittagessen
*Griechischer Salat
Dinkelvollkorn-Brötchen
Ginsengtee

Nachmittags-Imbiß
Preiselbeersaft
2 Haferflockenplätzchen

Abendessen
Paprikapute
Süßkartoffelpüree
Preiselbeer-Honig-Senf-Sauce
Grüne Bohnen mit Balsamico-
Vinaigrette
Kräutertee

30. Tag

Frühstück
Heißer Haferbrei mit Milch und getrockneten Kirschen
Kaffee

Vormittags-Imbiß
Papaya-Trunk

Mittagessen
Suppe mit Putenfleisch
*Dinkel-Baguette
Ingwertee

Nachmittags-Imbiß
Apfel mit Cheddar
Hagebuttentee

Abendessen
Lammkoteletts in Tamari-Senf-Marinade
Gegrillte Auberginen und rote Paprikaschoten mit Ziegenkäse
Kopfsalat mit Olivenöl-Zitronen-Dressing
1 Glas Wein

30-Tage-Speiseplan für Blutgruppe AB

1. Tag

Frühstück
Basmatireispudding
Weintrauben
Kaffee

Vormittags-Imbiß
Papaya-Kiwi-Trunk

Mittagessen
Essener Brot mit Erdnußbutter,
Rosinen und Honig
Preiselbeersaft

Nachmittags-Imbiß
Ananas-Muffin
Grüner Tee

Abendessen
Gebratener Seeteufel auf Pasta
mit Petersilie
Gedämpfter Brokkoli mit Zitrone
Tomatensalat mit roten Zwiebeln
und Zitronen-Vinaigrette

2. Tag

Frühstück
Omelett von 1 Ei mit
Mozzarella und übrig-
gebliebenem gedämpften
Brokkoli
Möhrensaft
Grüner Tee

Vormittags-Imbiß
Aprikosen-Lassi

Mittagessen
Zwiebelsuppe mit *Dinkel-
Baguette und Gruyère
Gemischter Salat

Nachmittags-Imbiß
Zitronenecken
Kirschen
Kaffee

Abendessen
Curry-Lammkeule vom Grill
Basmatireis
Gedünstetes Blattgemüse
Gurkensalat
Grüner Tee

3. Tag

Frühstück
Dinkel-Pfannkuchen mit
sautierten Äpfeln
Papayasaft
½ Grapefruit
Kaffee

Vormittags-Imbiß
Ananas-Kiwi-Joghurt-Shake

Mittagessen
Rote Linsen-Suppe mit Curry
Gemischter Salat
Mineralwasser mit Zitrone

Nachmittags-Imbiß
Knäckebrot mit Ziegenkäse
Kirschen
Grüner Tee

Abendessen
Lachs mit Knoblauch, Ingwer
und Basilikum
Naturreis
Gedünsteter Staudensellerie
1 Glas Weißwein

4. Tag

Frühstück
Hüttenkäse mit frischen Ananasstückchen und Kiwi
1 Scheibe Sojabrot mit Kirschkonfitüre
Kaffee

Vormittags-Imbiß
*Blaubeer-Muffin
Ingwertee

Mittagessen
Suppe mit Putenfleisch
Roggenbrot mit Ziegenkäse

Nachmittags-Imbiß
Kefir
Gemischte Pflaumen

Abendessen
Gegrillte Regenbogenforelle
Süßkartoffelpüree
Gegrillte Auberginen und Zucchini
1 Glas Weißwein
Weintrauben

5. Tag

Frühstück
Haferschrot mit getrockneten Preiselbeeren, Ahornsirup und Ziegenmilch
Ananassaft
Kaffee

Vormittags-Imbiß
1 Glas Sojamilch
Weintrauben

Mittagessen
Thunfisch-Salat mit Mayonnaise und Alfalfasprossen auf Roggenbrot
Möhren- und Staudenselleriestäbchen
Mineralwasser mit Zitrone

Nachmittags-Imbiß
*Blaubeer-Muffin
Apfel
Grüner Tee

Abendessen
Leber mit Zwiebeln und Pilzen
Röstkartoffeln mit Kräutern
Gedünstete Löwenzahnblätter mit Knoblauch
1 Glas Wein

6. Tag

Frühstück
Omelett von 1 Ei mit Feta, Tomaten und Basilikum
1 Scheibe Mandel-Reisbrot mit Aprikosenkonfitüre
½ Grapefruit
Kaffee

Vormittags-Imbiß
Joghurt mit Kiwi-Scheibchen
Grüner Tee

Mittagessen
Pintobohnen-Püree mit Knoblauch und Chilis
Naturreis
Gemischter Salat

Nachmittags-Imbiß
1 Scheibe Dinkelbrot
Kirschen
Ingwertee

Abendessen
Pochierter Roter Schnapper
Grüne Pasta mit Blumenkohl und Knoblauch
Tomaten-Gurken-Salat mit roten Zwiebeln und Zitronen-Vinaigrette

7. Tag

Frühstück
Hirsemüsli mit Rosinen und Sojamilch
½ Grapefruit
Kaffee

Vormittags-Imbiß
1 Handvoll Erdnüsse und Walnüsse
Birne

Mittagessen
Bohnensalat mit roten Zwiebeln, Ziegenkäse und Zitronen-Vinaigrette
Mineralwasser

Nachmittags-Imbiß
Baklava
Kaffee

Abendessen
Geschmortes Kaninchen mit Möhren, Kartoffeln, Staudensellerie und Pastinaken
Gedünsteter Spinat mit Knoblauch
*Dinkel-Baguette
Obstsalat aus Tropenfrüchten

8. Tag

Frühstück
Joghurt mit Honig, Walnüssen und Rosinen
Grapefruitspalten
Grüner Tee

Vormittags-Imbiß
Hüttenkäse mit Ananas
Hagebuttentee

Mittagessen
Sardinen mit einem Spritzer Zitronensaft auf Roggenbrot
Möhren-Sellerie-Saft

Nachmittags-Imbiß
Erdnußbutterplätzchen
Pfirsich und Aprikosen

Abendessen
Putenbrust mit Gurken-Joghurt-Sauce
Wildreis-Salat
*Geschmortes Blattgemüse mit Knoblauch
1 Glas Weißwein

9. Tag

Frühstück
2 pochierte Eier
Frische Feigen mit Ziegenkäse
1 Scheibe Weizenkeimtoast mit Grapefruitkonfitüre
Grüner Tee

Vormittags-Imbiß
1 Glas Soja-Reismilch
Apfel

Mittagessen
Gedämpftes Obst auf Ricotta
Papayasaft

Nachmittags-Imbiß
Möhren-Ingwer-Kuchen
Kaffee

Abendessen
*Thunfischsteak in Zitronen-Knoblauch-Marinade mit Kirschtomaten
Basmatireis
Gedünstete weiße Rüben
Salat aus gedünstetem Blattgemüse mit Ziegenkäse
Mineralwasser

10. Tag

Frühstück
Salat aus verträglichen Zitrusfrüchten
Ananassaft
Ingwertee

Vormittags-Imbiß
*Dattel-Zwetschgen-Trunk

Mittagessen
Dinkel-Salat mit Gurken, Petersilie und Feta
Möhren-Sellerie-Saft

Nachmittags-Imbiß
Reiscracker mit Erdnußbutter
Weintrauben
Kaffee

Abendessen
Tempeh-Spieße
Auberginengemüse mit Knoblauch
Gedämpfter Quinoa
Rote und gelbe Kirschtomaten, halbiert, mit Zitronen-Vinaigrette
1 Glas Rotwein

11. Tag

Frühstück
Basmatireisauflauf
Weintrauben
Kaffee

Vormittags-Imbiß
1 Glas Ziegenmilch
Kirschen und Grapefruit

Mittagessen
*Miso-Suppe
Naturreis
Gurkensalat

Nachmittags-Imbiß
Erdnußbutter-Bällchen
Grüner Tee

Abendessen
Gegrillte Lammkoteletts
Süßkartoffelpüree
Blumenkohl mit Knoblauch und Petersilie
Mineralwasser

12. Tag

Frühstück
Salat aus verträglichen Zitrusfrüchten
Grapefruitsaft
Kaffee

Vormittags-Imbiß
Joghurt mit frischen Kiwis
Mineralwasser

Mittagessen
Pintobohnensalat mit Knoblauch-Dressing
Möhren-Sellerie-Saft
Roggencracker mit Schafskäse

Nachmittags-Imbiß
Kürbisbrot mit Walnüssen
Kaffee

Abendessen
Zackenbarsch in Erdnußmantel
Basmatireis
Gedünstete Löwenzahnblätter mit Knoblauch
1 Glas Weißwein
Pflaumenkuchen

13. Tag

Frühstück
Rührei
2 Scheiben Putenschinken
2 Scheiben Hafertoast mit Grapefruitkonfitüre
Grüner Tee

Vormittags-Imbiß
1 Glas Sojamilch
Weiße Weintrauben

Mittagessen
Thunfisch-Salat und Alfalfasprossen auf Roggenbrot
Möhren-Sellerie-Saft

Nachmittags-Imbiß
Obstsalat mit Erdnuß-Dressing
Ginsengtee

Abendessen
Lasagne mit Champignons und Pesto
Gemischter Salat mit Zitronen-Vinaigrette
*Dinkel-Baguette
1 Glas Rotwein

14. Tag

Frühstück
Hafer-Dinkel-Pfannkuchen mit
Ahornsirup
½ Grapefruit
Kaffee

Vormittags-Imbiß
Joghurt mit Walnüssen, Rosinen
und Honig
Ingwertee

Mittagessen
Linsen-Salat mit Schafskäse
Mineralwasser

Nachmittags-Imbiß
Kirsch-Muffin
Grüner Tee

Abendessen
Geschmortes Kaninchen
*Geschmortes Blattgemüse mit
Knoblauch
1 Stück Birnenkuchen
1 Glas Rotwein

15. Tag

Frühstück
Haferschrot mit warmer Milch,
getrockneten Kirschen und
Ahornsirup
Grüner Tee

Vormittags-Imbiß
Ricotta mit frischer Ananas
Preiselbeersaft

Mittagessen
Wildreis-Salat mit Tofu
Möhren-Gurken-Saft

Nachmittags-Imbiß
Ingwerbrot
Kaffee

Abendessen
Gedämpfter Roter Schnapper
*Dinkel-Pilaw
Gedämpfte rote Rüben mit
Zitrone
Pochiertes Obst
Eisgekühlter Kräutertee

16. Tag

Frühstück
½ Grapefruit
Frische Feigen mit Ziegenkäse
Haferkleie-Muffin
Grüner Tee

Vormittags-Imbiß
Ananas-Joghurt-Trunk

Mittagessen
Brokkolicremesuppe
1 Scheibe *Dinkel-Baguette mit Schafskäse
Mineralwasser

Nachmittags-Imbiß
Knäckebrot mit Erdnußbutter und Kirschkonfitüre
Grüner Tee

Abendessen
Lamm-Spieße
Süßkartoffelsalat
Salat aus gedünstetem Blattgemüse mit Ricotta
1 Glas Rotwein

17. Tag

Frühstück
Omelett von 1 Ei mit Feta und gedünstetem Blattgemüse
1 Scheibe Roggentoast mit Rapsöl-Margarine
Grapefruitsaft
Kaffee

Vormittags-Imbiß
Ricotta mit Walnüssen, Datteln und Zitronen-Honig-Dressing
Hagebuttentee

Mittagessen
Sardinen mit Alfalfasprossen auf Roggenbrot
Möhren-Sellerie-Saft

Nachmittags-Imbiß
Erdnußbutterplätzchen
Kaffee

Abendessen
Tofu mit Curry-Gemüseeintopf
Naturreis
Gurken und zarte Löwenzahnblättchen mit Olivenöl-Zitronen-Dressing
Grüner Tee

18. Tag

Frühstück
Hirsebrei mit Rosinen, warmer
Milch und Honig
Kaffee

Vormittags-Imbiß
1 Glas Sojamilch
Pfirsiche und Pflaumen

Mittagessen
Rote Linsen-Suppe mit Curry
1 Scheibe *Dinkel-Baguette mit
Schafskäse
Mineralwasser

Nachmittags-Imbiß
1 Stück Zitronen-Walnuß-Kuchen
Kaffee

Abendessen
Hackbraten aus Putenfleisch
Gekochte Kartoffeln
Gedünsteter Staudensellerie
1 Glas Weißwein

19. Tag

Frühstück
Selbstgemachtes Crunchy mit
Rosinen und Sojamilch
½ Grapefruit
Kaffee

Vormittags-Imbiß
Hüttenkäse mit frischer Ananas
Traubensaft

Mittagessen
Tofu-Gemüse-Pfanne
Naturreis
Gurkensalat mit roten Zwiebeln

Nachmittags-Imbiß
Knäckebrot mit Schafskäse
Weintrauben

Abendessen
Gedämpfter Roter Schnapper mit
Dip-Sauce
Quinoa mit Basilikum-Pesto
Pastinakenpüree
1 Glas Weißwein

20. Tag

Frühstück
Omelett von 1 Ei mit Sojakäse
2 Scheiben getoastetes Essener
Brot mit Pflaumenkonfitüre
Grapefruitsaft
Kaffee

Vormittags-Imbiß
1 Glas Kefir
Rote Weintrauben

Mittagessen
*Kürbis-Ingwer-Suppe
Knäckebrot mit Ziegenkäse
Mineralwasser mit Zitrone

Nachmittags-Imbiß
Erdnußbutterplätzchen
Birne
Grüner Tee

Abendessen
Apfel-Curry-Lammeintopf
Basmatireis
Gurken-Joghurt-Suppe
Ingwertee

21. Tag

Frühstück
Joghurt mit Honig, Walnüssen und Rosinen
Grapefruitspalten
Cappuccino

Vormittags-Imbiß
Ananas-Kiwi-Trunk

Mittagessen
Dinkel-Salat mit Feta, Gurken und Frühlingszwiebeln
Grüner Tee

Nachmittags-Imbiß
Apfelscheibchen mit Erdnußbutter
1 Glas Mineralwasser

Abendessen
Tofu mit Curry-Gemüseeintopf
Naturreis
Birnen-Walnuß-Salat
1 Glas Wein

22. Tag

Frühstück
Naturreis-Dinkel-Pfannkuchen
mit Ahornsirup
Preiselbeersaft
Kaffee

Vormittags-Imbiß
1 Glas Ziegenmilch
Weintrauben

Mittagessen
Gegrillte Champignon-
Frikadellen auf Hamburger-
Brötchen
Mineralwasser mit Traubensaft

Nachmittags-Imbiß
1 Handvoll Nuß-Trockenfrüchte-
Mischung
Ingwertee

Abendessen
*Putenschnitzel
Preiselbeer-Dressing
Pellkartoffelpüree
Glasierte weiße Rüben und
Pastinaken
Gedämpftes Blattgemüse
Mineralwasser

23. Tag

Frühstück
Heiße Hafergrütze mit Rosinen
und Sojamilch
Kaffee

Vormittags-Imbiß
1 Glas Kefir
Frische Ananas und Erdbeeren

Mittagessen
*Kürbis-Ingwer-Suppe
Weizenkeimtoast
1 Glas Apfelsaft

Nachmittags-Imbiß
Knäckebrot mit Ziegenkäse
Birnenscheibchen
Grüner Tee

Abendessen
Gegrillte Lammkoteletts
Grüner Salat
1 Glas Rotwein

24. Tag

Frühstück
Krümel-Tofu mit Blaubeeren
Kaffee (nach Belieben mit
Macadamianuß-Geschmack)

Vormittags-Imbiß
Haferkleie-Muffin mit Kirsch-
konfitüre
Hagebuttentee

Mittagessen
Putenfleischsalat mit Tomaten
und Kopfsalatblättern auf
Roggenbrot
Eisgekühlter Kamillentee

Nachmittags-Imbiß
*Möhren-Ingwer-Saft

Abendessen
Gebratener Zackenbarsch
Gedämpfter Naturreis
Brokkoli
Grüner Salat mit zerkrümeltem
Ziegenkäse
Eisgekühlter Kräutertee

25. Tag

Frühstück
Weizenvollkornbrötchen mit
Frischkäse und Feigenkonfitüre
Kaffee

Vormittags-Imbiß
Trauben-Pfirsich-Joghurt-Trunk

Mittagessen
*Griechischer Salat
1 Scheibe *Dinkel-Baguette
Mineralwasser mit Zitrone

Nachmittags-Imbiß
2 Pflaumen
Eisgekühlter Ingwertee

Abendessen
Putenfleischbrühe mit Nudel-
einlage
Gebratene Auberginen- und
Tomatenscheiben mit Ziegenkäse
und Basilikum
1 Glas Wein

26. Tag

Frühstück
Puffreismüsli mit getrockneten
Kirschen und Ziegenmilch
½ Honigmelone
Grüner Tee

Vormittags-Imbiß
1 Stück Zitronenkuchen
Kaffee

Mittagessen
Bohnen-Kürbis-Suppe
Reiscracker mit Gruyère
Mineralwasser mit Zitrone

Nachmittags-Imbiß
Haferkleie-Kirsch-Muffin
Pfefferminztee

Abendessen
Curry-Lammkeule vom Grill mit
frischer Minze-Sauce
Gegrillte Süßkartoffeln
Dinkel-Basmatireis-Pilaw
Rucolasalat mit Feta

27. Tag

Frühstück
Hüttenkäse mit Ananas
1 Scheibe Weizenkeimtoast mit
Grapefruitkonfitüre
Kaffee

Vormittags-Imbiß
*Miso-Suppe

Mittagessen
Thunfisch-Salat mit Tomatenscheiben und Kopfsalatblättern
auf Dinkelbrot
Eisgekühlter Ingwertee

Nachmittags-Imbiß
Möhren-Sellerie-Saft

Abendessen
Putenfleischpastete
Gemischter grüner Salat mit
Olivenöl-Zitronen-Dressing
*Ananas-Kuchen »kopfüber«
Kräutertee

28. Tag

Frühstück
Omelett von 1 Ei mit Brokkoli
und Ziegen-Cheddar
½ Grapefruit
Kaffee (nach Belieben mit
Zimtgeschmack)

Vormittags-Imbiß
Apfel und Walnüsse
Sonnenhut-Tee (Echinacea)

Mittagessen
Kalte, aufgeschnittene Curry-
Lammkeule auf Salatblättern mit
Ananas-Joghurt-Dressing
Weintrauben
Ingwertee

Nachmittags-Imbiß
Knäckebrot mit Ziegenkäse
Möhren-Gurken-Saft

Abendessen
Gedämpfter Roter Schnapper mit
Algen-Dressing
*Gemüse-Frikadellen
*Gedünsteter Fenchel mit
Knoblauch
1 Glas Wein
Pochierte Birnen

29. Tag

Frühstück
Krümel-Tofu mit sautierten
Birnen
Cappuccino

Vormittags-Imbiß
Joghurt mit Honig, Walnüssen
und Rosinen
Ginsengtee

Mittagessen
Rote Linsen-Suppe mit Curry
1 Scheibe Dinkelbrot mit
Ziegenkäse
Schwarzkirschensaft

Nachmittags-Imbiß
Geröstete Eßkastanien mit
Datteln
Erdbeerblätter-Tee

Abendessen
Gekochter Tempeh mit Erdnuß-
butter-Sauce (Gado-Gado)
Dinkel-Basmatireis-Pilaw
Gedämpfter Brokkoli und
Blumenkohl mit Knoblauch und
Petersilie
Mineralwasser

30. Tag

Frühstück
Weizenkeimbrot mit Erdnuß-
butter und Traubengelee
Kaffee

Vormittags-Imbiß
Obstsalat aus Kiwi, Weintrauben
und Ananas mit Ricotta-Honig-
Dressing
Kamillentee

Mittagessen
*Herzhafte Fischsuppe
Mineralwasser mit Preiselbeersaft

Nachmittags-Imbiß
Joghurt mit Pflaumenscheibchen
Grüner Tee

Abendessen
Apfel-Curry-Lammeintopf
Ananas-Chutney
Gurkensalat
Naturreis
Rosenwasser-Lassi
Walnußhäppchen

Hinweis zum **Essener Brot**: *Ein Verzeichnis von Geschäften, die Essener Brot führen, erhalten Sie bei Einsendung eines frankierten Rückumschlags und DM 2,20 in Briefmarken von Horst Kröger, Unterkatzbach 3, D-83561 Ramerberg (Tel. 08039-408770, Fax 08039-408771).*

REGISTER – nach Rezeptgruppen

	geeignet für Blutgruppe	
Suppen und Eintöpfe		
Apfel-Curry-Lammeintopf	0, B, AB	135
Bohnencreme-Suppe	B	142
Bohnen-Kürbis-Suppe	0, A, B, AB	144
Fischsuppe	0, A, B, AB	149
Gemüsebrühe	0, A, B, AB	134
Gerstensuppe mit Champignons und Spinat	0, A, AB	146
Gurken-Joghurt-Suppe	A, B, AB	144
Kalbfleisch-Eintopf mit Fenchel	0, B	138
Kirschen-Joghurt-Suppe	A, B, AB	141
Kubanische Schwarzbohnen-Suppe	0, A	148
Miso-Gemüse-Suppe	0, A	141
Putenfleischbrühe	0, A, B, AB	132
Rindereintopf mit grünen Bohnen und Möhren	0, B	137
Rote Linsen-Suppe mit Curry	A, AB	143
Suppe mit Putenfleisch	0, A, B, AB	139
Walnußcreme-Suppe	0, A, AB	145
Wild-Eintopf	0, B	136
Wildreissuppe mit Pilzen	0, A, AB	147
Wurzelgemüsesuppe	0, A, B, AB	140
Fleisch und Geflügel		
Curry-Lammkeule vom Grill	0, B, AB	154
Gegrillte Lammkoteletts	0, B, AB	155
Gekochte Rinderbrust	0, B	150
Geschmortes Kaninchen	0, B, AB	153
Hackbraten	0	158
Hüftsteak vom Rind	0, B	161
Hühnerbrust-Sticks in Erdnuß- oder Mandelpanade	0, A	157
Huhn mit Sesamsamen	0, A	154

	geeignet für Blutgruppe	
Huhn nach italienischer Art	0, A	152
Lamm-Spieße	0, B, AB	159
Lammkoteletts in Tamari-Senf-Marinade	0, B, AB	156
Leber mit Zwiebeln	0, B, AB	160
Paprikahuhn oder -pute	A, B, AB	151
Rindertopf nach Yankee-Art	0, B	157

Fisch und Meeresfrüchte

Blaufisch mit Knoblauch und Petersilie	0, B, AB	166
Garnelen-Spieße	0	162
Gedämpfter Roter Schnapper	0, A, B, AB	165
Gegrillte Lachssteaks	0, A, B, AB	165
Gegrillter Lachs mit Zitronengras	0, A, AB	163
Sautierter Zackenbarsch	0, A, B, AB	163
Schwertfisch mit Kirschtomaten, roten Zwiebeln und Basilikum	0, AB	164

Pasta (Teigwaren)

Gedünstetes Gemüse mit Quinoapasta	0, A, AB	171
Gefüllte Pastamuscheln	A, B, AB	167
Gemüse-Pasta	0, A	168
Glasnudeln mit gegrilltem Lendensteak und Grüngemüse	0, B	169
Penne mit Putenwürstchen und Paprikaschoten	0, B	170
Spaghetti mit Fleischsauce	0	172

Pizza

Kartoffel-Zwiebel-Pizza	B, AB	177
Pizza California	0, AB	174
Pizza mit Artischockenherzen und Zwiebeln	0, A	175
Pizza mit Spinat und Ricotta	A, B, AB	176
Pizza-Teig (Grundrezept)	0, A, B, AB	173
»Weiße« Pizza (Pizza bianca)	0, A, B, AB	175

	geeignet für Blutgruppe	
Bohnen und Getreidegerichte		
Augenbohnen mit Porree	0, A	179
Dinkel-Basmatireis-Pilaw	0, A, B, AB	186
Dinkel-Reis-Salat	0, B, AB	187
Dinkel-Salat	0, A, B, AB	188
Gerste-Schwarzbohnen-Salat	0, A	189
Hirse-Tabbouleh	0, A, B, AB	186
Limabohnen mit Ziegenkäse und Frühlingszwiebeln	0, B	179
Linsen-Salat	A, AB	180
Pintobohnen-Püree mit Knoblauch	0, A, AB	181
Sojabohnen-Getreide-Salat	0, A	189
Wildreis-Salat	0, A, AB	187
Tofu und Tempeh		
Gebackene Tofu-Sticks	0, A, AB	197
Gegrillter Tofu mit Reisnudeln und Gemüse	0, A, AB	194
Krümel-Tofu	0, A, AB	197
Tempeh-Spieße	0, A, AB	195
Tofu-Gemüse-Pfanne	0, A, AB	193
Tofu mit Curry-Gemüseeintopf	0, A, AB	192
Tofu-Schwarzbohnen-Chili	0, A	196
Gemüse		
Blumenkohl mit Knoblauch und Petersilie	A, B, AB	201
Blumenkohlpüree mit Pesto	A, B, AB	202
Buntes Paprikagemüse	0, B	207
Gebratene Süßkartoffeln oder Yamswurzel	0, B, AB	203
Gedämpfte Artischocken	0, A	204
Gedünstete weiße Rüben mit Zwiebeln	0, A, B, AB	199
Gedünsteter Porree	0, A, B, AB	206
Gedünstetes Rübengrün	0, A, B, AB	205
Gegrillte Champignons	0, A, B, AB	205
Geschmorte grüne Bohnen mit Tomaten und Knoblauch	0, AB	202
Mangold mit Sardinen	0, A, B, AB	204
Süßkartoffelpuffer	0, B, AB	200

	geeignet für Blutgruppe	
Salate		
Grillhähnchen-Salat	0, A	210
Pilz-Salat	0, A, B, AB	208
Räuchermakrelen-Salat	0, A, B, AB	209
Salat aus gegrillten Süßkartoffeln	0, B, AB	209
Salat »Großer Cäsar«	0, A, B, AB	210
Sandwiches, Omeletts und Pasteten, Frittate und Crêpes		
Artischocken-Zwiebel-Pastete	0, A	218
Auberginen-Paprika-Pastete	B	219
Champignon-Zwiebel-Pastete	0, A, B, AB	219
Crêpes	0, A, B, AB	223
Curry-Eier-Belag	0, A, B, AB	215
Gegrillte oder geröstete Paprikaschoten und Ziegenkäse auf Roggenknäckebrot	0, B	214
Gegrillter Ziegen-Cheddar auf Essener Brot oder Dinkelbrot	0, A, B, AB	214
Omelett von 1 Ei	0, A, B, AB	216
Pastetenteig aus Dinkelmehl	0, A, B, AB	217
Spaghetti-Zwiebel-Frittata	0, A, B, AB	220
Spinat-Frittata	0, A, B, AB	222
Thunfisch-Salat	0, A, B, AB	215
Zucchini-Pilz-Frittata	0, A, B, AB	221
Brot, Gebäck und Pfannkuchen		
Amaranth-Pfannkuchen	A, AB	234
Dinkelbrot	0, A, B, AB	229
Dinkelvollkorn-Brötchen	0, A, B, AB	227
Gerste-Dinkel-Pfannkuchen	0, A, AB	234
Hamburger-Brötchen	0, A, B, AB	226
Kräuterbrot	0, A, B, AB	229
Naturreis-Dinkel-Pfannkuchen	0, A, B, AB	235
Quinoa-Tortillas	0, A, B, AB	225
Rosinenbrot mit Zimt	A, B, AB	230
Süsses Maisbrot	A	231
Süsses Mandel-Kürbis-Brot	0, A, AB	233
Zitronenkuchen	0, B	232

	geeignet für Blutgruppe	
Desserts, Käse und Obst		
Apfelkuchen	0, A, B, AB	240
Basmatireis-Auflauf	0, A, B, AB	241
Bratäpfel	0, A, B, AB	245
Erdnußbutterplätzchen	A, AB	239
Frische Feigen mit Ziegenkäse	0, A, AB	244
Möhren-Ingwer-Kuchen	0, A, AB	237
Obstsalat aus Tropenfrüchten	0, A, B, AB	244
Sautierte Bananen	0, B	243
Tofu-Kürbis-Pudding	0, A, AB	241
Walnußhäppchen	0, B	237
Zitronenecken	0, B, AB	238
Dressings, Saucen und Chutneys		
Algen-Dressing	0, A, B, AB	250
Ananas-Chutney	0, A, B, AB	253
Ananas-Chutney-Joghurt-Sauce	A, B, AB	253
Balsamico-Senf-Vinaigrette	B, AB	253
Basilikum-Pesto	0, A, B, AB	249
Chutney-Joghurt-Mayonnaise	A, AB	260
Dip-Sauce	0, A, B, AB	259
Erdnußbutter-Sauce (Gado-Gado)	A, AB	254
Erdnuß-Dressing	A, AB	248
Frische Minze-Sauce	B, AB	256
Gurken-Joghurt-Sauce	A, B, AB	252
Knoblauch-Schalotten-Mischung	0, A, B, AB	257
Limetten-Dressing	0, A, B, AB	257
Mandel-Dressing	0, A, B, AB	247
Mango-Ingwer-Chutney	0, B	260
Mango-Minze-Sauce	0, B	254
Marinade	0, A, B, AB	263
Olivenöl-Mayonnaise	0, A, AB	246
Olivenöl-Zitronen-Dressing	0, A, B, AB	251
Omas Gewürzgurken	B	261
Paprika-Relish	B	261
Pflaumen-Grillsauce	0, A, B, AB	262
Pilz-Sauce (Wildpilze)	0, A, B, AB	258
Preiselbeer-Honig-Senf-Sauce	0, A, B, AB	256
Ricotta-Dressing	A, B, AB	247
Selbstgemachtes Ketchup	0, AB	253

	geeignet für Blutgruppe	
Sesam-Dressing	0, A	249
Tahini-Dressing	0, A	255
Tahini-Sauce	0, A	248
Tofu-Miso-Dressing	0, A, AB	248
Tofu-Petersilien-Dressing	0, A, AB	249
Walnuß-Öl-Dressing	0, A, B, AB	262
Zitronen-Honig-Dressing	0, A, B, AB	250
Zwiebel-Dressing	0, A, B, AB	251

Knabberzeug und Dips

Curry-Dip	0, A, B, AB	267
Erdnußbutter-Bällchen	A, AB	265
Geröstete Kürbiskerne mit Tamari-Sauce	0, A	266
Geröstete Sonnenblumenkerne mit Tamari-Sauce	0, A	266
Hummus	0	268
Mandelmus-Häppchen	0, A	264
Schwarzbohnen-Dip	0, A	267

Getränke

Ananas-Trunk	A, B, AB	270
Aprikosen-Trunk	A, B, AB	270
Bananen-Papaya-Trunk	0, B	273
Bananen-Trunk	B	271
Mandelmilch und Hafermilch	0, A, B, AB	274
Mango-Limetten-Trunk	0, B	272
Möhren-Apfel-Saft	0, A, B, AB	276
Möhren-Gurken-Saft	0, A, B, AB	275
Möhren-Sellerie-Saft	0, A, B, AB	275
Papaya-Kiwi-Trunk	0, B, AB	272
Reismilch	0, A, B, AB	274
Rosenwasser-Lassi	A, B, AB	271
Tofu-Früchte-Trunk	0, A, AB	273
Trauben-Pfirsich-Trunk	A, B, AB	273

PIPER

Dr. Peter J. D'Adamo
mit Catherine Whitney
4 Blutgruppen – 4 Strategien für ein gesundes Leben

Überarbeitete Ausgabe mit neuem Rezeptteil. Aus dem Amerikanischen von Michael Benthack, Maren Klostermann, Lexa Katrin von Nostitz und Erica Mertens-Feldbausch. 415 Seiten mit 7 Abbildungen und 84 Tabellen. Geb.

Sie wissen, daß es vier Blutgruppen gibt: 0, A, B, und AB. Aber wissen Sie auch, daß Ihre Blutgruppe für die Gesundheit entscheidend ist? Dies ist die Botschaft dieses Buches. Warum bleiben manche Menschen ihr Leben lang schlank und fit, während andere zeitlebens gegen Krankheiten und Übergewicht ankämpfen? Warum brauchen manche Menschen die regelmäßige sportliche Betätigung, andere nicht? Warum sind Diäten so unterschiedlich erfolgreich?
In langjährigen Studien und in der medizinischen Praxis hat Dr. D'Adamo, Arzt und einer der bedeutendsten Naturheilkundler der USA, für solche und andere Fragen die Antwort gefunden: Zwischen der Blutgruppe, der Anfälligkeit für Krankheiten, der Vitalität, der psychischen Befindlichkeit, der Ernährung und der körperlichen Aktivität gibt es eindeutige Zusammenhänge. Darüber klärt dieses Buch auf. Zudem bietet es für jede Blutgruppe eine eigene Gesundheitsstrategie.

PIPER

Dr. Bob Arnot
Das Anti-Brustkrebs-Buch

Vorbeugung durch richtige Ernährung und Lebensweise.
Aus dem Amerikanischen von Helga Migura. 276 Seiten. Geb.

Die Brustkrebsforschung in aller Welt läuft auf Hochtouren. Und endlich gibt es Hoffnung, daß Frauen durch richtige Ernährung und Lebensweise dieser Krankheit vorbeugen können. Dr. Bob Arnots Buch bietet das richtungsweisende Ernährungsprogramm.
Gibt es doch Möglichkeiten, dem Brustkrebs vorzubeugen, damit das Risiko einer Erkrankung zu senken? Jahrzehnte hindurch nahm Brustkrebs deshalb eine Sonderstellung unter den schweren Krankheiten ein, weil es praktisch keine Präventivmaßnahmen gab. Die intensiven Forschungen über die möglichen Zusammenhänge zwischen Brustkrebs und Ernährung bündelt Dr. Bob Arnot, in den USA ein führender Mediziner, in der Aussage: Die individuell richtige Ernährung kann einen dramatischen Einfluß darauf haben, ob eine Frau an Brustkrebs erkrankt oder nicht. Deshalb bietet sein Buch ein Ernährungs- und Gesundheitsprogramm für alle Frauen.